编号：15JJD720006
教育部人文社会科学重点研究基地重大项目

王振林 梅涛/著

实用主义交往哲学研究
SHIYONGZHUYI JIAOWANG ZHEXUEYANJIU

中国社会科学出版社

图书在版编目（CIP）数据

实用主义交往哲学研究/王振林，梅涛著. —北京：中国社会科学出版社，2021.12
ISBN 978 - 7 - 5203 - 8544 - 2

Ⅰ.①实… Ⅱ.①王…②梅… Ⅲ.①实用主义—哲学理论—美国 Ⅳ.①B712.59

中国版本图书馆 CIP 数据核字（2021）第 120670 号

出 版 人	赵剑英
责任编辑	朱华彬
责任校对	谢　静
责任印制	张雪娇
出　　版	中国社会科学出版社
社　　址	北京鼓楼西大街甲 158 号
邮　　编	100720
网　　址	http://www.csspw.cn
发 行 部	010 - 84083685
门 市 部	010 - 84029450
经　　销	新华书店及其他书店
印　　刷	北京明恒达印务有限公司
装　　订	廊坊市广阳区广增装订厂
版　　次	2021 年 12 月第 1 版
印　　次	2021 年 12 月第 1 次印刷
开　　本	710×1000　1/16
印　　张	17.5
插　　页	2
字　　数	265 千字
定　　价	108.00 元

凡购买中国社会科学出版社图书，如有质量问题请与本社营销中心联系调换
电话：010 - 84083683
版权所有　侵权必究

目　录

序言 …………………………………………………………… 1

上篇　经典实用主义的交往哲学

第一章　皮尔士的交往符号学 …………………………… 11
　　一　符号及其本质 ………………………………………… 11
　　二　符号、理性和自我塑造 ……………………………… 21
　　三　符号：交往的中介 …………………………………… 32

第二章　詹姆斯的符号现象学 …………………………… 38
　　一　纯粹经验：交往活动的基石 ………………………… 39
　　二　彻底经验主义与实用主义 …………………………… 48
　　三　经验意识与交往活动 ………………………………… 57

第三章　杜威的民主交往理论 …………………………… 67
　　一　认知活动的交往特性 ………………………………… 67
　　二　社会交往中的想象力 ………………………………… 78
　　三　语言和交往活动 ……………………………………… 88

第四章 米德的"符号互动论" … 99
　　一 心灵诞生于交往活动 … 99
　　二 自我与泛化的他人 … 109
　　三 语言交流塑造社会共同体 … 119

下篇　新实用主义的交往哲学

第五章 罗蒂的对话哲学 … 133
　　一 对话的前提 … 134
　　二 对话的途径 … 151
　　三 对话的原则 … 164

第六章 普特南的意义论 … 176
　　一 流变的意义 … 176
　　二 交往实践与意义 … 187
　　三 交往语词的要素 … 197

第七章 伯恩斯坦的多元文化论 … 206
　　一 不可通约性 … 206
　　二 视域开放性 … 218
　　三 真正的对话 … 225

第八章 莫里斯的开放社会论 … 237
　　一 封闭的社会 … 237
　　二 开放的社会 … 246
　　三 通向开放社会的途径 … 258

参考资料 … 267

序　言

　　回顾美国哲学的发展历程，逻辑实证主义、分析哲学、语言哲学曾一度成为学术研究的主流，象牙塔里的学者们囿于形式化的问题，并对之做了多维阐释和探究。不过，到了20世纪中期，美国哲学研究出现了转向，将关注的重心由哲学目标与方法转移到对主体—交互共同体的关照上，而且将它融摄到哲学方法的研究中。以"实用主义复兴"为思想背景，主体—交互主体共同体凸显了一个动向，即应当关注那些与分析程序不相匹配的哲学主题，理应研究那些被科学哲学和主流哲学所罔顾的交往哲学。

　　实用主义的特点集中展现为以改良为目标，它所坚守的思想传统是在实践中改善人类的生存条件。所以，实用主义哲学的实践色彩比理论色彩更加浓郁，偏重于运用实践形态建构理论本身。单就哲学实践而言，实用主义哲学的研究旨趣不在于过往哲学所强调的本体论前提，也不在于"解释"或"描述"方法，而在于人们开展理解和认知活动所不可或缺的可能性条件；揭示以交往为主要特色的动态学习活动，以及与之相辅相成的人类认知探索何以被交往主体不断拓展的问题。

　　实用主义所展现的交往哲学发展动向是多种因素合力使然的结果，首先，它是批判和反思传统基础主义及其方法论的延续。无论是皮尔士（Peirce）、詹姆斯（James），还是杜威（Dewey）、米德（Mead）与罗蒂（Rorty）等人都在自己的著述中开显了反笛卡儿主义的倾向。依照他们的认识，为哲学寻求一个明晰的本体论前提是没有必要的，即不需要也不应该将"我思"的先验性置于优先考虑的地位，换句话说，可以不必因循这样的理路：率先廓清"我思"的理解方式"是"什么，而后再通释主体的认知行为方式"应当是"怎样的。哲学研究理应在切实、具体的认识行动过程中剖析和求索主体的具体认知行为和理解方式何以可能的问题。实用主义的哲学动向表明，与主体认知行为的"应当是"相比较，"我思"之"是"的先验性并不具有特殊的优先性，所以哲学实践也不必非要寻个逻辑方面或现象学的绝对基础。哲学研究应当尝试换个角度来审视人类理解方式的可能性条件，也就是说，研究的重心可以转向认知主体在当下付诸实践的行为与过程，在其正在开展的"应当是"中实事求是地展现人类理解方式的内在机理，人类理解过程的全部意义就在于此过程所需的各种可能性条件。

这种研究重心的转移也波及了方法论层面，实用主义对"解释""描述"的方法和分析方法均持排斥的立场。原因在于二者都将哲学看作一种提出并解答事实或价值理论层面"问题"的学问。因此，肇始于古希腊时期的传统哲学理论始终沉醉于对超越的抽象价值、永恒不变的真理、确定明晰的知识和实在的探究，然而，这不是说实用主义将认知问题排除在自己的研究范围之外。只不过，它从批判的、实践的视角来看待认识；将认识过程看作认知主体置身于研究活动中，在具体、特殊境遇中求索"事实如何"以及探明"什么是善"的过程。杜威和米德利用心理学最新研究成果而提出的"行动—再调整"回路模型就是上述研究理路的生动写照。可以说，"行动—再调整"回路模型意味着告别起源于洛克（Locke）心灵白板说的被动反映的机械论模型，摈弃心向外求、心灵怎样和外部事物相符合为诉求的认知理念，而更多地关注"有机体的主动性"在和环境动态的联结中持续不断地评估、调整自身的行动，从而逐步蕴生出关于价值评判与事实的有机论的模型。对此，美国学者桑德拉·罗森塔尔（Sandra Rosenthal）说："实用主义坚决否认人能以旁观者的身份来理解认识或获致经验。人绝不可能仅仅充当宇宙中的旁观者，只是冷眼观察所发生的一切。恰好相反，我们的经验内容总是两个因素的产物，其一是存在的事物，其二是我们借以与存在事物进行相互作用的东西，即

序　言

我们的解释，或者说我们的意图或目的性活动。我们的目的、意图，我们所做的一切，均影响着被经验事物本身的性质。可以说，在一定意义上，人类有机体与环境之间的相互作用既塑造了作为认识主体的人，又塑造了作为认识客体的物。传统唯理论虚构出纯粹理性，传统经验论虚构出纯粹感觉，但两者均无法把握存在的事物。传统哲学根本意识不到，与我们打交道的所有事物在很大程度上都受制于我们的目的性的、阐释性的活动。"① 这无疑体现了实用主义的重大进步意义，即以发展和动态的视角研究认知事物的新方法，从而促进社会变革与人类发展的方法论。

其次，与上述哲学研究重心的转移相呼应，语言交往能力的研究也逐步兴起。在实用主义哲学家看来，从休谟（Hume）与康德（Kant）开始，人们对认识活动就有了新看法，不再将认识看作"心灵之镜"对外部事物的如实反映。然而，认识活动并非仅靠一己之力就能完成的实践活动，而是不同认知主体间都要参与其中，互相协作才能完成的。由于人的心灵或理性并非空无一物的"白板"，又非某种自为的领域，形态各异、动态变化抑或富有规律性的"意象图式"填充其间，因此，认知和理解可被视为一种以交往为本质特征的动态学习过程。人们通过感官接触的经验世界是以"家族相似"的方式而不是以本质主义者口中的逻辑图示或数学公式建构起来的动态结构；人们的认识之所以成为可能，关键在于"视界融合"。若要形成对经验世界的一致认识，符号及其应用是必由之途。实用主义表示，符号并非一种纯粹的、用来描述各种事实，或者用以表达世界本质的工具。应用符号，一方面能够让人们在聆听和言说的相互沟通中共筑一种协调一致、互为认可的共同语境；另一方面还能够使人们在语言交往活动中将当下的意义赋予一个贯穿于过去、现在和将来的叙事中，铸就一个对自我有着特殊意义的世界并不断拓展它。所以，语言归根到底不是用来描述那些先天或先验的存在物，而是用来满足交流的，在多边的交流过程中塑造互相协作的交往主体。如是观之，有别于洛克、

---

① ［美］桑德拉·罗森塔尔：《古典实用主义在当代美国哲学中的地位》，《哲学译丛》1989 年第 5 期。

卡尔纳普（Carnap）、早期维特根斯坦（Wittgenstein）以及塞尔（Searle）等经验主义者。实用主义哲学家认为，在分析语言及其应用的研究中，重点并非借助逻辑的或语言学的概念分析来谋求一种规范语言，也不是竭尽所能地消除自然语言所内蕴的歧义性，更非追求清楚明白的言语交流，从而消弭语言本身对思想表达的误导作用，而是关注语言的交往以及以言语为依托的社会交往在塑造自我过程中的积极作用。也就是说，实用主义哲学的研究主题并非作为对话产物与媒介的语言，而是一种基于言语行为的、融合感知与反省、研判与反馈的、持续生成与发展的实践过程，因为依他们之见，"心灵生成于交流"。

在实用主义将认知主体看作参与交往活动并开展诸多反思的交互主体的同时，它所蕴含的交往哲学的特殊价值也愈见清晰。基于理性开展的认知活动被视作具有交往特性的动态学习过程，传统的针对客观事实进行描述的认识论应当让位于互动交往的认知论，被动且相对独立的符合论因果模型被"有机体的主动性"、互动性的实践对话模型取而代之。因果模型向对话模型的转向表明，有别于传统的将审视、反思与主体从参与、客体和直接经验中剥离出来的"作为旁观者的知识论"，实用主义倡导的认知模型一方面借助观察与书写；另一方面借助聆听与言谈的方式，在与他者的交往互动实践中确立和建构意义。总而言之，实用主义意图实现的是由"描述"转向"交流"，研究的旨趣在于不同认知主体促成的针对自然理解的持续性交流活动，以及在交往实践中怎样延展人类的认知边界，而非将人类的认知仅仅固守在本质反映论上。由此观之，实用主义的交往哲学不光深化了对传统哲学的批判和超越，而且也在尝试重新建构，它提炼出一个关照人自身的新视角，即将认知主体视为在基于交往实践的探寻—评估的活动中所展现出来的交互主体。

虽然今天人们将实用主义看作美国本土化的哲学，但是，它也蕴含着近代西方哲学向现代西方哲学转向的基本精神特征。在实用主义交往哲学逐步聚焦于那些过往被轻视的研究主题时，也预示了美国哲学已然掀起一场哲学变革。在此次哲学变革中，倘若说皮尔士的符号学理论是关于交往实践的高度概括和抽象，并逐步廓落出交往实践活

序　言

动发展和演变的各种语境的话，那么相比之下，詹姆斯、杜威和米德的交往哲学研究主题则更加切近现实。他们更多关注的是认知主体的意识、心理、经验以及教育、社会和民主等论题。虽然在经典实用主义哲学阵营中，皮尔士、杜威等的交往哲学所阐述的议题互有差别，但是，归根结底，他们的学说是在反传统哲学的理性主义的基础上做了新的探索与建构。这些思想建构的共同点集中在交往的能力与本性等基本问题上，围绕的中心则是形态各异的交往活动的条件有哪些以及它引发的后果是什么？在论及此中心议题时，实用主义交往哲学展现出和语言哲学有所差异的研究方式，即放弃对语言做抽象化和理论化的研究，将行动和意识、言谈行为和语言联系起来进行考量。依据这种研究方式，言语行为和语言就不再是以往所认为的再现性的，而是创新性的，我们应当重新探索一切和人类相关的不确定性，不管是公共的，还是私人的。在言语交流过程中，表达和感知、社会和自我、民主和理智等都在"诗歌的功能与实践功能混合"下不断创生、延展。因此，希冀语言对事物或本质的精准描述并非实用主义交往哲学的理想化策略，而是以对言语交流和语言的切实关照为前提，剖析影响心灵、主体、交往的构成要素和功能，进而探明为何视角不同、主张各异的人们可以逐步达成共识。因为依据他们的理解，认知主体间的猜忌、隔阂、怀疑和对立是滋生各种现实困境的温床，模糊的信息与不准确的判断并非现实困境的真正始作俑者。面对这种状况，交往就是与他人交流、互相影响、确立共同目标、达成共识的不二法门。

在新实用主义哲学家中，罗蒂秉持了古典实用主义哲学家对理性主义的批判态度，声称过往的镜式哲学针对本质世界的论断尚不周延，一切先于语言的先验本质世界只是带有独断色彩的主观臆测而已。在他看来，经由奎因（Quine）、福柯（Foucault）和德里达（Derrida）等人的努力，这种形而上的本体在哲学中已难有立锥之地，没有任何存在可以摆脱空间和时间的规定性而遁入永恒。与此相呼应，旨在完整展现本质世界的表象主义也因本质、本体的倒塌而难以得到令人信服的论证。塞拉斯（Sellars）笔下给予物的神话则指出，一切经验以及语言都是社会的、时间的、历史的与情境的，意图通过经验的连接作用而实现直达事物本质、完满呈现本质世界的做法是虚妄的。库恩

(Kuhn)在自己的哲学中也强化了对镜式哲学中基础主义的批判,推倒了最后一根支撑理性主义的柱子,哲学非但不能为其他具体学科以及大众文化充当必要的前提与基础,而且也没有方法论层面的指导性。除此之外,罗蒂通过交往哲学为实用主义的实践路向又平添了浓墨重彩的一笔。他倡导理性让位于想象力,客观性让位于团结或协同性,哲学让位于民主,着重探讨了不同种族、不同文化之间交往的现实性和可能性,认为不论是社会团体层面还是文化领域中的交往都不能摆脱种族的规定性,应当固守从本种族的立场出发,以兼容并蓄的宽容原则,借助文学的联结作用,特别是小说这种体裁来进行主体际交往,最终达成持续扩大"我们"范围的交往目标,从而令交往主体间的重叠共识或普遍共识成为可能。普特南(Putnam)则梳理了交往实践与语言之间的内在关联,认为语词的意义和与之相应的所指对象有诸多差异,随着不同主体间的交往实践活动的深入与延展,意义也会随之动态演变,不过,意义所指的对象就缺少这种动态性、流变性。语言本身不具有镜式哲学家所声称的先验的规定性,它仅是一种工具,一种交往主体为了推进活动而创造的工具。换言之,在多种多样的交往实践共同体中,同一个语词的外延可能大相径庭,其确切意义主要依赖于特定共同体在交往实践中渐渐形成并被大家所肯认的语用规则。因此,没有先天给予的准则可以规约语词的所指,恰好相反,现实的具体的交往活动则在很大程度上影响或左右着语词和它的所指。伯恩斯坦(Bernstein)也站在了批判缺少实践色彩的分析哲学的阵营中,他着重指出实用主义更多关注的是人的交往实践活动,相比之下,分析哲学则把清晰明白、没有歧义的描述看作研究的重心,根本无心旁顾鲜活生动、具体可感的交往实践。在与实践活动有关联的研究中,分析哲学家一般以概念分析为着眼点,重点辨析概念、范畴之间的关系,但对如何促成或改进人们的交往实践活动表现出漠不关心的态度。伯恩斯坦指出,客观主义和相对主义的分野与冲突是当代社会交往实践合理有序发展的最大障碍,人们的交往活动经常会因二者之间的对立而无所适从。为此,人们借助科学、解释学、实践反思来弱化和弥合此种对立,然而,在他们看来,若要实现对客观主义和相对主义的根本超越,只能在人们开展的交往实践中竭力谋求参与性、协同性与相互理解性。不难看出,罗蒂、普特南和伯恩斯坦等新实用主义哲学家一方面延续了古典实用主义者对理性主义的批判,强化了交往实践和语言的关联;另一方面拣选了不同的研究主题,多视角、多维度地演绎了交往哲学,从而扩大了实用主义在社会政治文化活动中的影响力。

综上所述,实用主义哲学家没有提出一种统一的关于交往活动的理论,所以,尝试将实用主义交往哲学汇聚为一种声音的企图也注定是徒劳的。不过,这并非说实用主义哲学家甚至没有共同关注的研究主题。当他们基于自己的研究重心来解析交往的语言境遇、交往的民主模式、交往的"票面价值"以及交往的理想等论题时,就好比从四面八方的边缘地带朝同一个中心即共同关注的主题运动,进而令交往哲学在实用主义哲学阵营的不同声音中汇聚成一种和声。因此,假如我们还抱有在人类交往中复现实用主义之声的愿望的话,就应当尊重和承认美国实用主义哲学的多元主义特点,在理解和把握不同的实用主义交往哲学主题和内容时,更多地关注它们的相似性与承续性,以及它们为当代交往哲学所提供的有益养料。

实用主义交往哲学的积极贡献是通过对语言交流的关注而渐渐凸显出来的。语言交流并非孤立的存在,它内含在个人与社会的发展中,而实用主义哲学家对这种发展的聚焦所提出的论断,不仅体现了实用主义对现象学和语用学的强调和侧重,而且也开显了实用主义借助实践来建构理论的一致趋向和传统,更表达了围绕人在交往活动中形成经验并共享成果的交往主体的转向和创新。实用主义之声在这里演绎、传扬……

上篇

经典实用主义的交往哲学

第一章
皮尔士的交往符号学

与詹姆斯、杜威等人的实用主义交往哲学相比,皮尔士的普通符号学貌似和交往实践活动的基本特征没有太多的勾连。不过,但凡尝试以实用主义为研究交往实践的切入点,那么,这位符号学领域的实用主义者就应得到足够的重视。这一方面源于他始终批评和拒斥肇始于笛卡儿的知识"复制论",另一方面是因为他最早探明了语言符号的重要性,首次明确指出:"使用符号的能力对于思想而言具有本质性的意义"[①],并进一步梳理了语言应用的逻辑结果,被后人尊崇为语言转向的先驱之一。皮尔士深入研究了符号的内在模式与最理想的符号应用方式,这些研究不仅触及了实践活动的基底,而且也为诠释交往实践活动提供了必不可少的方法论支撑。所以,在爬梳实用主义交往哲学的工作中,不能跨越或跳过的就是皮尔士的符号学。

一 符号及其本质

开明宗义地讲,皮尔士的符号学就是研究符号的理论。该理论一方面与皮尔士的范畴理论相一致,另一方面也植根于现象学和数学理论之中,而且获得了来自于规范科学的映证。虽然皮尔士的符号学从

---

① [美]理查德·罗蒂:《实用主义哲学》,林南译,上海译文出版社2009年版,第1页。

文本阐释的角度看非常晦涩难懂，加之其应用的"探索"领域的独特性，进而妨碍了人们肯定并承认它能够充当交往实践活动之理论基础的正当性与有效性。但是，该理论对符号运用过程内在模式的探索从一定程度上触及了解释实践、理解自我的根本基础，这也是皮尔士符号学的一大理论优势所在。

　　皮尔士之所以要构建一个广泛的、真正普遍的符号学理论，之所以对这个目标矢志不渝，是因为他一方面受到了科学和逻辑学的启发，另一方面受到了洛克、索绪尔（Saussure）相关哲学理论的影响。关于前者，皮尔士可谓现代数学逻辑的创始人之一，这种特殊身份彰显了他对符号逻辑的认识与关注，也对其哲学体系的建构和完善形成了巨大影响。按照皮尔士的理解，逻辑和数学、符号和逻辑除了具有诸多内在关联之外，从某种程度上讲，符号和逻辑甚至是等同的。就后者而言，洛克的《人类理解论》一书可以称得上皮尔士符号学的主要理论来源。在此书的第四卷的最后一章即"科学的分类"中，洛克将科学细分为实践之学、物理学以及标记之学或符号学。进而言之，符号学的任务"在于考察人心为了理解事物、传达知识于他人时所用的标记的本性"①。洛克主张，在认识事物过程中人心应当有所标记和表象，换言之，人们面对外部事物时应当形成观念。虽然观念不同于其他自然物，不能直接摆在他人面前来进行观察，但是，描述事物、记叙事件、传达思想等活动都离不开观念，所以，人在日常生活实践中形成的思想"观念"以及文字都是知识的工具。"因此，人们如果要考察人类知识的全部，亦应当考察观念和文字。因为它们正是很重要的。在适当地考察了它们以后，在清晰地衡量了它们以后，它们或许会供给我们以一向不曾见到的另一种论理学和批评学。"②纵然洛克在这本名著中没有明确翔实地诠释符号学，但是，皮尔士对洛克的上述观点产生了浓厚的兴趣。他将《人类理解论》一书看作符号学开篇序言，用符号学的专用名词改造了以往人文学科中最基础的学科，包括

---

① ［英］约翰·洛克：《人类理解论》（下册），关文运译，商务印书馆2009年版，第777页。
② ［英］约翰·洛克：《人类理解论》（下册），第778页。

第一章　皮尔士的交往符号学

修辞学、语法、逻辑，开创性地提出了关于符号分类和标准的"思辨的"语法；阐发了与符号的形式特征和意义相关联的"思辨的"修辞学；演绎出关于对象和符号关系即"真理条件"的批评逻辑，最终演绎出了一种全新的、缜密的论理学，也就是我们如今所谓的"符号学理论"。

论及符号学，不能回避而且与皮尔士符号学密切相关的是索绪尔的符号学理论。索绪尔在完成《普通语言学教程》这部著作后，就被冠之以"现代语言学之父"的名号，与此同时，许多人也将他视作现代符号学的重要开拓者之一。在索绪尔看来，语言符号是某种一体两面的心理层面的特殊存在，原因在于"语言符号连结的不是事物和名称，而是概念和音响形象。后者不是物质的声音，纯粹物理的东西，而是这声音的心理印迹，我们的感觉给我们证明的声音表象"。人们即使"不动嘴唇，也不动舌头，就能自言自语，或在心里默念一首诗"①。不难看出，对于交往主体而言，语言里的语汇总是和某些音响形象联系在一起。为此，索绪尔使用"符号"来指称音响形象与概念的融合，进而将前者称之为"能指"，将后者唤作"所指"。应当注意，他的所指不是外在于交往主体的客观实在的自然物，而是头脑中映现出的关于客观自然物的概念；此处的能指也不是交往主体所达成的关于某个自然物名称的共识，不是传入耳朵里的语音表现形式，而是音响形象。基于这种识见，索绪尔的语言符号是由所指与能指融合在一起而催生的社会心理形象之一。尽管在他看来"语言是一种社会事实"②，可是，他将心理学杂糅到了社会学中，他表示："语言中的一切，包括它的物质的和机械的表现，比如声音的变化，归根到底都是心理的。"③ 可以说，从本质上讲，他的语言符号是服务于人们的交往实践活动，却又超脱于特定语境、具体交往活动的一套语用系统，语言系统具有普遍适用性，不管何时、身处何地，交往主体都能够自主灵活地运用它。

---

① ［瑞］费迪南·德·索绪尔：《普通语言学教程》，高名凯译，岑麒祥等校注，商务印书馆1980年版，第101页。
② ［瑞］费迪南·德·索绪尔：《普通语言学教程》，第26页。
③ ［瑞］费迪南·德·索绪尔：《普通语言学教程》，第27页。

不可否认，在任何语言体系里，所指与能指都具有多样性的特征，由它们所构建而成的语言符号网络也较为复杂，可是，索绪尔于纷繁复杂中所探得的仍然是富有规律性的规则系统，是任何人即需即用的一种语言媒介。每个交往主体都可以使用同一个语词、语句，在截然有别的交往语境中面对其他交往对象而表情达意。索绪尔没有执着于语言的细枝末节或零敲碎打，而是致力于从多种多样的交往语境中抽离出一套相对稳定的、有规律的"语言"。与他所言称的能指相对照的是相对稳定的，不管言说的主体是何人、交往的对象是何人，更不论是关于什么事、在哪个时间与地点来使用，能指与这些具体状况都毫无瓜葛。正是由于这种特性，能指才可以被一切交往主体所理解，才可以被某个交往共同体内的一切成员一并使用。以"苹果在哪里？"这个语句为例，索绪尔不会考虑它在哪种交往语境中使用，更不会思忖说出这句话是哪个人，在什么时间什么地方说出了这句话，它与哪些事物相关联，他专注的是：这个语句出现在多种多样的语境中的固定含义是什么，这无疑彰显了语言符号的普遍适用性。不然的话，倘若各个特殊交往语境都牵涉各不相同的能指，就会给交往主体在感知、理解交往语言上设置重重障碍，社会交往也势必寸步难行。换言之，索绪尔的研究活动侧重的就是流变的语言中相对稳定的那个体系。在他的研究语境中，一切语言符号都内含着较为稳定的意义。大多数语言符号的意义都能被交往主体充分把握并灵活运用，他们能联系当下现实、具体的交往语境来自由拣选、重组和演绎这些语言符号。在日常社会生活中，同样面值的货币被人们用来购买多种多样的日用商品，与此相似，在交往活动中，承载同样意义的能指也能被交往主体用来表达形态各异的所指。可见，与能指相对照的所指是分离于特殊交往语境的、有限且一般的词典意义。索绪尔这样看待和审视语言符号不失一定的合理性，也在一定程度上和语言发展规律相契合。

毋庸置疑，语言符号的诞生与演绎都经历了初期的单一含义向后期派生出的多种含义的转变。这种转变尚且是在语言体系本身之内，倘若联系各种具体的社会交往语境，那么与能指相对的所指就无穷无尽了。索绪尔对符号的联结作用以及服务于社会交往实践的观点影响了皮尔士，皮尔士也明确指出符号就是一个很复杂的中介系统，各种符号将意义和对象联结在一起，正因为符号的中介作用，交往活动才成为可能。同时，索绪尔在流变的语言符号中探寻稳定意义并尝试找出普遍适用的语用系统的做法也启迪了皮尔士。皮尔士借助符号、意义和对象这种"三位一体"的关系尝试析取出一种普遍适用于一切种类符号的类型学，最终提出了"第一性""第二性"和"第三性"的现象学范畴。

尽管皮尔士和索绪尔的符号学理论存在上述共同之处，但是，这些相同之处不能消弭二人在符号学理论上的本质差异。在索绪尔看来，符号学并非普遍或一般的学科，它需要建基于心理学、物理学等更为基础、更为一般的学科之上。鉴于索绪尔把符号学划归到社会心理学的分支中，因此，他并不注重自然符号系统；相反，更侧重的是符号的任意性，他曾声称"完全任意性的符号比其他的符号更能实现符号学过程的理想"①。但是，依据皮尔士的看法，符号学并不是一门特殊学科，数学是其理论基础，现象学是其重要工具，所以，他旗帜鲜明地反对用社会心理学来统摄符号学，也不认同将心理学看作逻辑的学理基础。与此同时，他还非常重视自然符号体系，以及协议性符号如何与自然符号体系相一致的问题。在上述多种差异的基础上，系统地反思涌现在心智面前的"根基""本质""表象"或符号等内容中。

皮尔士曾在多篇文章中提及，符号就是用一种事物标识或代替另一种事物。概略地讲，人们日常生活与交往活动中所使用的符号主要有三种："第一类名为'图形符号'或者'图标符号'，它和所代表的主体具有一些相似之处；第二类名为'索引符号'，它所起的作用是将关注的目光投射到被呈现的客体之上，然而却不做出明确的定义；第三类则是被广为普遍适用的定义或名称，借助名称和被指称的事物之间的习惯性的联系或概念性的联想活动来指代各种事物。"② 从符号形成的时间先后顺序上来讲，索引符号是最早出现的，空间和时间上的相近关系为人们断定此类符号提供了事实论据。每当 A 出现后，B

---

① [美]科尼利尔斯·瓦尔：《皮尔士》，郝长墀译，中华书局2003年版，第96页。
② James Hoopes, *Peirce on Signs: Writings on Semiotic by Charles Sanders Peirce*, Chapel Hill: University of North Carolina Press, 1991, p.181.

往往会如影随形地接连出现,于是,人们习惯将 B 称作 A 的符号,譬如,生活中的寒冷与结冰的关系。借助日常经验观察,当人们发现某个湖面、河面或一潭水结了冰之后,就能推论出这个地方的气温很低,已经降到了零摄氏度以下。在此过程中,冰就是能指,寒冷就是所指。正如休谟所论述的那样,人们通常会将时间上先后出现的关系看作因果关系。皮尔士认为,索引符号就从这种关系中演变而来。空间上的相近关系也同样很直观,也更容易为人们所感知。倘若两个事物的空间距离很近,而且长时间维持这种空间距离,那么,人们就会将其中的一个物体视为另一个物体的符号。例如,池塘、河流、湖泊的边上经常有人在钓鱼,因此,大多数人看到钓鱼活动时就会自然而然地联想到池塘、河流与湖泊。在此过程中,钓鱼活动是能指,大海就是所指。

在皮尔士看来,涉及符号的空间关系在很多情况下都表现为整体和部分的关系。例如,A 经常借助四轮子出行。这里的四轮子是指汽车,尽管它们充其量只是汽车众多零配件中的四个部件,但是也能用来指称事物的整体。在某些情况下,从部分推演出整体的做法也能应用于更为抽象的符号指称活动中。比如,奔驰只是众多汽车品牌之一,然而它一般还代表着富裕、高贵和奢华,经常驾驶奔驰汽车的人在一般人眼中非富即贵。"图形符号"或"图标符号"也是将事物 A 与事物 B 联结在一起的符号,此类符号并非借助时间或空间上的相近关系,而是依托事物 A 和事物 B 之间的特定共同之处。例如,某人想购买一辆汽车,他只在图书画报中看过某个型号汽车的图片,当他亲自到售卖汽车的店铺时,会根据画报中的汽车图片按图索骥来寻找那辆心仪已久的汽车。在这种情况下,汽车图片就充当了实物汽车的图形符号或图标符号。与此相似,声音从某种程度上讲也属于另类的"图标符号"。当家长给儿童讲故事的时候,口中发出"轰隆隆……轰隆隆"的模拟声音,儿童会立刻想象到"打雷了,要下雨了"的景象。在诸如此类事件中,相似性是人们展开联想或进行推理的基本依据。皮尔士提醒人们注意:图形符号与索引符号之间有一个根本的区别:图形符号无一例外都是留有人类印记的事物。正如上文所述,图书画报中的汽车是人造物,用来展示和宣传汽车产品;讲故事过程中的各种模拟声音更是直接出自人类之口，用来呈现自然界中的声音。相比之下，索引符号在某些情形下是普通的自然物，正是借助人的诠释活动才演化为了符号。譬如，某人出生时身体就有残疾，左脚有六根脚趾，这原本就是一种与生俱来的生理缺陷，然而，当警察发现一个面部遭到毁容且已死亡多时的受害者时，这个生理缺陷就可充当辨别身份的重要符号。而且，人们的交往活动也时常有意识地运用索引符号，此时，最初的索引符号就并非一种自然物了，转而成为帮助交往主体沟通思想的载体或工具。面对这种状况，索引符号此时被图形化了。很多索引符号都会遇到类似的图形化情景。再如，雪地上留下的三叉形的足迹表明此前有鸡这种动物从此处走过，这是一种索引符号。可是，一旦有人搞恶作剧，用不同长度的竹竿系上三叉形的木棍，并在雪地上留下一排间距相等的痕迹。一些粗心之人看到这些痕迹后可能会误以为刚才真有一只鸡在雪地上走过。这时，自然的和天然的符号就转化成了人为的和真正的符号。以上案例显示，人们能够以外部事物的存在和变化作为依据来开展分析和推理，而且还能灵活运用这种能力来引诱、误导甚至控制其他人的感知、思考与行动。

语词、名称或概念是皮尔士眼中将多种事物联结在一起的第三种常见的符号。人类在发展过程中创造了语词和语言，不同地域的人们所使用的语词、语言也有很大差异，这体现了人们很强的将声音、符号与实物联系在一起的创造力。人们能够掌握语词或表达式的含义，除了可能会受到空间或时间上的相近关系、事物与事物之间的相似性的影响外，还主要在于绝大多数人在交往实践中都如此这般地使用这个语词或表达式，呈现这种特殊的能指与所指的关系。以人们最常用的"你好"为例，懵懂无知的小朋友逐渐掌握这个语词的过程就是他无数次地观察他人在见面时都会用它相互问候，久而久之，他就习得了这个语词符号的内涵。

皮尔士主张，无论是索引符号、图形符号，还是定义或名称符号，从本质上讲，一个符号过程就是一个复杂的中介过程。"符号或者符号媒介在某种程度上向某人代表某样东西。它是针对某个人而言的，也就是说，它在那个人头脑里激起一个相应的符号，或者一个更加发达的符号。我把这个后产生的符号称为第一个符号的'意义'。符号代表某样东西，即它的'指称对象'。它并不是在所有方面都代表那个对象，而是通过某种观念来完成的。"① 进而言之，"一个符号是与第二个东西，即它的对象，相联系的任何事物，就一个质的方面以这种方式把第三个事物，即它的意义，和同一个对象联系起来"②。可见，符号在本质上是"三位一体"的。在此处，皮尔士表达了符号三重性论断，这显然有别于索绪尔将符号仅仅视为把被指物与指示者联系起来的双价观点。在皮尔士眼中，一个符号借助充当符号载体的中介物将某种意义和某个对象联结在一起。如此这般，符号就能展现出它和意义与对象之间的双重关系。就符号和对象的关系而言，符号是被动的；就符号和意义的关系而言，符号是主动的。换句话说，符号取决于对象，反过来又决定意义，此外，意义还能够在新的符号关系中演化为对象，依此类推，符号会持续性地输出新的符号。在此类无休止的"符号行动"中，它涵盖了"三个主体的合作行为，例如一个符号、它的对象以及它的意义；这种三个联系在一起的影响在任何意义上都不能化减为成对之间的行动"③。所以，符号活动不单单在本质上是三合一的，而且，符号也是供交往活动的主体创造意义、建立联系、标明差异的新方法。以对符号的上述理解为起点，皮尔士凭借对表象、意义和对象这三种符号类型的剖析与梳理，尝试建构一种具有本质属性并普遍适用于一切种类符号的类型学，恰如门德列夫为各种化学物质编纂元素周期表的分类表一般，这样便于人们对符号关系开展系统且深入的探析。

　　细究起来，不难发现，皮尔士的符号理论与它的范畴论是相一致的，因此，唯有在他的学科分类体系中，人们才能正确地把握到他的符号学。原因在于它将理论根基扎进了现象学和数学中，同时获得了规范科学的解释与佐证。在康德根据先验逻辑而创立的范畴体系的影响下，皮尔士对范畴的关注和研究旨在寻得一套对所有对象和事物均具有普遍有效性的定理。但是，皮尔士推演范畴的方式与方法在很大

---

　　① Charles Hartshorne and Paul Weiss, ed., *The Collected Papers of Charles Sanders Peirce*, Vol. 2, Cambridge: Harvard University Press, 1931, p. 135.
　　② [美] 科尼利斯·瓦尔：《皮尔士》，第 99 页。
　　③ [美] 科尼利斯·瓦尔：《皮尔士》，第 101 页。

程度上有别于康德基于先天综合判断而演绎范畴的做法。按照皮尔士的理解,唯有来源于数学的范畴才是不能再向上追溯、真正普遍适用的范畴,原因是数学相较于其他学科更为根本,也更为基础,它的旨趣是假设事态,而非探索事物的实在性。数学作为基础学科的普遍性在皮尔士的《如何推理》中得到了较为全面的阐释,他认为:"每一门学科都有它的数学的部分。只要命题提出来让大家接受,即使在它们被采用以前,必须向数学家请教什么结果将会产生。"① 因此,他推演范畴的过程,既不是以心理学为根据,即着眼于人的心智怎样运行来推演范畴;更不是借助语言学,即力图从人类语言结构中析取出范畴,而是大胆地采用了数学绘图方法。也就是说,借助蕴含表征关系的点与线来推演和论证范畴,而且还把康德视域中的十二个范畴进一步还原为三个更简单的范畴,即作为第一性的某物、作为第二性的其他和作为第三性的中介。皮尔士对此曾表示:"这三个范畴是按等级排列的,而且它们是渗透的。没有无第二性的第三性,没有无第一性的第二性。再者,第一性产生了第二性,它又引起一种中介,或第三性。"② 在此处,范畴中的一、二、三体现了毕达哥拉斯学派把数视为自然法则的普遍性与实在性,从而能够适用于所有的存在抑或不存在的事物,另一方面,范畴之间所蕴生的三元关系也充当了建构更高层级关系的先决条件。为此,他还在另一本著作——《猜谜》中写道:"一个只有三条分岔道的路可以有任何数量的终点,但是一端接一端的直线的路只能产生两个终点。因此,任何的数字,无论多大,都可以在三种事物的组合基础上产生;而且结果是,没有任何观念可以包含这样一个与三的观念极为不同的数字。"③ 从这个角度看,可以将皮尔士的范畴理论视为数学公理之一,它为一切知识的获得与理解奠定了基础。

皮尔士运用从数学中习得的算法理论推演出并预设了其范畴理论,然而,他没有将数学的范畴直接运用于现象,而是醉心于繁复精深的

---

① [美]科尼利斯·瓦尔:《皮尔士》,第12页。
② [美]科尼利斯·瓦尔:《皮尔士》,第17页。
③ [美]科尼利斯·瓦尔:《皮尔士》,第19页。

心智现象的研究并演绎出现象学的范畴。按照他的认识，倘若说三个数学范畴及它们蕴含的逻辑关系是大自然中尚待开显的普遍原理，而且具备自然法则的实在性，那么，它们理应普遍适用于所有的对象，当然也包括现象学的对象。在皮尔士看来，作为哲学一个分支的现象学归根结底是一门经验的科学，它的运作逻辑是对"应当怎样做""应当怎样认识"等问题悬置起来，只是观察、辨别持续不断地闪现在人们意识前的各种现象的要素。不管是人们在头脑清醒时做出的严肃考量，还是在睡梦中遇见的光怪陆离的景象都应当加以审视，以便探明在一切现象中何种要素是普遍共有的，它们具有哪些属性以及彼此之间是怎样互为影响的。最后，通过观察和辨别意识现象，推演并凝练出一个范畴的目录，同时还要佐证它们并非多余的而是自足的。准确地讲，皮尔士的现象学范畴一方面与其数学范畴有相似性，二者的等级式结构如出一辙，另一方面在推演和论证的过程中，在哲学的论域中为三个范畴的普遍性做了辩护。皮尔士考察的出发点是心智中最简单的要素，即所有简单的感觉观察。在这一过程中，他主张闪现在心智面前的各种现象都具有一些共性，即无不内含着第一性、第二性和第三性。具体说来，第一性是指定性的直接性，是一种与一切事物都无瓜葛、自由纯粹的"直接感觉"；第二性是指始源的对立，是自身和其他事物相对或联结的非持续性、他在性与最后性；第三性是指必不可少的中介，对象与对象的关系需要由它来承载。皮尔士笃信，一切在心灵上留下印象的经验或现象都包含上述三个范畴。三者中的每一个都代表着人们在经验世界中可能触及的普遍要素，它们为人们在生活实践或意象世界中从哪个方向观察，意图建构何种关系指明了方向。所以，皮尔士既将伦理学、美学、逻辑学视为依据三个范畴考察现象而得出的丰硕成果，又在未完成的学术著作——《猜谜》中继续探究心理学、物理学、生物学、生理学、社会学等特殊学科中现象学范畴，旨在证明所有学科都以特有的方式来呈现这些范畴。因此，恰如新实用主义的领军人物——罗蒂所断言那样，皮尔士是坚定的康德主义者，他矢志不渝地相信哲学可以为实践主体创造一个丰盈的、超越历史的语境。在这个最基本的语境中，其他一切学科都能找到与自身相符的等级与位置。

与洛克的哲学观点相仿，倘若人们要考察全部的人类知识，理应以文字和观念作为考察对象，通过审慎与细致的考量之后，它们或许会向我们呈现一种批评学或论理学。毫无疑问，在对符号以及"表象"的体察过程中，皮尔士析取出了现象学的范畴，既勾勒了一个基本的框架，以便人们理解一切知识，又为认识自我、体认交往实践奠定了必要的理论基础，这可能就是皮尔士不断改良逻辑理论，提出符号学的缘由所在。对此，他曾表示："就建立一座将超越于时代变化的哲学大厦而言，我所关心的与其说是用最好的精确度来放好每一块砖，不如说是铺设厚重而庞大的根基。"① 依皮尔士之见，在探究人类有意识的生活和交往实践的过程中，不能绕过的必由之路就是第一性、第二性和第三性这几个意识不可还原的维度。鉴于意识和语言之间的联系，三者也成了人类语言交往中不可还原的维度。因此，一旦将上述三种普遍形式付诸对自我和交往的探索时，不仅凸显了现象学范畴的对立面、直接性和中介，而且它们之间的三元关系也为研究者带来了不可估量的价值启示。

二 符号、理性和自我塑造

皮尔士的符号学理论并未脱离其实用主义体系，毋宁说二者恰似一枚硬币的正反两个方面。可以说，正是经历了长期的关于符号学的缜密思考，他才能提出著名的"实用主义原则"。所以，从某种程度上讲，也可以将其实用主义看作某种对符号开展体系化探讨的符号学理论，它的任务是阐明"抽象的概念"或"困难的词"，寻求符号的意义、实效和其他或许会衍生而出的关系，其最终诉求是揭露各种形式的符号行为在人的理性和自我塑造过程中的重要作用，以便使人更准确地厘清人类行为活动得以开展的各种必要条件以及可能会引发的后果。

皮尔士在专注于符号学研究时仍然坚守着实用主义的立场。因此，他的实用主义不仅是一种探索概念、命题、语词以及判断的真实意义

---

① ［美］科尼利斯·瓦尔：《皮尔士》，第11页。

的有效方法，而且也同样重视符号意义和效果的掘发。在思考符号学问题时，他彰显了浓重的排斥传统基础主义的思维倾向。在皮尔士看来，尽管哲学不像其他具体学科那样离不开细微、长久的特殊观察，但是，它讨论的问题与我们日常接触到的事物密切相关，即"每个在他醒着的生命里的每一小时所接受的如此多的经验"。根据这样的哲学立场，在探索概念、语词意义的研究活动中，皮尔士的实用主义哲学一方面有意避开理性主义推崇的先验方法，另一方面又在权衡符号的标准问题上刻意与笛卡儿拉开距离。皮尔士深信"对于一个概念的完全的定义所必需的，仅仅是确定'证实或否定那个概念所隐含的所有可以想到的实验现象'"①，因此，在寻求概念的全部意义时，他选择了科学的实验方法。在皮尔士的论域中，不光语词、概念或句子是有意义的符号，他还主张"任何可以作为符号的东西都可以有意义，无论它是一个词、一句话、整个一种文化，还是像风标一样的物体"②。参照实用主义原则，一切事物和所有符号的意义完全取决于它们能够产生的所有效果。

针对这种识见，在《如何使我们的概念清楚》一文中，皮尔士写道："考虑什么效果，以及可能有什么实际的关系，这是我们认为我们的概念的对象所具有的。那么，我们对于这些效果的概念是我们对于对象的概念的全部。"③ 这表明符号除了内蕴自身所指的直接意义之外，还会引发一些经验效用。具体来说，他主张，要想全部掌握某个符号的意义，那就应当将涉及这个符号的一般性陈述转变为假设性的陈述。倘若我们将这个符号及其相应的描述运用于实践活动，并察觉到它所产生的诸多实际效果，那么这个符号以及相关的描述就是有意义的，它的意义就是它产生的全部实效。所以，借助某些能够直接呈现符号属性的假设性陈述就能获悉这个符号的意义。换言之，单个符号的意义是凭借一个触及其相关属性的假设性描述来揭显或说明的，至少从语用学上看，单个符号与其假设性的描述是等值的。譬如，

---

① ［美］科尼利斯·瓦尔：《皮尔士》，第39页。
② ［美］科尼利斯·瓦尔：《皮尔士》，第39页。
③ ［美］科尼利斯·瓦尔：《皮尔士》，第36页。

"停车"这个符号的意义就体现在"假如你不停车,那么可能会坠入前面尚待填平的深坑中",或者会产生撞伤行人、冲入施工工地、连人带车掉下悬崖等种种后果。用皮尔士自己的话来说,"关于这种性质的全部概念,像关于其他所有性质的概念一样,就包含在它的可以设想的效果之中"①。再比如,"轻"这个符号的全部意义就体现在"假如稍稍一用力,你就能拎起或拿起某个东西"。所以,在皮尔士看来,探究和掌握一个符号的意义的过程就是在各种的假设的条件下,对其进行可设想的或真正的实际操作的行为实验的过程,这些实验所产生的各种效果的总和就是这个符号的全部意义所在。

  在皮尔士看来,当思想渐现雏形并日益完善时,符号对人的理性思考的实效会愈加明显,它甚至是理性和心智得以开展活动的重要凭依。他并不赞同笛卡儿所主张心灵具有直观能力的观点,即在无须依靠一切前提的条件下,心灵能够运用直观直接感知或把握知识的第一原理。换言之,心灵的直观才是前提的前提,同时也意味着:认识可以从零起步。皮尔士主张,心智或理性活动都因循着一定的认识逻辑,先前的认识为后来的认识奠定基础,后来的认识脱胎于先前的认识。任何知识都是从前在、旧有和以往的知识中推论出来的。他甚至否认人类具有直觉能力,所以,认识不能从零起步,所谓的探寻知识的第一原理或前提也是无稽之谈。按照他的理解,在人们的知识体系中,一切信念、主张和观点都是需要接受质疑,并非牢不可破的。笛卡儿(Descartes)论域中的直观指的是最具始源性的思想是无须借助语言就能实现的思想。但是,皮尔士驳斥道:在没有符号介入或作为依凭的情况下,心灵或理性根本不具有思考的能力。心灵要获得充实、理性要得到发展不能脱离符号。符号除了具有直接意义以外,更是具有各种实效意义,是人们表达主张,进行思考的主要基础。无论人们穷尽怎样的可能,都无法设想到一种没有符号的思维活动。不管人们描述何种思维活动,无一例外都需要运用符号来呈现。更为重要的是,符号之所以成为符号,一个关键之处在于它是能够进行阐释或说明的;

---

① Justus Buchler, ed., *Philosophical Writings of Peirce*, New York: Dover Publications, 1955, p.31.

解释符号时必须以其他更基本的符号为前提。倘若人们要领会或掌握某个符号的意义必须借助其他符号的支持。"所以，如果我们是完全根据符号进行思考的——事实上，的确如此——那么，我们就不能越出符号的范围之外。"① 基于此，再看心灵或理性的推理活动，"结论不应该依赖于一条单一的演绎链，而应依赖于一系列平行的推理链，从而形成一条粗壮的推理缆。也许其中的每一根链单独看来都很弱，不能使结论更可靠，但它们结合在一起相互加强，能使结论很有力量"②。由此不难看出，根本就没有纯粹的、个人的知识。所有的符号乃至各种语言的运用都有一个不言而喻的交往共同体前提，即这个共同体内部的成员基本上都能理解、知晓或使用一些具有约定性的符号。如果符号之间没有能够相互解释的可能，那么符号就是不能被理解的，也就失去了作为符号的价值。所以，正因为一切思维活动都离不开符号，都要通过符号来展现，正因为所有的符号都是约定的、以交往共同体为前提的，正因为任何推理和论证过程都要借助符号为呈现载体，所以，皮尔士主张，符号之于人的理性或心灵是极为必要的。

由上观之，实用主义原则是一种以意义为旨归的准则，所以，它不但有别于笛卡儿孜孜以求的概念的真理标准，更区别于逻辑实证主义奉为圭臬的证实原则。原因在于某个概念或符号的意义完全体现在经由它而产生的可预想的各种实际效果，而非它自身是不是清晰明白，是不是能获得经验的证实。恰恰因为实用主义的意义标准聚焦于符号对人的思考行为和理性所产生的实际效用。因此，这种哲学立场会诱发下述思想倾向，即哲学家没必要在探索事物本真面目的问题上浪费气力了，因为科学的重任不是发现客观的真理，而是积极参与到创造或制造真理的过程中，为创造出更多能够造福社会和人类的真理而奋斗。毋庸置疑，假如将实用主义理解为用以指引社会实践的理论，那么，它一再重申的"符号对人的思考行为或理性产生实际效用"的观点既揭露了符号的诱导作用，为经验的重新组合与排列开辟了

---

① Charles Hartshorne and Paul Weiss, ed., *The Collected Papers of Charles Sanders Peirce Vol. 5*, Cambridge: Harvard University Press, 1931, p. 169.

② Charles Hartshorne and Paul Weiss, ed., *The Collected Papers of Charles Sanders Peirce Vol. 5*, p. 157.

新途径,并将经验与自我控制的观念和理智联系在一起,又明确阐释了经验意识的不完善性和不确定性,它在其中充当了交互性与理智控制的充分条件。

倘若所有符号的意义全在于它可能会诱发的实际效果,那么,皮尔士符号学探究的只是促成实用主义发展意义上的理智。按照此种认识,理智并非主要意指基于我思视角的体悟,而是重点关照一个行动方式的条件及其一系列后果。这种哲学路向来源于一种努力,一种旨在摆脱起始于笛卡儿的关于心智的认识论成见的努力,从而形成对自我以及人的理智的全新认识。皮尔士指出:"现代哲学从来没有能够完全摆脱笛卡儿的有关心智的观念,即人的心智是'居住'在松果腺体里的。在这个时代,大家都讥讽这个观念,但是每一个人都继续以通常的相同的方式看诗人的心智,把它看作存在于人之中,或属于他,并与真实的世界相关联。"[①] 可见,传统的将独立的主体看作知识基础的观点是不为皮尔士所接纳的。原因在于:它一方面表明人的身体对于心智而言是外在的约束和限制,另一方面也没有掌握心智和自我的辩证关系,得出了一种关于心智的"最庸俗的虚荣的幻觉"。对皮尔士来说,当理智驾驭和主导我们的行动时,我们难以十分准确地预估到行动的条件与后果,总会有一些失效出乎人的意料。因此,要想对自我或理智形成较为全面的认识,唯有将研究的重心置于人类行为的条件和后果之上。

皮尔士还进一步指出,符号对于自我的塑造也至关重要,人们在感知、运用符号的过程中逐渐完成了自我的铸塑。稍有常识的人都会承认自我的存在,都会自觉地体认这种源于自身的主体性。然而,在皮尔士看来,尽管在社会生活中自我无时不在、无处不在,但是细究起来它仅是一种虚幻不实的现象。原因在于人们并非将活生生的、占有一定时空的生物有机体等同于自我,它还有更抽象的规定性,还属于概念的层次、认知的层次。正如他否定笛卡儿的直观活动一般,他也不承认社会中有直观的自我意识。一切与自我相关的认识、信念或观点都是在后天的社会生活与交往活动中形成的,也可以说,无一不

---

① [美]科尼利斯·瓦尔:《皮尔士》,第111页。

是基于各种可感的外部事实推论出来的。简言之，与人们获取各种关于他物的知识相仿，自我塑造也是环环相扣、依据特定的前提逐步推演出来的结果，也是通过认识符号和使用符号的产物。进而言之，自我塑造就是人们在交往活动中不断试错、修正和完善的结果。他主张人们对外物或自身的认识绝非一蹴而就，能够直接触及本质的。认识过程既是一个不断纠错的过程，又是一个明确外物与自我区分的演变过程；不但会形成对外物更为全面、客观的认识，而且还能循序渐进地确立起自我意识。譬如，当人们看到一个见所未见、闻所未闻的新事物时，首先会上下四周地仔细打量和观察，看看它与自己此前认知的事物有无相似或相近之处，分析眼前的这种新符号与旧有符号的关联之处，借此来推论它的用途或功能，而后会小心翼翼地触摸，感受它的材质、重量以及某些功能性的零部件。上述认知层面的联想和感知层面的体认都伴随着持续的试错和修正，尽可能地穷尽一切有关这个新事物究竟是何物的可能。需要注意，试错、体验和推论的过程并非波澜不惊，人的情绪化波动也相伴相随。遇到碰壁或证明有误时，会情绪低落；获得进展或突破时，会欣喜无比、信心大振。当人们历经多次试错并最终搞清楚这个新事物究竟是什么时，内心也就逐渐复归于宁静。针对上述这种状况，皮尔士认为，人的情感、思考等内在意识活动会根据认识程度的深浅、全面与否、正确与否而变化。此类变化进而会激励或削弱内在自我的意志力，左右自我后续的行动和行为。这种行为的回馈或反应并非仅在当下有意义，它也会成为下次探明新事物或解决新问题时可供借鉴的反应模式，会演变为一种规律性的意识活动和行为反应模式。所以，内在意识活动由波动到平静的过程其实就是将新事物、新认知纳入自我认识体系中的过程，是将新奇、特殊、具体、个别的事物或认知与已有一般性认识建立联结的过程，也是把新符号纳入已有符号系统的过程。从一定意义上讲，这就是皮尔士论域中习惯的产生。他主张，自我意识与其他一切认知活动都经过了一个单纯自发到有意识地自我控制的过程。这一方面驳斥了可以通过直观来触及自我的传统观点，另一方面也凸显了在自我塑造过程中主体性的重要作用。用皮尔士的话说："对自我而言，自我控制极其重要，因为它让大量自然的、平常的符号活动拥有了统一性，该统一性是让自我实现未来理想化的保证。"①

　　鉴于人的内在意识活动乃至自我都是基于一系列前提和事实推论出来的，都是借助并运用符号的产物，所以，在皮尔士看来，自我在本质上也是一个符号。在这里需要注意两个自我的区分，一个是解释符号内涵和意义的、生物有机体的自我，它着重强调的是自我的物理属性，是构成符号的部分之一，并非符号的本身；另一个是由符号建构起来的、内在于有机体中的自我，它突出的是概念特性，是在交往与认识活动中持续演变的符号。可见，皮尔士眼中的自我不光指称肉身的、独特且具体的生命个体，而且指称运用符号过程中尚待阐释的符号，是意义不断拓展、持续生成的符号。也就是说，自我既是一个符号，更是一个生成流变的符号，它会将外部交往或实践活动中接触到的各种符号内化为自我符号体系的一部分，而且绵延不断。在这里，皮尔士再次将批判的矛头对准了笛卡儿，批判了后者关于松果腺和心灵关系的论述，并指出心灵不是与生俱来地内在于自我之中的，心灵活动和自我塑造是一个由外向内的过程，而非笛卡儿所声称的由内向外的过程，"思想不是主要居住在个人的头脑里，相反是居住在我们用以交流的公共符号结构里"②。由此观之，人们日常交往所使用的语词和人的自我没有本质的差异，都属于一种精神性的存在。好似"桌子""苹果"等语词符号一般，自我就指那些活跃在交往实践中的千千万万个我，对此，皮尔士说："我的语言就是我自己的全部总和，因为人就是其思想。"③ 既然自我塑造过程是符号由外向内的转变过程，那么，外部的符号从何而来就是必须要回答的问题。

　　此外，尽管从逻辑上讲作为符号表现形式之一的自我具有无比广阔的发展空间，但是由于自我塑造离不开其他自我作为参照，而且鉴于有机体生命的有限性，所以，自我塑造不仅具有一定的主观性和特殊性，而且它也是尚待完善的、存有各种不足的。然而，皮尔士主张，

---

① Robert S. Corrington, *An Introduction to C. S. Peirce*, Washington: Rowman & Littlefield Publishers, Inc., 1993, p. 88.

② Cornelis De Waal, *On Peirce.*, Wadsworth: Cengage Learning, 2001, p. 82.

③ *Writings of Charles S. Peirce: A Chronological Edition 5 Vols*, Bloomington: Indiana University Press, 1980 – 1993, p. 498.

微观的自我塑造是永不停息的、持续进行的，它的终极追求是宏观层面的宇宙的至善。微观的自我塑造是有限的，而整体的自我塑造是延续不断的。这种整体的自我就是一个交往共同体，它是孕育各种外部符号的母体，同时也划定了符号演进的大方向。同时，自我塑造要想克服各种短板、弥补各种不足，唯有置身于交往共同体中，借助和交往对象的持续互动来突破自我。对此，皮尔士强调，探索真理或知识也好，铸塑信念或自我人格也罢，都没必要局限在独立个体的范畴之内，应当融进更宏阔的社会活动中。在相对较长的认识过程中，学习主体或思想家个别特性或具有独断论色彩的判断都会被"实用主义原则"逐步弱化，最终抹去个人成见，达成一个相对普遍的共识。这一过程显示：所谓"真实"的存在都是能够被修正的，本质上都属于可错论。需要注意的是，可错论没有浇灭人们对知识与真理的渴求，正好相反，它彰显出"真实性"是认知共同体在无限的时间内持续接近的存在。再看后者，无论是自我人格的形塑，还是头脑中信念的形成都绝非个体的肉体或身体特质能够独立完成的，它要依靠历代人在漫长的演化过程中共同熔铸的、被生活习惯关联在一起的心智。也就是说，人格或信念从某种意义上是观念之间的联系，抑或是"一束习惯"。然而，这并非表明自我意识的统一性与心智的统一性存在彼此对应的关系，与他者的关系同样也很会影响心智的健全。因为在具体的生活实践中，认知主体常常会接收他者的权威，自觉或不自觉地利用他者权威进行论证和辩护。认知的偏差、实践的困境、生活的碰壁都会更新人们的自我认知，渐渐磨去个体的差异性、修正自我的狭隘性。换言之，自我并非天赋的，并非先天具有的，而是在周遭环境的持续影响下逐步形成的；同时也表明自我是一个处于不断生成和流变的概念，心智的外延要远超自我所涵盖的范围，所以，宏观的思想不能被局限在微观的个体的心智中。好比已出版的书籍承载着作者的所思所想，而非存在于作者的大脑中一样。其实，我们的心智"就像我们说一个物体在运动而不是运动在一个物体里，我们应该说我们是在思想里，而不是思想在我们里面"①。因此，思想和心智不是内在于我

---

① ［美］科尼利斯·瓦尔：《皮尔士》，第120页。

们的，倒不如说我们在运用思想和开启心智。总的来说，相较于笛卡儿的怀疑论，皮尔士没有侧重于清晰明白的、不受后天人为影响的思想起点的研究，而是更多地关注了人类探索的目标问题。他认为将人视作一个自主的和自足的个体是欠妥的，也不认同将个人看作"我思"的起点，转而解析自我和心智的形成与完善，聚焦社区以及社会交往实践活动。依他之见，"社区，而不是个人，是真理的所在地。——文艺复兴时期巨人的时代结束了"①。

皮尔士将符号与人的理性和自我塑造过程联系起来的做法，在卡西尔（Cassirer）的哲学中得到了延续和发展。卡西尔沿用了皮尔士的符号内在化思路来界定人的文化本质。按照他的认识，倘若人的本性确实存在，而且对"本质"已有定义的话，那么，最好从功能性的视角而非实体性的视角来看待和理解这种定义。无论是从形而上学的层面，还是从经验观察的层面试图探索、界定人及其与生俱来的能力都是欠妥的。人有别于其他事物的独特之处，并不在于他具有形而上学的特性，更非他某方面的生物属性，而在于人开展的千姿百态的劳动实践活动。所谓的"人性"是由劳动实践活动而界定的。此处的"劳动实践"并非传统意义上的一般的生产活动，而意指人们利用符号丰富和创造文化的活动。人的创新性是此类活动的突出特点，也代表了人的最大潜能，人类社会之所以能够与自然界相区分，也是因为创新性的作用。概而论之，人类符号活动的产物包括神话、历史、语言、科学、宗教和艺术等文化成果。就像卡西尔言称的："我们所说的人类文化可以界定为我们人类经验的渐次性的客观化（对象化），可以界定为我们的感觉、我们的情感、我们的愿望、我们的印象、我们的直觉体知和我们的思想观念的客观化（对象化）。"② 在此类符号活动的熏染或作用下，人类时代累积的经验、创造的思想才能持续地输出为具有客观属性的、丰富多彩的文化世界。虽然人类符号文化活动表现形式各式各样，但是借助符号的强大功能，人们依然可以从整体上

---

① ［美］科尼利斯·瓦尔：《皮尔士》，第54页。
② ［德］恩斯特·卡西尔：《语言与神话》，于晓等译，生活·读书·新知三联书店1988年版，第147页。

认识和把控它。所有文化都是以不同的视角彰显了人的创新性，凸显了人驾驭符号并开展符号活动的能力。对此，卡西尔表示："人类文化的不同形式不是靠它们本性上的统一性而是靠它们基本任务的一致性而结合在一起的。"① 换言之，凭借符号活动，人的本质力量实现了客观化和对象化，进而创新和提出了诸多种类的文化形式。与此相应，林林总总的文化形式也呈现了人作为一种具有符号创造功能的存在持续提升、不断完善的发展历程。毫不夸张地讲，"作为一个整体的人类文化，可以被称之为人不断自我解放的历程"。人们对任何一种符号功能的运用其实都"展示了人性的一个新方面"。② 不可否认，每一类文化形式都有各自应当遵循的发展规律，不过，它们无一不是脱胎于人类利用符号开展的各种创造性活动。由此可见，卡西尔论域中的符号揭显了某种意义系统。在此类意义系统的维系下，人们认识、理解和改造世界的活动才具有可能性。卡西尔表示："人被证明不仅是外在世界的被动的接受者，他是积极的和富于创造性的。但他所创造的并不是一个实体性的东西，而是一种关于经验世界的陈述，是一种关于经验世界的客观描述。"③ 由上可见，如果说皮尔士认为人的理性或心智离不开符号的话，那么卡西尔则强调了人的本质或本性与符号之间的紧密联系。

综上所述，皮尔士把"自我""主体"演绎成了思想的符号理论。从他创作的《对于所谓的人所具有的一定官能的问题》一文中可以看出，他借鉴和发挥了柏拉图（Plato）的下述主张，即思想是自己和灵魂所进行的一种沉默的对话，主张人的思想是以符号的运用为前提的。与自然界的其他事物相比，人类具有的最大优势体现在自由自主的控制自身的能力，展现出一种"更高等级的自我控制水平"，进而言之，应用语言的能力较好地体现了这种自控力。他曾明确指出："我认为，语言能力本身是自我控制的一种表现形式。思维是一种行为，思维本身是可控制的，这是众所周知的（这是常识的内容）。对思维的理性

---

① Ernst Cassirer, *An Essay on Man*, New Haven: Yale University Press, 1944, p. 26.
② Ernst Cassirer, *An Essay on Man*, p. 223.
③ ［德］恩斯特·卡西尔：《语言与神话》，第175页。

第一章　皮尔士的交往符号学

控制表现为对思想的思考。所有思维借助于符号以及对符号的直接应用。"① 假使唯有借助语词或符号，人们才能思想，那么这也反过来佐证：第一，自我和语言紧密相连；第二，思想本质上是公共的，而非私人的。就前者而言，每种思想都被视为符号这一论断表明：人们理应将思想看作一个持续进行的、动态流变的符号行为过程。在发展演变中，每个符号都会生成一种意义，意义反过来又成为一个符号，再继续蕴生新的意义，因此，表象、意义和对象三要素就在思想中互为联系。遵从实用主义原则，一切事物或所有符号的意义全部体现在它们所产生的具体实效上，那么，认知主体对这些效果的把握也形同明白了这些事物或符号的全部意义。借此我们可以得出这样的结论：既然人的思想是符号，那么人自身也是符号。对于此，皮尔士清晰地表示："我的语言就是我自己的总和，因为人就是他的思想""人所用的词或符号是人的自身。因为把每一个思想是一个符号的事实与生命是思想的列车的事实联系起来，我们可以证明人是一个符号，因此每一个思想是个外在的符号，证明人是一个我在的符号"②。就后者而言，虽然每个人都在学习、运用甚至生成思想，但是，思想本身并非纯粹私人的，它的公众性更加突出。个人的头脑、相对狭隘的眼界都不会限制思想的发展，因为思想始终在寓于公众日常交流的各种符号体系里。所以，当私人的心智成为符号载体之后，其思想会有一个由外向内输入并逐渐内化的过程。不难看出，在权衡主体和语言的关系问题时，皮尔士意图揭示语言符号和主体自我的辩证关系，以便论证符号对于人的行为或理智的决定性影响。在这个问题上，皮尔士一方面扭转了笛卡儿开启的思想属于私人的主张，另一方面也驳斥了思想是纯粹内在的、仅出于交流的需要才将它外显的论断。实际上，恰恰由于上述倒转或批判才辨明了左右自我、理智以及个体行为模式的主要条件，也更好地呈现了他在符号学理论方面的别样思考。

---

① Lenore Langsdorf and Andrew R. Smith, *Recovering Pragmatism's Voice – The Classical Tradition, Rorty, and the Philosophy of Communication*, New York: State University of New York Press, 1995, p. 38.

② ［美］科尼利斯·瓦尔：《皮尔士》，第 117 页。

三　符号：交往的中介

皮尔士的符号学理论归根到底是对人类交往实践活动的高度概括与精深抽象。它所探求的是：既要论证人类行为需要通过符号行为来得以凸显，从而持续增进人们对自我控制行为模式的认知，又要廓清人类交往实践活动由以产生并逐步发展的各种语境，从而探得自我积极参与到生活世界的有效路径。

毫无疑问，皮尔士竭力在自我的主体性概念和人类对语言的使用之间架起沟通的桥梁。他的理论诉求是凭借对人的符号行为的研究，探明那些决定自我控制、自我意识、自我批判的形成、维系和演进的规范化因素；阐释交往实践活动在衬显主体自我、调整行为模式、完善自我过程中的积极价值。对皮尔士而言，无论是解释、断定，还是指称与探索活动，在本质上都属于人类自我控制的行为模式，具体说来，符号行为扮演了主体自我积极介入生活世界的途径角色，语言能力则是自我控制的外在表现形式之一。所以，皮尔士在符号学研究中侧重于阐释交往的符号也就成了一种自然而然的必然选择。翻看皮尔士的著述就可发现，他一方面把符号界定为"在理智的传播中承担一个本质性的部分"或"那种通过它获得更多知识的东西"，另一方面也主张"一个符号是交往的一种中介""一个符号可以定义为一种形式的交往中介"。[①] 在寻常的意义上，如果将符号看作交往的中介，那么意味着在某个团体或种族内部，成员之间意见交流、观点陈述、思想碰撞都是以符号作为中介或工具的。也就是说，在心灵"不在场"的特殊条件下，符号仍然能够发挥中介、桥梁的功能，这好似生活中各种书籍的功用一般。可是，从严格的意义上来审视，从皮尔士交往符号学的哲学立场出发，"符号作为交往的中介"这一论断不仅说明符号是交往主体用来有效控制解释过程、判断活动的得力工具，而且也意味着在参与和实施符号行为的过程中，主体自我渐渐演化为世间

---

① Lenore Langsdorf and Andrew R. Smith, *Recovering Pragmatism's Voice – The Classical Tradition, Rorty, and the Philosophy of Communication*, p. 35.

第一章　皮尔士的交往符号学

主体，进而探明了交往实践何以可能的问题。

交往过程本质上是主体参与其中的过程，也是一种切实、具体的实践活动。在交往实践活动中，符号既表现为自我与他者所开展的对话形式，又是一种能激起对话主体的反应并在其中插入他者立场与观感的中介。就像皮尔士所指出的："言语是思想的本能工具，一个人与下一刻的自己进行沟通都要通过言语……我们不知道这种能力是如何起源的。不过每个数学家和逻辑学家都会告诉语言学家，他们（指数学家和逻辑学家）掌握了一种非常不同的符号系统，可以把语词和词形翻译到这个符号系统中，从而达到超出语言学符号的可能限度的理智程度。"[①] 显而易见，皮尔士在此处与柏拉图站在了一起，二者都将思想看作有效的交往形式之一。"'思想总是表现为对话——自我的不同阶段之间对话——的形式，对话必然包括符号作为其物质形式，正如象棋必然包括棋子作为其物质形式。'换句话说，思想不同于单纯的白日梦，而是某一时刻的自我努力与后一时刻的自我交往的过程。"[②] 假如自我对话是人类内在生活的基本样态，那么，语言可被视为思想的总和。所以，他者和自我的分野一方面体现在社会性上，另一方面则落实到了主体性上，即人类的内在生活就是自我的对话。可是，在皮尔士看来，符号具有双重性，不光展现为思维的理性控制，而且又能被界定为"交往的中介"之一。依托符号行为，交往主体在他者和自我的"授—受"双边交互活动中，既走出了狭隘的自我，摆脱了当下立场、眼界的局限，又协调与缓和了他者和自我之间的张力。所以，交往不仅是一个令懵懵懂懂地介入符号行为的自我"不断深入自我意识、自我批判和自我控制"而演变为自省的、反思的自我的过程，而且也是不同交往主体的差异性视界走向统一、走向融合的兼容并蓄的过程。因此，皮尔士在承认人类理智的局限性的基础上，也看到了人类理智的超越性，特别是人类超越具体的或特定时代条件下的"可能的实践经验"的能力。基于此来审视，符号学成功地建立了与"实践"

---

① Lenore Langsdorf and Andrew R. Smith, *Recovering Pragmatism's Voice – The Classical Tradition, Rorty, and the Philosophy of Communication*, p. 40.

② Lenore Langsdorf and Andrew R. Smith, *Recovering Pragmatism's Voice – The Classical Tradition, Rorty, and the Philosophy of Communication*, p. 36.

的内在关联，表明皮尔士的符号学不仅仅是让理论服膺于实践活动，同时还将理论自身看作一种在交往实践中生成的实践。在此类交往实践中，"交往是一个子宫，作为个人的主体从这里出生；交往是一个舞台，各种演员在这里表演"①。也就是说，交往实践无异于所有交往主体对外展现自我、型塑自我、完善自我以及纠偏行为方式的平台。

  皮尔士关于"符号是交往中介"的观点同样也影响到了卡西尔。后者指出："人不仅存在于他的所作所为中，而且还存在于他的所感所思中，人是一个社会存在。他生活在语言的世界、宗教的世界、艺术的世界、政治制度的世界中。倘若他不经常地以这些形式来表现他自身的生活，他就不可能经历自身本己的生活。他创造出语言符号、宗教符号、神话的和艺术的形象；而他只有借助这些符号和形象的整体及体系，才可能维系其社会生活——即他才可能与其他人类存在产生交往并使自己被他们理解。"② 也就是说，文化环境在人的成长过程中居功至伟，人们不能肤浅地将人类社会视作某种单纯的生产协作关系，还应当看到人类同时创造的更为多样绚丽的文化世界。这个符号世界一方面表征了人类的创新性与本质力量，另一方面也为自身的全面发展与生产协作关系奠定了基础。毋庸置疑，人的社会性主要表现为主体间的交往活动，而交往活动必须以信息传导为媒介，符号则充当了信息载体的角色，符号不仅是主体交往的重要桥梁，而且也是信息输出与输入的载体。人类的各种社会关系都是凭借由符号编织而成的信息网来维系的，也为人类的社会实践活动提供了必要前提。人类交往活动的高层次表现形式是思想交流。这种活动必备条件之一就是用某种稳定的形式将思想承载下来，并能实现跨时代的传承、跨区域的流传，这就表现了符号作为载体与表达媒介的重要性。恰如马克思所言："语言和意识具有同样长久的历史；语言是一种实践的、既为别人存在并仅仅因此也为我自己存在的、现实的意识。"③ 交往主体的

---

  ① Lenore Langsdorf and Andrew R. Smith, *Recovering Pragmatism's Voice – The Classical Tradition, Rorty, and the Philosophy of Communication*, p. 42.

  ② ［德］恩斯特·卡西尔：《符号·神话·文化》，李小兵译，东方出版社1988年版，第83页。

  ③ 《马克思恩格斯全集》第3卷，人民出版社1979年版，第34页。

相互沟通、表情达意等活动都离不开语言符号这种工具,一旦缺少符号,不光人们的思想演绎缺少了载体,而且交往信息的传播也失去了沟通的渠道,各种交往活动也就无从谈起。所以,"语言是直接与思维联系的,它把人的思维活动的结果,认识活动的成果,用词及词组组成的句子记载下来,巩固起来,这样就使人类社会中思想交流成为可能的了"①。可见,符号的媒介作用在交往活动中是不可或缺的,然而,它的重要意义还体现在建立并维系了文化关系。正是得益于交往主体创造性地运用符号、持续不断地丰富符号世界,人们的物质文化和精神文化才能诞生并传播。除此之外,尽管从本质上讲生产力发展水平决定了社会的进步状态,但是也不能忽视符号形式的发展与演变对社会活动产生的巨大作用。一般而言,作为符号表现形式之一的信息在社会中传播速度越快、越精确,它对社会成员的影响就越明显,也能更加有效地联结人与人之间的关系,令各种社会协作关系更富有成效,特别是在如今高科技支持的信息化社会,社会成员的基本需求就是信息交流与沟通。这无疑凸显了皮尔士与卡西尔的"符号是交往中介"的主张。

皮尔士深知,任何哲学理论追根溯源都需要一定理论预设的支撑。实际上,他对交往行为、交往实践所做的富有创见的阐释也有赖于他的规范性反思与现象学描述。具体说来,规范性反思展现了人的符号行为活动为什么可以塑造、批判和纠正主体自身,进而为阐明内化于交往活动中的理想与规范提供了理论支撑。与此同时,现象学描述既把现象或现象的组合纳入探索的范围,又推演出了现象学范畴,论述了人类理智为什么能够借助一般的范畴形式超越主体性的局限。因此,按照皮尔士的理解,对交往过程的解读与诠释必然与规范性反思、现象学描述联结在一起。所以,倘若我们意图把握人类的交往实践与意识活动,就理应依赖不可还原、不能再被简化的普遍范畴,即第一性、第二性与第三性。正如前文所言,现象学的范畴内蕴了其性质难以名状的第一性,涵盖了表达张力与冲突的第二性,还包括了彰显理智提升与自我开放的第三性。坦白地讲,皮尔士的这三个范畴的重要意义

---

① 《斯大林选集》下卷,人民出版社 1979 年版,第 515 页。

绝非对这些纯粹形式概念开展抽象的概括与论述,而在于掘发出直接性、中介与他者建构起交往的模型和交往实践的主要方式。他主张,第一性堪称意识的即定性,彰显为意识在其自身中是其所是的自由性,"在其中,没有比较,没有关系,没有可以辨认的多重性(因为部分是不同于整体的),没有变化,没有有关存在着的东西的任何改变的想象,没有反思。除了一个简单的肯定之外,什么都没有"①。第二性则是原始的冲突,"它打破了自由幻想的游戏,并倾向于把在那个时刻的任何主宰它的东西抹掉和成为怀疑的对象"②。因此,第二性是某物对他者显露出的一种不容置疑的、直接的、压迫性的行为。相比之下,第三性是不能缺少的中介,是把一物与他物或第一性与第二性勾连在一起的途径。通过审视上述三种现象学范畴的基本含义,倘若说将第一性界定为人们在实践会话与实际意识中的一种自在特性,那么,经由第二性而创获的他者与自我之间的"延异"或殊异性则在第三性提供的中介里令自我融入了各种样态的对话活动中。可以说,在对话交往实践中,只有借助他者的推动作用,自我才能实现深化与开显。在此种情形中,他者绝非为交往活动画上了一个句号,倒不如说它是内涵始终流变的一种条件。凭借此条件,"内嵌在言说中的意向性"或诱导作用令他者和自我、区别和同一持续地在其中转化和交替,与此同时,自我批判、自我意识与自我控制的能力也获得了相应的提升。因此,一方面交往过程在原则上并没有某种绝对纯真、十分可靠的方法来划定起止点。从"为了研究或讨论、思考的目的,我们从这里开始……"向"出于全部实际考虑,我们的任务已经完成"的转变意味着出发点和终止点都是靠参与者的对话来判定的。另一方面,无论哪个能够对自身有所反思和认识的参与者,从根本上都介入了对话互动并与其他参与者一并组成了探索者共同体。然而,这个公共体达成的共识始终处于生成与演化中,没有终极性和绝对性,一直趋近那个理想的终点。由此得知,当皮尔士将人类创造的各种符号高度概括为直接性、对立面和中介即第一性、第二性和第三性时,这些现象学范畴

---

① [美]科尼利斯·瓦尔:《皮尔士》,第 25 页。
② [美]科尼利斯·瓦尔:《皮尔士》,第 26 页。

并非循着镜式哲学的思路谋求与外在他物相符的先验模型，毋宁说是用来阐明他者和自我之间所开展的交往实践与交往过程的方式。从这个视角看，交往符号学在皮尔士的论域中没有将交往主体对符号的实际应用置于优先地位，而是符号在探索中更加合理的应用方式。

皮尔士的交往理论致力于揭示符号过程的内在模式，而不是纠缠于佶曲聱牙的哲学文本。其追寻的目标在于探明一种能够左右主体性获得、延续和发展的规范性；在于阐明交往实践活动在人们展现自身及其行为模式过程中充当着不变的条件。虽然皮尔士的交往理论带有鲜明的语言学和逻辑学色彩即聚焦于语言应用的逻辑结构而轻视了具体的交流实践，从而没有令世人或同时代的哲学家认可其蕴含的极富创见的思想观点，但是，他提出的第一性、第二性和第三性的现象学范畴则向人们开显了交往实践活动的严肃性与深刻性，而且积极引导人们以宽容的态度去探究交往行为的共同基础。恰如 V. M. 科莱皮特（Vincent M Colapietro）在《直接、对立与中介——皮尔斯论交往过程的不可还原方面》一文里所做出的评论："皮尔士哲学探寻的体系论概念不应被理解为试图勾勒出一种使得'各种其他种类的讨论都能在其中找到正确的位置和等级'的全面的、一劳永逸的框架。我们也不能把它理解为一个可以挖掘出丰富概念的知识源泉。实际上，皮尔士的体系论概念的核心在于整合一系列的启发性线索。这些线索不仅提供了探寻者应当选择的前进方向，而且提供了探寻者可以汲取的源泉（即探寻者可以从中获得启发的学科）。特别是皮尔士的现象学和符号学，当我们在交往之初建立的探寻过程和实践时，皮尔士的现象学和符号学是无价之宝。"[①] 所以，皮尔士创造的独具特色的交往符号理论受到了那些意图基于实用主义立场而研究交往实践的后来人的推崇，或许连皮尔士自己也没料到，他的著述对后世的哲学家与交往理论研究者产生了很大启示，更没料到自己亲手开创了一个全新的研究领域。

---

① Lenore Langsdorf and Andrew R. Smith, *Recovering Pragmatism's Voice – The Classical Tradition, Rorty, and the Philosophy of Communication*, p. 47.

第二章
詹姆斯的符号现象学

尽管皮尔士提出了"实用主义原则",一举奠定了实用主义哲学的基调,但是,人们却习惯将威廉·詹姆斯称为"实用主义之父"。他不认同学院式的哲学研究活动,有意使用更为通俗易懂的语言来表达自己的哲学思想,令其哲学思想的感染力、影响力和被接受的程度大大超过了多数美国哲学家。詹姆斯的实用主义哲学专注于对人的整体生活经验的关切,而且尝试于其中掘发出交往媒介的共同特征。因此,当他将一切真实的经验活动必定具有效力的观点唤作"实践的现金价值"时,就表明交往不单是狭隘的行为问题,更是一个涉及意识或社会理解的问题。詹姆斯的彻底经验论哲学思想衍生出了符号现象学,其采用的方法是直观与经验、描述和批判,研究的重心则是人类的经验意识,与符号和符号过程相关的经验。他眼中的经验实现了人与世界、感知与表达的有机结合,既回答了规范性研究是这样割裂交往经验的问题,又以现象学为切入点阐释了自我、符号与世界的三元关系,绕开了行为和认知、世和自我相分离的二元论困境。如此观之,詹姆斯将研究探索的触角伸向了交往活动的源头,而引囿于被抽离出来的交往行为。因为在交往中,剖析经验结构的条件比关注交往行为更为根本,更加重要。

一 纯粹经验：交往活动的基石

依照传统的研究范式，在探讨交往问题时，人们通常会专注于行为，而将自我和经验抛于脑后。其实，交往并非单纯的行为问题，也是与意识、社会理解密切相连的问题。当人们将他者对象化为行为或信息时，经验不仅是意识得以进行反思的构成性条件，而且也是指引人们开展日常行为的风向标。从这个角度看，经验具有一定程度的可靠性，与之相应的意识活动也是有效的，因此，不能轻视自我的系统。将自我系统看作研究的切入点，能够凭借解释学的、经验的和批判的三种范式来探究交往。倘若说伽达默尔（Gadamer）解释学的研究范式意图诠释与理解他人，哈贝马斯（Habermas）批判的研究范式意图推动社会改革，那么，詹姆斯经验主义的范式则尝试探索交往的源头，即在关照作为纯粹经验的生活之流的同时，发掘交往的"票面价值"。

实用主义自诩为一种经验主义，事实亦是如此，传统经验论所漠视的内容恰恰是实用主义关注的重中之重。在实用主义哲学家阵营中，詹姆斯相较于他人更为重视经验，他勾勒的经验概念彰显了经典实用主义哲学的本质特点，他阐明的"纯粹经验世界"的世界观与"彻底的经验主义"方法就是这种研究路向的写照。对詹姆斯来说，哲学家们针对世界所提出的各种理性的解释无不具有明晰性的特点，然而，追根溯源它仍需植根于经验世界。唯有将这种世界观建基于"原初的体验之流"的基础上，它才能免于沦为空谈。所谓"原初的体验之流"其实就是经验流。在他看来，经验之流是不断演化、永恒变动的意识整体，它一方面承载着人们在过往的实践活动中累积的经验、习惯、风俗等，是生活世界的最初源头，另一方面也是将外在于自我的其他所有存在的本真面目呈现出来的途径与契机。他曾描述道："意识，在它自己看，并不像切成碎片那样。……因为意识并不是衔接的东西，它是流的。形容意识的最自然的比喻是'河'或'流'。此后我们说到意识的时候，让我们把它叫作思想流，或是意识流，或是主观生活之流。"① 它的最突出特点就是"在每个人的意识内,思想可以感觉为连续的"②"按照我的看法,经验作为一个整体来说,是一个时间里的过程,通过这个过程,无数个别的关系项,逐一流逝过去,为随于其后的其他一些关系项通过一些过渡方式所取代"③。不管此类过程在内容上是否是连接的,归根到底它终究是经验,而且至少它们自身的现实性如同其关系项一般。在此演化发展的过程中,一些经验消解或取代了已有经验,一些经验则扩充和丰富了已有经验的意义。在詹姆斯看来,经验自身能够在其最外围的地带蕴生出新的经验,这种经验的自我生成逐步完善了经验的内在结构。生命有机体借此能够与更多的关系项建立联结,与更多有趣、生动的生命交往与沟通,简言之,令自身向无限的生命开放。对此,他表示:"我们的很多经验都没有完成,都是在过程和过渡中,我们的经验之视野同我们的视野一样,都没有明确的界限。二者永远在四周一层一层地加上新的东西,这些新的东西不断发展,并随着生活的前进而逐渐取代了它们。"④ 他的以上论述不仅凸显了经验的连续性,还展现了它的连接性。他声称:"连续性的过渡是连接性关系的一种;而要做一个彻底的经验主义者,这意味着在一切关系中特别坚持这种连接的关系,因为这是战略性的要点,如果在这个阵地上稍有疏漏,则一切辩证法的败坏勾当,一切形而上学的虚构,都要过这个缺口倾入我们的哲学里来。"⑤ 他还进一步指出,经验或意识的流动固然存在快速和缓慢的区分,但是不存在间隔、断裂、中断或分离等现象。他还将经验流与飞鸟的生活做了类比,飞鸟有时在地上或窝里休息,有时在天空振翅高飞,与其相对照,人们能够把与飞鸟休息相似的经验流静止的地方称为实体部分,把与飞鸟高飞相似的经验流变动的地方称为过渡部分。某些哲学家或普通人之所以断定感觉、经验是中断的,究其原因,主要在于"思想的冲

---

① [美]威廉·詹姆斯:《心理学原理》,唐钺译,商务印书馆1965年版,第87页。
② [美]威廉·詹姆斯:《心理学原理》,第225页。
③ [美]威廉·詹姆斯:《彻底经验主义论文集》,《哲学研究》编辑部译,上海人民出版社1964年,第33页。
④ [美]威廉·詹姆斯:《彻底经验主义论文集》,第38页。
⑤ [美]威廉·詹姆斯:《彻底经验主义论文集》,第25—26页。

进那么急猛，所以我们差不多总是在还没有捉住过渡部分的时候已经终结了。承在热手上的雪花并不是雪花了，只是一滴水；同样，我们要捉住那正要飞到它的终结的关系之感的时候，我们并没有捉住它，所捉到的只是一个实体部分"①。以此为前提，他表示建基于经验基础之上的思想间的关系也不是间断的，这酷似"竹的节并非竹竿上的断裂……从一个对象的思想过渡到另一个对象的思想也不是思想的断裂。这种过渡是意识的一部分，就像竹节是竹子的一部分一样"②。

上述主张不但是詹姆斯与传统理性主义相分离的标志，而且也是他所谓的"彻底的经验主义"的立足点。从经验的本质来看，"彻底的经验主义"与休谟经验论乃至其后的经验论都具有一个共性，即尝试用个别经验来破解哲学难题。此类方法非但没有将经验事实归因于实体，更没有将经验事实看作绝对精神的衍生物。然而，彻底的经验主义一方面有别于休谟、穆勒（Mill）等人的"普通经验主义"，另一方面也站在了理性主义的对面。以休谟的经验为例，休谟毕生致力于人类理智的探索，他的研究切入点是"知觉"，参照人们感知到的知觉的活力与强力，它又进一步划分为"印象"与"观念"。就前者而言，它"乃是指我们的较活跃的一切知觉，就是指我们有所听，有所见，有所触，有所爱，有所憎，有所欲，有所意时的知觉而言"③。就后者而言，它"是较不生动的知觉，我们是在反省上述这些感觉和运动时才意识到这些观念的"④。我们所有的想象、思考和推理等精神活动都是由印象与观念所构成的，换言之，人类知识大厦的基础是由知觉所奠定的。一般来说，休谟在此处论及的知觉也就是经验。诚然，抛开简单的观念，还需承认复杂观念的存在，它们也是经验的组成要素之一。有鉴于此，经验从某种意义上讲，就是人类借助感觉器官所捕获或形成的印象与观念，即知觉。休谟多次重申应当参照经验来进行推理，此处的经验其实指称某种习惯，抑或是某种观念。

不难看出，经验带有很强的私人性或主观性，它诞生并持续存在

---

① ［美］威廉·詹姆斯：《心理学原理》，第92页。
② ［美］威廉·詹姆斯：《心理学原理》，第240页。
③ ［英］大卫·休谟：《人类理智研究》，吕大吉译，商务印书馆1999年版，第12页。
④ ［英］大卫·休谟：《人类理智研究》，第12页。

于人们的头脑或心灵中,是认知主体于外在环境中得到的某种可充当知识前结构的知觉。如此一来,经验和自然、主体和客体就出现了二分,形成了对立。如同贝克莱一般,休谟将事物理解为印象或观念的集合,维护或延续了"存在就是被感知"的主张,从经验论的立场出发怀疑"实体"的存在。依休谟之见,感觉印象和反省印象是人们获得关于"实体"观念的主要途径。然而,感觉印象所传递的信息主要包括声音、颜色、味道、触感等,将此类印象与实体联系在一起肯定不妥当;再看反省印象,通常由它获得的均是情绪、感情等,它们与实体也没有必然的联系。所以,"实体观念正如样态观念一样,只是一些简单观念的集合体,这些简单观念被想象结合了起来,被我们给予一个特殊的名称,借此我们便可以向自己或向他人提到那个集合体"①。休谟主张,人类一方面不会对外物形成经验,另一方面也不会对自身知觉与外观的关系形成经验,印象与观念是人们唯一能经验到的东西。所以,在休谟的论域中,经验并非联结思维和存在、心灵和外物的纽带,反而是割裂两者关系的主要原因。由此可见,过往的"普通经验主义"较为注重事物之间的差异性和分离性,与此不同,彻底的经验主义不但肯定经验的彻底性,而且也承认事物之间的连续性和联系性。这种理论拒斥理性主义,因为从方法论层面来看它倡导观察经验,借助个别经验和差异性来化解哲学难题,而非运用虚构的思想,高度概括的原则或持续存在的共相来解开哲学难题。与此相呼应,从理论架构上来审视,彻底经验主义展现出了由部分趋向整体的特征,相比之下,理性主义思维方式呈现的则是由整体趋向部分的特征。依据这种两相对比的状况,詹姆斯运用其经验一元论,不仅要尝试超越理性主义和经验主义的对立,而且还要意图弥合源于古希腊德谟克利特(Democritus)并使"哲学大伤脑筋的那些罪恶的分割:比如在意识和物理自然二者之间的分割,在思想和思想对象二者之间的分割,在这一个心灵和那一个心灵二者之间的分割,以及在这一个

---

① [英] 大卫·休谟:《人性论》,关文运译,商务印书馆1980年,第28页。

'事物'和那一个'事物'二者之间的分割。"① 若要实现超越和弥合，最重要的是寻得搭建起"我的实在世界"的基本质料或素材，并"按照它的票面价值来对待"。

  只要认真阅读詹姆斯的著述就能察觉，他的思想有别于那些罔顾知识的生活来源而且片面追求思辨化的知识论。詹姆斯聚焦的议题是概念与一切行为的前意识基础：感知。感知同时为概念与人类行为扎下了经验的基础，因此，他以现象学为着眼点，凭借具体的观察方式来回溯概念与事物的起源。对詹姆斯来说，"纯粹经验"是建构所有事物和概念的基本质料与素材。"它是原始的、混沌的、变化不定的、没有任何确定性的。他有时称之为'意识流''主观生活之流'，或者'感觉的一种原始的混沌'。"② "如果我们首先假定世界只有一种原始质料和素材，一切质料都由这种素材构成，如果我们把这种质料叫作'纯粹经验'，那么，就不难将认识解释为纯粹经验的各个组成部分彼此间可以发生的一种特殊关系。这种关系本身就是纯粹经验的一部分；它的一端变成知识的主体或承担者，知者，另一端则变成知识的对象。"③ 在这里，不能将纯粹经验理解为经验的不可再分割的最小粒子，不能理解为构成自然界和人类社会所有事物的、具有始源性意味的经验原子。理由是詹姆斯曾明确表示根本就不存在近代哲学家所声称的精神实体或物质实体，贝克莱（Berkeley）所批判的物质是一个想当然的预设，同时，从前人们理解的意识也是虚假不实的。他意在强调的是与物质或精神相比，纯粹经验更为根本、更为本质，也更为直接。他甚至描述了一个名为"当前的瞬间场"的新概念来注解纯粹经验。他说："当前的瞬间场在任何时候都是我所说的'纯粹'经验。它还仅仅虚拟地或潜在地或是主体，或是客体。那时，它是朴实无华、未加限定的现实性或存在，是一个简简单单的这。"④ 无论是作为当前的瞬间场，还是作为生活之流、意识流，纯粹经验在本质上是某种在

---

① ［美］威廉·詹姆斯：《彻底的经验主义》，庞景仁译，上海人民出版社1987年版，第4—5页。
② 涂纪亮：《从古典实用主义到新实用主义》，人民出版社2006年版，第111页。
③ ［美］威廉·詹姆斯：《彻底的经验主义》，第22页。
④ ［美］威廉·詹姆斯：《彻底的经验主义》，第23页。

"纯粹"条件下经验到的东西,是某种尚待规约、限制或赋予规定性的存在。当纯粹经验尚未出现时,生命有机体的一切过程与关系都是晦暗不明的、潜藏未露的,也是纯粹的。詹姆斯指出,任何实在都不能超脱于特定场的属性,当下、正在生成的经验过程就是所谓的当前的瞬间场。每个瞬间场都有自己的特殊规定性,都有别于其他瞬间场,但是它们彼此之间的界限并非泾渭分明,而是互相联结的。所以,不可将这里的"场"等同于传统哲学中不变不动、静止永存的实体,它更倾向于表示外在环境与生命有机体通过相互作用而构成的一种最为直接的经验场。詹姆斯依靠此类经验流的当下片段来指称一种还没有实现分化的纯粹经验。难以计数、无穷无尽的意识场一并构成了在时间长河中绵延无尽的意识流,意识场与意识结合成了一个难以割裂的整体。当生命有机体的交往和实践活动向外拓展或扩大时,意识场也随之扩大,反之亦然。两者互相渗透,同步变化,连续协同。

因此,不管是连续性的经验,还是将经验联结在一起的关系自身都呈现出与经验相辅相成的"实在的"内容,都隶属于直接知觉到的存在。由此一来,无须像贝克莱、休谟等经验论者那般将诸如连续性、结合性等一切关系性的要素驱离经验的界域,仿佛我们感知或判别的所有事物都是孤立松散的、七零八落的、"毫无连接的样子";也更无须像那些在思想上过度追求精确的唯理论者那样,将诸如超经验的实在或"外来的超经验的连结性"等一切不能直接经验到的要素纳入经验的结构中,好似只有依赖毫无生气的概念才能保证直接经验的同一性。因此,对于经验论与唯理论的分野以及二者之间的冲突,詹姆斯表示:"我们可以通过下列一对简单的思考跳出所有这样的矫揉造作的困境:第一,连接和分离在任何情况下都是对等的现象,如果我们把经验按照其票面价值来对待,就必须把它们视为都是实在的;第二,当事物呈现为连续的结合在一起时,如果我们硬要把它们视为实际上是分离的,而在有需要把它们联合起来时,我们要求一些超验的原则来弥补我们所假定的分离,那么我们就应当准备使用相反的做法。我们也应当要求更高一级的拆散的原则,使我们的仅仅是所经验的一些拆散更为真实地实在。如果做不到这一点,我们就应当让本来是现成的连续性好好地待在那里。我们没有权利对它们有所偏持或者随心所

第二章　詹姆斯的符号现象学

欲地颠来倒去。"① 所以，彻底经验主义要兼顾区分和统一、分离和结合，并对它们等而视之；严格遵循事物的票面价值来对待它。这就是说："彻底经验主义把世界当作一种集合，其中某些部分有联结关系，而其他一些部分有分离的关系。两个部分，本身并不相连，却可以靠某媒介物以各种方式联结起来，因而整个世界最终也以相似方式联结在一起，因为从世界的一个部分到另一部分的连接性的转折之某些通路可能总是可以识别的。这种有确定界限的联结可以称作锁链式的结合，以别于'彻底'型的联合，'总体之中有个体，个体之中有总体'（人们可能把它称作总的合流之联合）。……一个部分的合流常常在锁链式的世界里经验到，我们的概念和我们的感觉是合流的；同一个自我的相连续的状态和这同一躯体的感情是合流的。"② 在这个经验综合体中，无论我们感知到了什么事物，它在我们面前呈现为什么样，我们就把它看作什么样，都将它们看作"实在的"，既不夸大也不蔑视。恰好因为经验里蕴含着与"意识"的实用价值相对等的要素，因此，是时候摈弃意识了，因为唯理论者所言称的那种意识根本就不存在。"意识"这个概念并不指称一个实体，充其量代表某种职能和认知；即便是概念，也并非"以赞赏的玄思为最后的结果"，也应当立足于鲜活生动的经验之流，从而不断扩充我们关于世界与自我的认知。除此之外，有别于以往的经验论，一个新的发展阶段将开启，因为将各种经验连接在一起的关系同样也是经验的组成部分，经验世界原本就具有一个彼此相连或绵延持续的结构。

假如人们直接经验到的世界仅由一种被称作"纯粹经验"的、具有实在性的原始素材所构成，那么，认知活动充其量只是纯粹经验内部不同组成部分之间蕴生的一种特殊关系，即部分纯粹经验扮演了知识的主体或负荷者的角色，部分纯粹经验演变成了尚待认识的客体或对象。依照詹姆斯的理解，"常识和通俗哲学都是竭力尽二元论之能事的，我们大家都自然地认为：思维是由一种实体作成的，而事物是

---

① ［美］威廉·詹姆斯：《彻底的经验主义》，第27页。
② ［美］威廉·詹姆斯：《多元的宇宙》，吴棠译，商务印书馆2009年版，第199—200页。

由另一种实体作成的。在我们的内部以概念或判断的形式流动着或者以激情或情绪的形态而凝聚起来的意识，能够被直接感觉为精神活动，并且认为与它所包容和伴随的填满空间的客观'内容'是相反的"①。经验和显现在本质上是一系列感觉、运动、期待、情绪、归类、决心等的一端，既在当下为过往画上了句号，又开启了一系列的面向将来的类似的内在活动。在这种止于当下、面向将来的纯粹经验状态里，思维和存在在本质上是由同种质料构成的，并非异质的。原初状态下的经验是质朴无华的没有任何限定性的存在或现实性，就是一个不能再还原和化简的"这"。可是，当人们自省时，就将经验杂糅在一起，或者给予认可，或者进行修正。由此观之，人们既意识到了一种精神状态，又把捉到了此精神状态所指向的某种实在。因此，"我认为一部分既定的、未分的经验，在一套联合着的组织结构里扮演知者的角色，精神状态的角色，'意识'的角色；然而在另一套结构里，这同一段未分的经验却扮演一个所知的物的角色，一个客观的'内容'的角色。总之，它在这一组里表现为思想，在那一组里又表现为事物。而且由于它能够在两组里同时表现，我们就完全有权把它说成同时既是主观的，又是客观的"②。如此这般，人们无须摆脱各种经验交织而成的网络。所谓的表现与被表现的差异、主体与客体的二分、思维与存在的分离都是经验关系的一种差异性表现。经验关系的不同区别只表明一种实践层面的差异。尽管这种差异十分重要，但是也只局限于智能层面，不像传统二元论所言称的那般：某个本体于自在的经验中将自身一分为二，其中之一是意识，而另一半则是意识所属的东西。由此看来，实用主义也可被视为一种自然主义，原因在于"实用主义并不承认经验乃是主客体的共同产物，并不承认经验是由主体的主观内容和自然界的客观成分联合构成。它排斥任何旨在把主观性的感觉材料与客观世界相联系的努力。相反它认为，经验本身就是自然内容。人的经验是与人的目的性活动密不可分的，而人作为有思想意识的有

---

① ［美］威廉·詹姆斯：《彻底的经验主义》，第74页。
② ［美］威廉·詹姆斯：《彻底的经验主义》，第5页。

机体乃是自然界的一部分。心灵本身就是自然界的一部分"①。所以，在每个社会成员寓于的历史片段中，表现和被表现者、主体与客体、思想与事物，在基本的质料层面都是相同的、数目是同一的，即同一个经验之流。

毫无疑问，詹姆斯开创了一个与传统的英国经验主义大相径庭的彻底的经验主义。它遵循"纯粹经验原则"，密切注视自我的"纯粹经验"。仅就这方面而言，它和批判解释学的研究方法较为相似，即这种研究方法不固守对存在以及被析取出来的行为进行阐释，而是专注于一切行为的前意识基础即自我系统。但是，当詹姆斯着手思考人的自我系统时，他选择的方法论以及建构理论的模式都截然有别于理性主义的思考范式。他非但不率先审视自我、不先行设定一个完全抽象的自我，更不屑于运用超越的、永恒的原则来获取世界的同一性。与之相对，詹姆斯体现了浓厚的经验主义的气质，即更"喜爱各种各样纯粹事实"，并借此来把握多种多样的具体事物，将它们纳入自我的经验体系。在此类经验体系中，人们应当同等看待了解实在的多样性与理解它们之间的内在关联的票面价值。因循这种探寻和洞察世界的理路，詹姆斯一方面讨论了意识领域中经验的复杂性、连续性和丰富性，甚至符号、自我和世界的统一性，从而实现了对传统二元论哲学的超越，同时也和分析哲学挥手作别。理由在于分析哲学的本质特征是将连续、统一的经验割裂为彼此孤立的感觉材料、碎片，而且还诱发了主体和客体、物理和心理学、自然和经验之间的截然二分，而后又力图消除这些对立面之间的鸿沟，将它们联系在一起。另一方面彰显出彻底的经验主义就是一种彻底的时间性主义，它否定一切认可永恒实体的形而上学，反而专注于发展过程哲学。经验无疑是带有时间性的，它是绵延持续的经验之流，从前的经验汇聚在当下，同时也预示着将来的各种可能情况。所以，不管人们通过经验事实推导出何种理性结论，"纯粹经验"始终是指引人们进行感知、体认、诠释与实践的生活之流。

---

① ［美］桑德拉·罗森塔尔：《古典实用主义在当代美国哲学中的地位》，《哲学译丛》1989年第5期，第58页。

二　彻底经验主义与实用主义

　　彻底经验主义排斥所有的永恒原则与绝对真理，强调关注事实、经验、具体性和特殊性。就此而言，彻底经验主义和实用主义在逻辑关系上是趋于一致的。在实用主义者看来，真理不仅是朴素的、在直接经验中被感知和体认的，而且也是指引行动或实践活动的"有效用价值的类名词"。由此，在方法论层面上，彻底经验主义和实用主义相互融合，进而令所讨论的主题均带有了双重性，即阐明某物时应当回溯其源头，同时也预示着它的后续发展结果。概念、认识、行为等不能脱离活泼生动的各种经验，因为经验"是要在上面行动的东西"。

　　詹姆斯曾多次在不同的著述中论及他的彻底经验主义的坚定立场。譬如，他声称："我说'经验主义'，这是因为它甘愿把它在有关事实方面的一些最可靠的结论视为假说，这些假说在未来的经验的进程中是可以改变的；我说'彻底的'，这是因为它把一元论学说本身视为一种假说，而且不像通常在实证主义或不可知论或科学的自然主义等名称之下的那种半途而废的经验主义那样，它并不是把一元论教条地说成是全部经验都与之相符的一种什么东西。"[①] 应当说，为了反驳二元论，詹姆斯提出了彻底经验主义的观点，与此同时也一并驳斥了休谟主张的心灵原子论，重点批驳的是休谟宣称的彼此分离、截然二分、不能与外在事物联结在一起的知觉。首先，他认为没有必要将经验非常狭隘地仅仅界定为知觉材料，其实它的涵盖范围异常广泛，除了他论述的经验"边缘"的一些知觉体验外，人们感受到的莫名其妙的幻觉、出神，以及对价值、关系乃至责任的感知等都属于经验的范畴。经验内容的丰富性不是单纯的感官渠道所获得的体验所能比拟的。休谟等哲学家在探讨经验时只关注了知觉，并粗略地将其等同于经验，明显有定义过窄的嫌疑。鉴于这种情况，詹姆斯主张可以直接关照更为直接、更为丰富的经验。没有哪种事物能够以一种抽象与一般的形态而持存，都是通过特殊的方式而呈现自身，因此，关于事物的经验

---

① ［美］威廉·詹姆斯：《彻底的经验主义》，编者序言，第2—3页。

注定囊括了特殊性以及事物自身与他者的联系。其次，詹姆斯多次强调经验具有直接性、连接性、伴随性等特点，此类特性之于经验犹如温度和色彩之于具体事物一般。他表示："承认具体经验里邻近经验相连这个事实，就可以把我称作的'彻底'的经验主义和传统的理性主义批评家用来吓唬人的经验主义分辨清楚了。"① 除此之外，他还曾在概括彻底经验主义时写道："事物之间的关系，不管接续的也好，分离的也好，都跟事物本身一样地是直接的具体经验的对象。……总之，我们所直接知觉的宇宙并不需要任何外来的、超验的联系的支持，它本身就是一个连续不断的结构。"② 他还进一步分析指出，视、听、味、嗅、触的确是经验的内容来源之一，但并非仅限于此，人们还拥有一些非知觉的经验，譬如在记忆中，这时头脑中的体验是对过往某个实践活动的当下经验，它是对从前经历的一种追忆。在这种情况下，记忆或追忆所指称的并非此时此刻正在涌现的体验，毋宁说是脱离了感觉直接体验的一种形式。詹姆斯对此论述道："回忆就像直接的感受一样；其对象充满了纯概念的对象永远达不到的温暖与亲密。"③ 当然，以休谟为代表的感觉主义的经验论者并非有意避开了记忆或追忆等论题，而是运用心理联想来进行阐释和说明。在詹姆斯看来，纵然从严格意义上讲，记忆或追忆并非纯粹的关于往事的直接经验，但可属于直接经验的范畴，它在过往和当前、先前与现在的经验之间建立了因果联系。"因果关系的概念的'起源'就在我们的内在的个人经验中，而且只有在那里才能在已经形成的感觉中直接得到观察和描述。"④ 人们之所以能够跨越时光的隔阂将从前与当下联结在一起，主要在于人亲身体验了此类联系，即主动意识到以往经历的种种业已融入自身的综合经验中，当前的现状就是从前经验累积相加的产物，同时，现在的经验已决定和左右了未来的方向。与此形成对照的是，近

---

① ［美］威廉·詹姆斯：《多元的宇宙》，第 177—178 页。
② William James, *The Meaning of Truth*, New York: Prometheus, 1997, p. xvi.
③ William James, *The Principles of Psychology 2Vols*, New York: Dover Publications Inc., 1950, p. 239.
④ William James, *The Varieties of Religious Experience*, Cambridge: Harvard University Press, 1985, p. 502.

代哲学中的经验论往往囿于感觉的狭小视野，仅将感觉看作外部事物与人们自身之间的"界面"。詹姆斯指出，应当转变上述思维视角，不要将经验视作人们的大脑或心理内涵的东西。在摒弃他所谓的"界面"思维的前提下，此前被近代经验论者批驳的因果关系、外部实在、过去等内容反而在詹姆斯的彻底经验主义中复活了。

由此不难看出，詹姆斯秉持这样的一种立场，即直接的具体经验如同事物自身，依此类推，多种多样的关系遍布事物之间，不管是相互分离的关系，还是内在联结的关系从根本上来讲都可被视为直接的具体经验。所以，对詹姆斯而言，"彻底经验主义"理论无异于一个相对独立的思想体系，不接受、不认可这种思想体系并不妨碍人们成为一个实用主义者。实用主义论域中的"意义"和"真理"也不依赖任何言称更为根本的关系论。在这里，实用主义和彻底的经验主义在研究对象上出现了差异，有理由将二者视为相互独立的两种学说。其实，当年他对彻底经验主义的阐释与对实用主义思想的构建基本上是同步开始的。他尝试创建自己的哲学体系的努力始于1904年在《哲学杂志》上刊发的《意志存在吗？》一文。而后很长的一段时间内，詹姆斯辗转于美国的很多大学，受邀举行了多场哲学讲座。在此过程中，他逐渐勾勒出了其实用主义哲学的思想轮廓，而且，这一系列讲座的文稿也成了其哲学代表作，即《实用主义》一书的最原始材料。由于当时的人们对于新生的实用主义哲学怀有很多误解与疑虑，也提出了很多尖锐的批评。为此，詹姆斯又频繁撰文与当时美国思想界的代表进行论战，为实用主义正名。在《实用主义》一书出版两年后，他的另一本实用主义哲学的著作《真理的意义》也顺利问世，旨在完善实用主义哲学体系，并且回应那些批评者。与实用主义的创始人皮尔士生前备受排斥的冷落境遇不同，詹姆斯当年在美国哲学界声望很高，大量精力与时间都用于受邀做演讲或接待慕名而来的求教者，再者他晚年的健康状况也不太稳定，所以，没有充沛的精力与充足的时间来全面建构其彻底经验主义思想体系，他仅在这个研究领域撰写了为数不多的几篇论文。美国学者拉尔夫·巴尔顿·培里（Ralph Barton Perry）将这些文章编纂在一起，在1912年成功结集出版，名为《彻底经验主义论文集》。由于彻底经验主义思想并不完善，而且与实用主义哲学主题的契合度并不太高，所以，他没有着力将二者融合在一起，而是为了确保实用主义的融贯性，不得不"一再声明彻底的经验主义与实用主义'没有任何的逻辑关联'"①。譬如，在《实用主义》的序言部分，他写道："实用主义，就我对它的理解来说，和我最近提出的理论——'彻底的经验主义'并没有任何逻辑性的关联。后者是自成一体的。一个人尽可以完全不接受它而仍旧是个实用主义者。"②

然而，这种截然二分其实只是他的一时论断，因为他曾在后续的著述中又表达了与上述截然相反的立场。他说："我对哲学里边另外一种我称之为彻底经验主义的学说更感兴趣，而且我也认为，要使彻底经验主义取得优势，实用主义真理学说的确立是一个头等重要的步骤。"③ 其实，从本质上看，彻底经验主义的确与实用主义密切相关，"彻底的经验主义是詹姆斯实用主义的核心"④，而且，倘若将二者视为两种方法的话，那么，它们在本质上没有多大的差异。原因在于"实用主义哲学代表哲学上为人们所完全熟悉的一种态度，即经验主义的态度，在我看来，它所代表的经验主义，比经验主义历来采取的形式更加彻底，而且没有多少可指责的地方。实用主义坚决地、完全地摒弃了职业哲学家们许多由来已久的习惯，避开了不切实际的抽象和不当之处，避开了字面上的解决方式、坏的先验理由、固定的原则、封闭的体系以及虚假的绝对和根本。它趋向于具体和恰当，依靠事实、行动和力量。这意味着经验主义的气质占优势地位，而理性主义的气质却被直率地抛弃了；这就意味着开放的气氛和各种可能的性质，而反对那种独断、矫揉造作和狂妄的终极真理"⑤。因此，实用主义不能用来指称任何具体的哲学研究成果，它只是一种方法而已。不过，这种方法代表着哲学"态度"与"气质"的巨大调整与转向。这种转向

---

① ［美］威廉·詹姆斯：《彻底的经验主义》，中译本说明，第1页。
② ［美］威廉·詹姆斯：《实用主义》，陈羽纶等译，商务印书馆1979年版，第4页。
③ 彭越：《实用主义思潮的演变——从皮尔士到蒯因》，厦门大学出版社1992年版，第101页。
④ ［美］威廉·詹姆斯：《彻底的经验主义》，中译本说明，第1页。
⑤ ［美］威廉·詹姆斯：《实用主义》，第30—31页。

既令理论、思想变得活泼与温婉,又弱化了众多传统哲学的对立倾向并实现了彼此之间的调和,进而最大限度地发挥了每种理论的功用。可以说,实用主义和唯名论有共同之处,它们都强调特殊、具体的事物;实用主义和功利主义也有交集,二者都重视实践活动;它和实证主义也产生了共鸣,二者都排斥和批判毫无使用价值、抽象思辨的形而上学。所以,"实用主义愿意采纳任何东西,既遵从逻辑,也遵从感觉,并且重视最卑微、最具个人性质的经验。要是神秘经验有实际的效果,它也愿意重视神秘经验。假如在私人事实的灰土堆里可以找到上帝的话,实用主义也愿意接受一位住在这种灰土堆里的上帝"①。不难看出,实用主义不抱有任何偏见、不执拗地固守任何理论预设或独断的主张,它对所有知识和方法都敞开胸怀,只要它们植根于人类的社会实践,实用主义都持欢迎与认可的态度。因此,实用主义从根本上仅仅是确定方向的态度。"这种态度不是去看第一事物、原则、'范畴'和假定的必然性;而是要注意最后的事物、成果、结果、事实"②。这样一来,一个真正的实用主义者理应直面经验、忠于"事实",在纷繁复杂的具体事例中探寻真理。而所谓的真理在实用主义者看来只是存身于经验里的各种明确的、有效用价值的类名词罢了。

与上述主张相呼应,作为一种方法论层面的设定,彻底经验主义将实践主体在任何确定时刻所经验到的内容都视为事实,而"每一个真实的事物必须是在某个地方能够经验到的,而每一种经验到的事物必须是在某个地方是真实的"③。依据上述论断,但凡经验之流所波及的地方,无不存在着人的"主观生活"。人自身就是持续生成与演变的众多经验的综合,所以,属于我的"经验之流"的界域也是处于运动中的,并非恒定不变的。"我现在的意识场是一个中心,四周被一个不明显地逐渐变成更多下意识场的边缘所环绕……中心以一种方式起作用,而边缘却以另一种方式起作用,而且立刻压倒这个中心,自己又成中心。"④ 他认为,人们的经验都是真实的,虽然它们都是即生

---

① [美] 威廉·詹姆斯:《实用主义》,第 47 页。
② [美] 威廉·詹姆斯:《实用主义》,第 32 页。
③ [美] 威廉·詹姆斯:《多元的宇宙》,第 211 页。
④ [美] 威廉·詹姆斯:《多元的宇宙》,第 156 页。

即灭,归属于不同的经验主体,但是凭借绵延不断的持续性也实现了经验与经验的彼此渗透、交叉重叠、彼此共生的关系。在思想流中,核心与边缘是频繁更替的,这也令人们的经验富含无限的开放性,面向无限的真实经验开放。所以,"我们的每一个点滴在每一时刻都是广大自我的一个部分,它像罗盘上的风玫瑰,沿着各条辐射线抖动,因此我们每个点滴里的实际情况和我们现在没有看到的许多可能的事物不断地合而为一"①。不难看出,依据实践主体的现实性、社会生活的真实性,詹姆斯阐明:纵然每个实践主体的经验都难免沾有私人的、主观的或狭隘的色彩,都具有一种模糊性和不确定性,但它是真实的,它那持续拓展、绵延生成的历程是真实的。这样一来,在实践主体的"活动—经验"中,它一方面赋予自身实在的意义,另一方面又得到了来自实践层面的验证。所以,一切涉及或踏足"活动—经验"的体认都是对真实经验的感知,也是更宽泛的真实经验世界的组成部分之一。自人类有意识地开始自我认识与反思时,这条真实经验的链条便环环相扣、向前延伸。不同时期、不同社会共同体中的人们用自己的无尽真实经验造就了这个链条。恰如詹姆斯所指出的那样:"凡是在我们找到任何事物正在进行的地方,我们就禁不住要对于活动加以肯定。对某个正在进行的事物的任何理解,在最广泛的意义上,就是活动的一种经验。——'正在开始的变化'是经验的独特的内容。这是彻底经验主义极力寻求以恢复和保存的那些'有连接性的'对象之一。因此,在最广泛和最含糊的情况下,活动感和'生活'感是同义的。即使在注意到并且宣布一个在其他方面不活动的世界时,我们应当至少感到我们自己的主观生活。我们自己对于主观生活的单调乏味的反应就会是在主观生活里以某个事物即将过去的形式而体验到的那唯一事物。"② 因此,"被当作是"的存在必然是在实践活动中被发现的事物,而身处同一个情境中的实践主体也势必会拥有此观念所蕴含的所有内容。比如"他感到这种倾向,这种阻碍,这种意志,这种勉强,这种胜利,或者这种被迫的放弃,正如他感到这个时间,这个空

---

① [美] 威廉·詹姆斯:《多元的宇宙》,第 157 页。
② [美] 威廉·詹姆斯:《多元的宇宙》,第 211—212 页。

间，这种快速性或者强度，这种运动，这种重量和颜色，这种苦与乐，这种复杂性，或者这种情境可能包含的任何其余的特性"①。因此，所谓"活动的感觉"所承载的经验包括障碍、勉强、过程、努力或者对这些经验的宣泄，除此之外，没有其他额外的内容。人的存在就是持续地经验着、活动着，唯有人们处于活动中，他们才有资格作为经验者而存在。

不过，世界真正吸引人的地方不在于它的构成要素是什么，以及是哪些要素的广泛联结，而在于这些要素所引发的"整个过程的戏剧性的结果之中"。生活内蕴着成功与失败、希望和意义、欲望和满足、失落和渴望以及各种内在价值。所以，那些想要探明事物一切构成要素的实践主体，只不过是想拥抱更有价值、更有意义的生活。依据这种理解，对因果关系的讨论，一方面帮助人们明白了事物或事件的来龙去脉，另一方面显示了实践主体所揭示的各种联结，同时还直观体验到自我经验与自我思想的同一，直接经验到主体深入客观活动的全过程。在这里，詹姆斯无疑进一步发扬了皮尔士的实用主义原则，即信念其实是行动的指引。他认为："人类行为的目的性本性是真理的一般条件，但是与这个条件相伴的是，人类经验内在地具有模棱两可性或模糊性。任何有意义的行动都是依据行动的目标发出的，我们认为这个目标是属于我们自己的。"②"目标是属于我们自己的"，并不表示为众多实践主体所分享的目标能够被视为客观的、先天的预设。正像国外学者所指出的那样，为防止主观的见解或观念被宗教或迷信所误用，詹姆斯的见解显示：某个事件的意义或"本质只能在付诸行动的意义的视野中得以确定……这个视野既是文化的，又是个人的，也就是说，它必然与以社会方式建构并以个人方式评价的目的（ends – in – view）相联系"③。一言以蔽之，在詹姆斯看来，唯有实践活动是纯粹真实的、具体的，它才能发挥应有的实效。所以，在我们的社会生活

---

① ［美］威廉·詹姆斯：《多元的宇宙》，第214页。
② Lenore Langsdorfand Andrew R. Smith, *Recovering Pragmatism's Voice – The Classical Tradition, Rorty, and the Philosophy of Communication*, p. 11.
③ Lenore Langsdorfand Andrew R. Smith, *Recovering Pragmatism's Voice – The Classical Tradition, Rorty, and the Philosophy of Communication*, pp. 10 – 11.

中，或者已探明的经验世界中，"生活"感、活动感随着目标的变化而变化。与此同时，也会演绎出内涵明确的概念、坚定不移的信念，以及富有实效的观念。鉴于经验在明确追求目标、确立信念和启迪观念方面所起到的重要奠基作用，它始终是人们实践的根基，是人们行动的基础。

除此之外，通过真理问题的视角来审视和评估彻底经验主义和实用主义的关系，也能发现二者既是一致的，又是彼此依赖的。因为实用主义从某种意义上讲可被视为彻底经验主义的认识论，将彻底经验主义认识论运用于真理问题的探索和思考就转化成了实用主义。反过来讲，彻底经验主义也被视作实用主义的世界观，它对于经验的详细解释，为实用主义奠定了一个坚实的哲学依据。更为重要的是，詹姆斯也曾明确表示，"把实用主义的真理论确立起来，对于彻底的经验主义的推行，是个头等重要的步骤"①。原因在于人们的思想长期以来被传统理性主义信念所约束和影响，人们普遍主张直接经验都是松散的、割裂的，唯有在超验外物的作用下才能实现整合与有机统一。但是，实用主义哲学主张，关系原本就内蕴在经验之中，无须借助任何他物，仅凭经验自身就能建立彼此之间的连接。退一步讲，倘若真的存在超越的、能够帮助建立联结关系的外物，那么，詹姆斯认为它也应该属于经验的范畴，也应当是可经验的。对于秉持实用主义立场的人来说，所谓的真理从根本上看就是先后不断涌现的经验，以及彼此之间是否契合、多大程度上契合的问题。对此，詹姆斯表示："只要观念（它本身是我们经验的一部分）有助于使它们与我们的经验的其他部分处于圆满的关系中……观念就成为真实的了……新真理将旧看法和新事实结合起来的方法总是使它表现出最小限度的抵触和最大限度的连续。我们认为一个理论的正确程度同它解决这'最小限度和最大限度问题'的成功程度成正比。"② 人们之所以能形成对不同事物、各种事实的认识，主要依靠的材料就来源于人们自身直接经验或间接经验到的外部世界。人们新旧看法的更替、视角立场的转换全都有赖

---

① ［美］威廉·詹姆斯：《实用主义》，第158页。
② ［美］威廉·詹姆斯：《实用主义》，第32页。

于这些经验,真理只是对人们提出的关于经验关系假设的一种赞许性的表达。不管詹姆斯站在彻底经验主义的立场上,还是以实用主义者自居,他在如何看待真理问题上依旧固守着符号论的传统,承认实在和观念的符合可以被视为真理。然而,与从前的符合论真理观有所区别的地方是他重新解读和诠释了"实在"与"符合"这两个核心范畴,他消除了实在与观念之间由来已久、不可弥合的二元对立。认为实在并非恒久的、抽象的、遥不可及的存在,而是观念相似,同属经验的范围和领域,纯粹经验保证了观念和实在之间的同一性。与此同时,他强调断定是否"符合"的尺度就在经验之中,而非外于或异于经验。也就是说,这个尺度就内含在经验的关系之中。从本质上讲,詹姆斯以上对于符合论的新注解,其实是探讨了真理的发生论机制,他指出:"真理是从一切有限的经验里生长起来的……一切真理都是以有限经验为依据,而有限经验本身却是无所凭借的,除了经验之流本身之外,绝没有旁的东西能保证产生真理。"① 综上所述,从真理观上进行分析,不难显见,詹姆斯的彻底经验主义与实用主义也是一致的。

美国哲学家查尔斯·莫里斯(Charles Morris)曾公开表示:"对于实用主义者来说,一个主要关心的问题是人类的行动。但这种关心不涉及'运动'或'活动'本身,不涉及建立在人类生活之上的一切观念作用,也不涉及人类本性的全部理论。它关注的(尽管并不仅仅)是人类行为的一个方面:智力行为,即在意识作用下有意或有目的达到的行为。皮尔士常称之为'自我控制的'行为或'由充分的思考所控制的'行为。"② 詹姆斯的彻底经验主义就展露出实用主义所独有的精神气质,凸显了对人们整体生活经验的关照,因此,通过研究人的实践和行为,彻底经验主义自认为处于经验主义的阵营中。两者的根本主张表现为运用具体的观察方法,阐明与感性世界或经验世界相比,人们的行为活动没有任何超越的优先性,反之亦然。人们之所以能够感知到具体的、经验的世界,主要是因为它与意识相连。意识并非

---

① [美] 威廉·詹姆斯:《实用主义》,第133页。
② C. 莫里斯:《美国哲学中的实用主义运动》,《世界哲学》2003年第5期。

"更喜欢苍白无力的和幽灵似的东西",更不是"总会选择那种干枯瘦削的外形而不选那丰满厚实的实在"。意识更乐于照亮"这个充满汗水和污垢的实在世界",扎扎实实地投身于世俗生活的日常经验中。我们尚待探索和拥抱的生活都是由经验构成和给予的,所以,经验对人类活动、交往实践具有最实在的"现金价值"。

三 经验意识与交往活动

"纯粹经验"是属于私人或个人所有的特殊意识,融合了意识和行动、概念和感觉等要素。感觉和概念之间的互动关系主要展现为人的感觉时常与概念合二为一;至于意识和行动的关系,意识而非行动是发挥主动性作用的要素,这貌似传递了一种信息,即彻底的经验主义是秉承经验一元论立场的唯我论。可是,经验是多种多样的,意识是流动开放的,所以,依然留有很多问题亟待解决。比如:源出于我的纯粹经验究竟是如何做到融进两个或众多意识之中的?两个心灵怎样对某物达成共识的?我遵循哪种方式与他者发生共情或移情作用,进而令两个孤寂、落寞的心灵"可以进入和打算在两个不同的意识流里而不变成两个单元呢?"上述问题的提出和解答无不表明:经验意识自身就是交往的事业。

唯有被感觉触及之后,纯粹经验意识的事实才可以成为可能。在此过程中,新经验接连不断地涌入,新旧经验的交融创造出一股经验合流并演变成"我的"感觉活动。"我的"感觉活动从根本上讲是被我知觉到的"有意识的事实",是以"我"为主导而体验到的世界。由此,我所"经验到的世界(否则就称作'意识领域')总是以我们的身体作为它的中心,和视觉中心、行动中心、兴趣中心一道而来。身体存在的地方是'这里';身体行动的时候是'现在';身体所触到的是'这个';所有其他的东西都是'那里''然后'和'那个'。这些强调位置的词含蕴着有关身体里的行动和兴趣之中心的事物之系统化;而且这种系统化现在是成为本能的了(难道过去任何时候不是如此?),我们一切发展了的或者活动着的经验都是以那种秩序的形式存在。就'思想'和'感情'能够是活动着的而言,它们的活动在身体的活动中结束，而且只有通过首先激起身体的活动，它们才能够开始改变世界上其余部分的活动。身体在所有的那种一连串的经验里是风暴的中心，各种配套事物的根源，以及压力的常在住所。每个事物都围绕它转，而且都从它的观点被感觉到"①。所以，倘若活动如同人一样亦有感觉的话，肯定会按照"我的"活动方式被感知到。"我的"活动带有鲜明的特色，而且"我在内省以后肯定我的活动存在于头脑里的运动之中"。如此这般，感觉和"我的"身体的一致性就塑造了"个别化的自我"。

个别化的自我的形成与自识离不开其他社会交往主体的支持，是以他人的存在为必要前提的，是经由他人肯定并在他们头脑中确立的"我的"形象。每个"自我"都需要获得他人的关注，这似乎是与生俱来的一种特殊需求。倘若"自我"始终被交往共同体所排斥，不能与他人进行交谈，无法和他人开展有效的交往活动，始终被封闭在"自我"的狭小世界中，长期处于被交往共同体所孤立的境遇中，那么，詹姆斯认为，这无异于对"自我"施加了一种残酷至极的刑罚。与之相比，"最残酷的肉刑也是一种解脱；因为这些酷刑会使我们觉得，我们的境遇无论多么糟糕，毕竟还没有堕落到不配任何人注意的下贱地位"②。社会生活是由无数个交往共同体构成的，同一个"自我"通常归属于很多个不同的交往共同体，并在其中扮演身份存有差异的社会角色。换言之，每个"自我"都具有多重身份，都是不同的侧面汇聚在一起而形成的综合的"我"。也就是说，自我可以在不同的交往共同体中完成角色的自由转换和改变。例如，A在教会活动中是一位虔诚的信徒，对上帝彻底袒露心声，忏悔自己犯下的罪恶，然而，在日常交往中，他可能仍旧展现的色厉内荏、自私冷漠、寡义失信。所以，自我是面向社会交往活动与共同体而开放的，他人对"我"审视与评价、"我"从他人处收到的反馈信息都与"自我"的建构息息相关。在詹姆斯看来，最能诠释自我与他人的这种交往关系

---

① [美]威廉·詹姆斯：《多元的宇宙》，第217页。
② William James, *The Principles of Psychology* Vol.1, New York: Dover Publications Inc., 1950, p.294.

的非恋人关系莫属了。倘若"我"所钟情之人并没有注意到我,对"我"视而不见、充耳不闻,那么,在这个交往关系中的"自我"是渺小的、悲观的;倘若"我"对钟情之人的关注也得到了相对应的反馈,两个交往主体情投意合、心灵相通,那么,在这个交往关系中的"自我"是欣喜的、自信的、乐观的。此案例阐明了他人的评价或认同对"自我"的不可或缺性。詹姆斯论域中的"自我"是一个持续不断向外投射意向的存在物,也是一个经验场,其指向的对象主要是同类的交往对象。通常这种意向的投射并非单向度的,即便在某些情况下,他人对"自我"的主动交往冷漠待之,但这种态度本身也是"自我"能感知到的一种回馈信号,这也形成了一种交往的双向回路。由此,一方面包括"自我"的外向型拓展,另一方面还囊括他人回馈给"自我"的承认、否定、赞美或批评等。他人的回馈并不是可有可无的,更不是偶然而生的,它也是作用于"自我"并转化为"自我"的一部分。所以,詹姆斯的"个别化的自我"既不是遗世独立、自生自存的"我",也不是笛卡儿眼中的精神实体,而是一个由经验构成的、错综复杂的关系网络。这种经验的自我以外在的他物,尤其是以其他交往主体为活动对象,作用于他们并依赖于他们,融摄在他者之中。换言之,交往对象在一定程度上影响和左右着"自我"。所以,"个别化的自我"与其他交往对象、社会成员是一种共生关系。只要"自我"存在,就无时无刻不经验着他者,与他者构建着交往关系。

当然,每逢提及"个别化的自我",很自然地流露出一种唯我论的意味。如同 B. H. 博德(B. H. Bird)在《"纯粹经验"和外在世界》中所批判的那样,这种"个别化的自我"不管是在整体中,还是在构成整体的诸多组成部分之中,都在主观意识的领域内徘徊,没有应用于外部事物,也没有较好地解答客观知识方面的难题。然而,在詹姆斯看来,当经验对象被彻底的经验主义按照"票面价值"来对待时,这无异于宣告经验的实在性恰恰是在经验里被给予的,所以,它将经验超越自身的活动看作在经验之中发生的过程。所有经验都无法进入超经验的世界,并与形而上的存在发生联系,更非一种摆脱了时间的静止存在。在这里,假如将经验的涌入和生成视为"我的"意识事实,不能判定它掉入了贝克莱的"冷酷、勉强、不自然"的唯心论的旋涡，应当说它更贴近自然的实在论立场。因为按照贝克莱的理解，内在的、不同的观念或经验之间缺少连续性，自我与他者的心灵永远不会具有共通性，因此，所有人的生命归根到底仅仅是由一团观念或经验拼凑起来的"唯我论"。面对这种处境，唯有请出万能的上帝才能破解这种理论的自洽性问题。由于生活中的自然物与人造物的数量与丰富性大大超出了每个自我的经验范围，能力有限的自我的心灵是不能全盘构造出这些存在物。所以，贝克莱认为这些存在物肯定是一个恒久永存、全能全善全知而且无限的心灵所构造的，它就是上帝的心灵。上帝就是至高无上的存在，能够为万事万物的存在提供最终极的说明。贝克莱指出，作为观念的各种事物有的被我的心灵所感知，有的被其他的心灵所感知，但归根到底，都是被某个持久永存的终极心灵所感知，这无疑就是上帝的心灵。每个人的感觉器官是获取经验、感知他物的主要途径，但也在一定程度上制约了人们的心灵。因为它的感知范围并非无限的，视觉总有个可视范围，听觉也有一定的可听距离，味觉也不能区分出所有味道之间的微小差异，触觉更是受制于肉体的接触距离和范围。相比之下，上帝的心灵则更加强大，它的感知范围是无限的，自身是永远存在的，感知能力也是最强的。它将各种观念赋予人心，是所有经验的终极源头。换言之，一切事物之所以能够存在，主要有赖于被上帝的心灵所感知。从这个角度看，人类的心灵不光具有积极主动的一面，而且还有受制于上帝且被动的一面。就前者而言，人类的心灵从本质上是一种精神的存在，能动的意志是它的主要表现形式；就后者而言，它是被动地接收来自上帝提供的各种观念，没有绝对的自由意志，不能进行纯粹的主动选择。尽管人的心灵与上帝的心灵都是观念由以产生的原因，但是二者的作用和地位是不对等的。上帝的心灵是主要原因，观念和人的心灵都是它的创造物或附属物。人的心灵至多是次等的原因，其感知能力不仅来源于上帝，而且还十分有限。显而易见，为了化解唯我论的困境，贝克莱最终求助了上帝。

但是，对詹姆斯而言，"我"感知的经验实在不仅是在时间中延展开来的关系所构成的同质要素，而且作为持续绵延、彼此交融的认知经验也凸显了经验意识的多元性和开放性。尽管经验自身没有本质或本体充当它的基础，但是在样态万千的经验之间融含着环环相扣、层层递进的演变关系，从而令经验的结构得以维系。他认为，经验之间的关系都是经验自身所与的，不是后天派生而出的。人们在经验"假如""与""和"等表达关系的对象时，与经验"温暖""黑色""柔软"之类的对象没有什么本质的差别。这也意味着，持续、联结、转移、倾向、关系等存在与它们所连接的对象一般都在经验中得以展现。传统经验论者更为注重"非"的重要作用，坚信能区别开来的就是可分离的，但他们轻视了"与"的非凡价值。按照詹姆斯的理解，经验的主要特征之一就是"与"，就是关系性。这好比苹果皮与果肉是"非"的关系，二者有明显的区别。但是，果皮和果肉又是紧密联系在一起的，两者通过"与"的关系组成了苹果这个完整的经验对象。詹姆斯提醒道，过往的哲学研究已经与流动不居的直接经验渐行渐远了，早已将这个丰富充沛的生活源流抛到了脑后。其实，"在我们本能的为我世界尚未被反思打碎以前，我们大家享有积极生动的生活感，其自身原本是明朗而没有矛盾的。它的困难是不如意的事情和不确定的东西，但是，它们并非理智的矛盾"①。在这样的世界中，"连续和不连续都是直接感觉的绝对对等的东西。联结性同分别性和分离性一样，也是事实的'原始'成分。通过同一行为，我既感受到这个正在度过的时刻是我生命的一个新的冲动，又感受到旧的生命连续于新的生命之中，而且，连续之感与一个同时的新鲜事物之感并不冲突。它们互相渗透得非常和谐。介词、系词、连词、'是''不是''那么''在前''居中''在上''在外''其间''其次''像''不像''如''但是'等，都从纯粹经验之流——具体事物之流或感觉之流——开出花朵，像名词和形容词开出花朵一样自然，而且，当我们把它们用于经验之流的一个新的部分，它们一样会顺流而行，再次融会到纯粹经验之流中"②。

纯粹经验一直在绵延持续地生成与发展着。在这个源源不断的经验流里人们切身感受到了生命的悸动，体会到了真实的生活。照此来

---

① [美] 威廉·詹姆斯：《彻底的经验主义》，第92页。
② [美] 威廉·詹姆斯：《彻底的经验主义》，第95页。

看，人们全身心地投入其中，暂时放下理智，如同在酒神精神的鼓舞下一样纵情感受就行了。不过，很多哲学家依然将"经验从一个比较具体或纯粹的形式翻译成一个比较理智的形式，给它装上一些越来越丰富的概念性的区别，并且，把纯粹经验的任何一个关系项孤立起来，或者用言语把它表达出来"①，他们之所以这么做，主要是因为他们致力于帮助人们再次"回到更为纯粹、更为具体的经验水平"②。他们凭借的工具桥就是语言和理性，二者的主要功用就是指引人们复归到经验，为人们在不同的生活境遇中达成目标而服务。"如果一个理智高高在上，停留在它的抽象的关系项和一般化的关系之中，而不把自己与其结论重新插入直接的生活之流的某种特殊之点，那么，它就没有履行自己的职责，没有走上自己的正途。"③ 因此，"在过渡里和在被连接的各关系项里有同样多的生命；实际上，看来生命在过渡里时常更为显著，就好像我们的冲锋和突然袭击造成战场上真正的火线，就好像农民烧起燎原野火时一条火线向前蔓延一样。我们就是看着前方同样也向后回顾地生活在这条线上"④。在这条线上，知识获得了论证，真理"被储存下来"成为对未来以及当下生活具有同等"兑现价值"的支票。经验意识的开放性显示，彻底经验主义与理性主义、普通经验主义等其他所有哲学流派都有差异，它在向前生活的同时，也在朝前理解，而且坚信在每时每刻都永恒地存在着一个具有经验属性的"彼岸"。思想的这种非完满性表明人类意识对自身的了解永远在路上，不光为信仰的满足留下了地盘，也保留了世界、伦理和民主的开放性。

除了具有开放性和多元性之外，"我的"经验意识和他者的心灵之间也有共通性。相互具有独立性的心灵之所以能够接触、碰撞并形成共通性，主要是因为心灵可以在某个共同的对象上汇聚在一起。自我的知觉性为这种观点提供了辩护。当甲看到乙的行为举动后，便能大致推断出乙的行为举动与我如出一辙，都是被内在心理所推动并"有所表示的"。这样一来，我的知觉令我坚信："在我的宇宙中我叫

---

① [美] 威廉·詹姆斯：《彻底的经验主义》，第97页。
② [美] 威廉·詹姆斯：《彻底的经验主义》，第97页。
③ [美] 威廉·詹姆斯：《彻底的经验主义》，第97页。
④ [美] 威廉·詹姆斯：《彻底的经验主义》，第92页。

做你的身体的那一知觉性的部分里,你的心和我的心相遇并且可以叫做相接。你的心策动那个身体而我的心看见了它;我的各样思想就像转成它们的和谐的认识的完成那样转成那个身体;你的情绪和意志就像原因转成其结果那样转成那个身体。"① 然而,你和我的心的接触与碰撞,主要得益于两者都聚焦于某个"共同所有物"。换言之,在具体的生活实践过程中,你的心与我的心在它们指向同一个对象的时候不期而遇了。所有的对象都是向无限的心灵敞开的,任何心灵都可以关注,同时,这些对象就在无数心灵中拥有了一个位置。这好比同一个点能够出现在任何线条相交的点上,与此同时,经由它还能画出众多不同的线条。因此,同一个经验浮现在不同的意识中,并令这些意识在某个共同物上相汇也就水到渠成了。"一个感觉仅仅是像它被感觉的那样",它之所以是"我的",主要在于我感知到了它;它之所以是"你的",也仅在于你感知到了它。可是,它之所以能同时被你和我感知到并印在我们的意识中,这充分证明:"你的心灵和我的心灵可以终结到同一的知觉上,不是单纯地与之相对,就像它是一个外在的第三者那样,而是把我们两人的心灵插入它的里面,并且同它合并起来,因为当一个知觉性的终点'完成'时表现为所经验的连接性的统一就是这样的。"② 假如凭借这个共同所有物,你的心灵和我的心灵实现了沟通并蕴生了"共同意识"或"共同的知觉",那么,你和我的思想会在同一个意识经验上实现统一。伴随新经验的流变而持续地生成和演变,这个经验聚合体会更紧密地连接在一起,与之相应,心灵之间的纷争也会渐行渐远,共识与认同会成为主导。

  詹姆斯的彻底经验主义揭示和论证了经验的开放性、多元性以及在不同心灵之间的共通性。从中可以看出,它并非以谋求科学性的精准判断为旨归,反而是在具体、特殊的现实生活中,在彼此对立与冲突的过程中,探寻求妥协的最佳方案,进而实现多元意识的整合与统一。这种最终的目标指向,既不服膺于科学的理性主义,又和黑格尔(Hegel)笔下的绝对一元论相去甚远,它坚守多元论的立场并踏上了

---

① [美]威廉·詹姆斯:《彻底的经验主义》,第41页。
② [美]威廉·詹姆斯:《彻底的经验主义》,第43页。

一条经验性十足的道路。对詹姆斯来说,虽然古往今来无数哲学理论都在求索事物的统一性,但这仅是哲学求索的一个剪影而非它的全部努力方向。理智的"伟大智慧"体现在:它实际探寻的"既不是单纯的多样性,也不是单纯的统一性,而是总体性。在这个总体性中,熟悉实在的多样性和理解它们之间的联系是同样重要的"①。基于这种认识前提,他指出,尽管黑格尔的绝对一元论极富思辨性,而且体系严密,但是其他所有事物在理性抽象的统一性中被淡忘了。因此,从绝对精神的母体中无法演绎出和现实生活中的事物相容的特殊事物,而且那个发挥着联结作用的"逻辑的—审美的—目的论的—统一图像"也仅仅是个永恒的梦罢了。这种与生活实践切断联系、空洞不实的思想又反过来迟滞了理智的健全与发展,所以,理智的智慧是返璞归真,重新回归经验之流。经验之流所蕴含的统一性与包容性远超人们的估量。世界的各部分汇聚在这里并结合成统一体,就此而言,"世界是一";世界各部分实现统一的条件下仍然保有自身的差异性,就此而言,"世界是多"。就在这同一个经验之流里,理智不仅可以与各种多种多样的涓涓细流汇合在一处,而且还能在经验合流中验证自身的实在性,还可以与千姿百态的人生搭建而起的生活世界保持积极的联系。

倘若说你和我的心灵汇聚在某种经验上并催生出"共同意识",那么,沿着串联在经验事物之间的众多途径,你和我的心灵能够自由地从某物游移到他物之上。此外,因为其中的每个具体事物都和他物建立诸多联系,所以,因循事物之间的联系途径,人与人之间就融进了一个勾连互通的庞大网络中。"比如布朗认识琼斯,琼斯认识鲁滨孙,如此等等;只要你正确地选择了更远些的中介人,你就可以把消息从琼斯那里传给中国的皇太后或非洲俾格米人的首领,或者传给有人居住的世界上任何一个人。"② 因此,虽然大自然呈现为等级错落有致的层次,人类社会也现存着多种多样的系统样态,但是,假如人们拣选了一个切实有效的传导路径,凭借"心灵感应"彼此联系,进而令大家都可以在各种条件下立即知道别人的所思所想,那么,经过时

---

① [美]威廉·詹姆斯:《实用主义》,第73页。
② [美]威廉·詹姆斯:《实用主义》,第76页。

第二章 詹姆斯的符号现象学

间的洗练,借助数代人的努力,生活世界势必能更好地融通。其实,长久以来,人类共同体一直致力于将世界各地连接起来,实现真正的"地球村"。就目前的情况而言,邮政、旅行、经贸往来、通船、通航等都是在搭建交流系统。"每个系统都表现某种形式或某种等级的联合,它的各部分都贯穿着那种特殊的关系,而且同一部分可能出现在许多不同的系统中,就像一个人可能担任各种不同的职务或者属于几个不同的社团。因此,从这种'系统的'观点看,世界统一性的实用价值就是,所有这些确定的联系之网都现实地和实际地存在着,有的包容较多,范围较广,有的包容较少、范围较小;它们相互交错重叠,而在它们之间绝不会遗漏掉宇宙的任何单位的基本部分。虽然在各种事物之间有很大部分是不相联系的(因为这些系统的影响和结合都严格地遵循着独特的路径),但只要你能够正确地找到这种方法,那么每个存在着的事物都以某种方式受到其他事物的影响。大概地说,一切事物一般都以某种方式互相依附、互相联结,宇宙实际上是以网状的和链状的形式存在而成为一种连续的和整体性的东西。只要你随着它从一个事物转移到下一个事物,任何种类的互相影响都有助于使世界成为'一'。"① 所以,可以推断,唯有应用经验的方法而非理性的逻辑才能解决世界的统一性问题。

综上所述,詹姆斯交往哲学的侧重点是探索交往的源头,寻找交往媒介里的共同属性以及"实践的现金价值"。詹姆斯没有顺从哲学研究的主流,而是选取了自己中意的方式专注于直接观察"人类本性的活生生的事实",就此而言,他与海德格尔(Heidegger)的研究旨趣颇为相似。C. H. 塞弗雷德(Charleen Haddock Seigfried)在《规划值得之奋斗的目标:詹姆斯与哲学的重建》一文中对此表示:"贯穿詹姆斯一生的基本兴趣在于,设想在多元视角下的商讨,达成合作的'期待的目标'(ends–in–view)。詹姆斯对于交往哲学的贡献在他针对主客观问题所做的斗争中得到了最清楚的体现。"② 可以说,他对理

---

① [美]威廉·詹姆斯:《实用主义》,第77页。
② Lenore Langsdorfand Andrew R. Smith, *Recovering Pragmatism's Voice – The Classical Tradition, Rorty, and the Philosophy of Communication*, p. 10.

性主义的批判是这种斗争的导火索,同时,他还坚守了一条异于普通经验主义的彻底经验主义的路途。经由这条路的指引,感觉和概念、意识和行动、主体和客体在经验生活之流中汇合起来,奠定了不同心灵之间形成"共同意识"和"共同的知觉"的认知基础,最终因循着"现象"与"实践"同义这样一种"基本的方法论程序",追求不断演进的"世界的统一"主题。所以,詹姆斯的哲学不是对象与行动的哲学,更不是以观念为中心的哲学;它是围绕对象的经验与主体自身参与而建构起来的行动的哲学。

新实用主义的领军人物罗蒂曾批评詹姆斯的这种研究活动,声称"詹姆斯是一个混乱得不可救药的哲学家,一个痴迷的基础主义者"。此外,他的后继者也常常误读其哲学主张,渐渐偏离了实用主义的基本立场。然而,理解人类意识经验的一个异常丰富的"论域",通过詹姆斯的现象学被揭示开来,它启迪人们注重约束言谈行为的背景(意识形态论述)和人们表达行为(行动)的可能性之间的错综复杂的联系。基于实践的层面考量,交往行为始终是在社会环境与文化环境的协调运作中得以开展的。基于当代交往理论来审视,当把握民主、个人自主和伦理等概念时,不但要思考此概念自身的表达,而且还应当考量经验、知识、身份、行为等引发的社会效用。在人际交往活动中,"理智"的群体决定和"自由"的表达,远不如自我系统及其经验结构的条件那么重要。所以,詹姆斯依靠第一性、第二性和第三性的现象学范畴以及带有浓厚现象学色彩的研究方法,探究了交往实践的论题,对后现代主义、当代现象学影响重大。后现代主义针对交往经验所做的细致考察、针对交往提出的极富建设性的方案,当代现象学围绕生活世界与个人交往而形成的观念等,都在詹姆斯的交往理论中获得了启发与灵感。由此观之,不管詹姆斯的哲学在本质上是对是错,他对哲学的态度是诚恳的、热衷的,就像柏拉图和黑格尔等人一般,作为一个具有"特殊气质的哲学家",他也在哲学史上留下了自己的独特印记。

第三章
杜威的民主交往理论

美国民主之所以能够演变为美洲大陆主流生活方式的理念，以及融入当地人的价值观中，主要得益于一种平等主义的生活经验，而非来源于理论家的空想，更非源自书本与有关民主的说教。1837年，爱默生（Ralph Waldo Emerson）在题为"美国学者"的演讲中，明确指出美国经验开创了一种全新的生活理念，即世界对身为行动者的人们提出了一系列的挑战，要想克服这些挑战不能委曲求全、卑躬屈膝地央求神来解决，只能用思密周详、脚踏实地的行动来完全祛除沿袭很久的腐朽传统，专注于在新世界创造新生活。这种识见在促成杜威的理性成熟和体认美国经验过程中发挥了举足轻重的影响。此后，杜威的哲学著述紧紧围绕着持之以恒地攻坚克难，尤其是弘扬美国民主精神而展开。不过，有别于建基在"理性自律"基础上的启蒙主义民主模式，杜威所弘扬的民主模式以"社会理智"为出发点，研究中心聚焦在语言交流上，展现出多种多样的表现形态、丰富的社会想象力、平等的互助互爱、艺术化的表达等话语。此类话语所建构的民主交往理论的主要任务是开创一种民主生活条件，确立一种基于交往理论的民主模式。

一 认知活动的交往特性

杜威的民主交往理论是在批判启蒙主义民主模式的基础上渐显雏

形、逐步完善的一种交往主义的民主模式。两种民主模式的本质差异表现为：理性自律是其建立基础，还是植根于"社会性的理智"。以生态学的互动视角为切入点，杜威创立了"行动—再调整回路模型"，进而为其民主交往理论寻得一个坚实的理性根基。

启蒙主义浪潮下的理性观十分重视个体主体的理性自律，鼓励人们运用意志把心中的观点、主张落实到行动中。启蒙主义需要承担的时代重任是在经院哲学日渐衰微之时，重新恢复理性应有的荣光，重新彰显自由的价值。从本质上讲，启蒙主义批驳专制，弘扬理性，推崇知识，崇尚科学。甚至近代哲学的总体目标就是力图实现启蒙，也可以说启蒙精神是近代哲学的基本精神。尽管它代表着古希腊理性精神的回归和复兴，然而，此时的理性与古希腊时期所弘扬的目的论理性有所不同，它是一种科学理性，从而消解了传承已久的目的论层面的"人的本质"的观念。启蒙主义对理性的高扬就是肯定人的存在价值，树立人的主体性原则，也间接削弱了传统中的目的论倾向。培根（Bacon）将亚里士多德（Aristotle）的四因说视作批判的标靶，指出目的因"并不能推进科学，而只足以破坏科学"。于是，他呼吁"知识就是力量""人的知识和人的力量合而为一"[①]，人类运用知识一方面要更好地认识世界，另一方面还要着手去改造或创造世界，这甚至比认识世界更重要。这形同于废除了古希腊流传下来的目的论的合理性，所传递的言外之意是科学要将目的论取而代之。笛卡儿利用"普遍怀疑"的策略确立了"我思故我在"的逻辑在先性，将其提升到形而上学第一原理的高度，"我"与上帝的关系较从前有了"哥白尼革命"式的转变。休谟则进一步指出，如果人们不能切身目睹、感知即经验到神创世界的整个过程，那么就不能获得"上帝存在"的印象，所以，在所有值得怀疑之物中，也有上帝的位置。在这里，"上帝"不单指宗教意义上的全知全能全善的上帝，而且也指能够充当万物存在的根据，世界的最终目的，作为他物存在的前提条件而自身无须任何条件就能存在的超越之物。有鉴于此，一切事物都归于"我"，而

---

① 北京大学哲学系外国哲学史教研室：《西方哲学原著选读》上卷，商务印书馆1981年版，第345—346页。

第三章　杜威的民主交往理论

"我"也不是从前的被决定者,而是世界的原则、目的与根据。每个人的自我完善和发展之路并非朝着某种先天预设的目的而运动,相反,它体现的是自由的选择。在康德看来,启蒙主义的失策之处,是误将原本属于认识论范畴的"科学理性"运用到了本体论的探讨中,导致在他物和人之间形成了一种对等关系,让人沦为受自然必然性宰制的存在,就像"由至上匠师制作和上紧发条的一个木偶或一架沃康松式的自动机"①,根本无法享有真正的自由。尽管启蒙主义标榜着"人的解放",但是没有正确把握到人的本质特征。人身为一种有别于其他自然物的存在既是经验的存在,又有超越经验的一面。而启蒙主义却取消了人的超越性,将人混同于其他自然物,抹杀了人的高贵价值,非但没有实现启蒙主义的理想,而且还违背了人类对自身的直观体认。有鉴于此,康德进一步划分出理论理性和实践理性,二者完整地展现了理性在思辨和实践领域的不同旨趣。前者专注于纯粹认识能力所指向的对象客体,而后者重点探讨怎样规定意志的问题。他说:"每个有理性的存在者的意志都是普遍立法的意志这一理念",这就是康德所谓的自我立法或"自律"原则。

对于杜威来说,这种发源于笛卡儿,中经洛克、休谟、康德等哲学家发扬光大的启蒙主义理性是不能成立的。原因在于理性没有自明性原理的坚实基础,更不是超越的、先天的、确定无疑的普遍性,反而是社会的、经验的和变动不居的交互性。因此,以自明的理性自律为先决条件的启蒙主义民主模式一直没有得到人类学研究的鼎力支持。有鉴于此,杜威在积极吸取现代心理学和生物学最新研究成果的基础上,对心灵和有机体的行为做了重新认知和进一步的解读,喊出了让人振聋发聩的"理智重建"的口号,直接挑战传统哲学中针对心和经验的各种性质的假设。他创立的"行动—再调整回路模型"充当了"理智重建"的认识论前提。作为"反射弧"模型的取代者——这个新创立的模型对于杜威具有十分重要的意义,以它为载体演绎出了理智的"经验与自然"。这一方面标志着他摒弃了将个体主体看作被动的机械结构、唯有在外物或环境刺激下才有所反应的经验主义,

---

① [德]康德:《实践理性批判》,韩水法译,商务印书馆1999年版,第110页。

上篇 经典实用主义的交往哲学

另一方面也拒斥了凭借反思意识的成分而对心灵进行冥想或沉思的理性主义。这种借鉴心理学研究成果而创建的回路模型将探索和实验、认识和行动、语言和交往联系起来,将认识过程界定为个体主体积极参与被关照的事件里,在既定的社会语境中探索"事实如何"以及明确和评判"什么是善"的过程。它的一大特色优势在于:在认识论层面上系统反思和审视了传统哲学视域中一般被看作相对独立的真理观、自然观和价值论。对杜威来说,起源于柏拉图的理性主义哲学传统总是醉心于探索永恒的抽象价值、确定不移的知识、普遍绝对的真理以及永久不变的实在,反而忽视了存在、善、认知和行动之间的多维关系,致使这些领域的研究也重蹈抽象化、思辨化和理论化的覆辙。

杜威的"行动—再调整回路模型"看重的是"有机体的主动性",中心议题表现为:心灵状态是怎样与外界事态产生联系的,二者是怎样实现同步互动的。按照他的理解,以往的哲学思想要么主张心灵是对身体与周遭环境变化予以考察的主体,它的任务是将感觉加工成印象、知觉和概念;要么表示心灵是一种独立于外在环境和肉体的客观实在。杜威主动学习和借鉴了同时代生理学和心理学的研究成果,指出人类生存的应有之义就是反应、反抗和斗争,所以人的精神生活行为会有选择地对环境的变化予以反应。他在《伦理学》一书中清晰地阐述了下述这种观点:"观察一个孩子——哪怕是一个幼小的婴儿——足以令观察者确信,一个正常的人在清醒时处于主动性之中。他是一股涌动不息的能力的汇聚。有机体移动,到达,处理,推动,撞击,撕扯,铸造,挤压,观看,倾听;等等。在清醒时有机体不停地探索环境并建立新的联系和关系;当然,为了恢复活力,静止和休息也是必需的。然而,对于一个健康的人来说,没有什么比长时间地被迫处于被动地位更难以忍受了。行动是无须解释的,而主动性的中止反倒值得关注。"① 相比之下,在阐述"反射弧"的论文中,他借用一个孩童看到蜡烛,伸手触摸,被烫的疼痛难忍,马上

---

① Lenore Langsdorf and Andrew R. Smith, *Recovering Pragmatism's Voice – The Classical Tradition, Rorty, and the Philosophy of Communication*, p. 140.

第三章　杜威的民主交往理论

缩手的案例，论证了"经验的发展过程实际上是一种寻找刺激的过程"的观点，这个发展过程还对生成主动性的含义具有积极的意义。他频繁重申认识过程也是一种经验方式，由于作为认识主体的经验者也深入到经验过程中，那么，知觉不是完全被动地应付外来刺激和反应，而是持续不断地作用于认识各环节，引导和校正学习与"交往"活动的开展。他常常利用富含"行动"意味的语词，即"探索"来描述认识过程。其实，早在杜威之前，皮尔士就比较青睐"探索"一词，他也将认识过程看作某种探索实践活动，其最终诉求是明确信念并去除怀疑。杜威沿用了这个语词，不过，他重点指出探索的真正价值在于使交往主体或认知主体由模糊、摇摆的境遇转入清晰、明确的境遇。

在杜威看来，交往主体在大多数情况下都处于充满不确定性的社会境遇中，同时，这种不确定性也内在于交往主体自身。也就是说，社会共同体所搭建的外在世界与交往主体自身建构的内在世界是交融为一的。用杜威的话来说，"人发现自己生活在一个碰运气的世界。他的存在，说得粗俗一些，包括一场赌博。这个世界是一个冒险的地方，它不安定，不稳定，不可思议地不稳定"①。仅凭有限的尝试我们就可以得知，交往主体置身的社会境遇是非定性的。时光荏苒，万物皆变，这种亘古以来绵延至今的不确定性也渐渐演变为了一种客观规律。在变幻莫测的社会境遇中，交往主体缺乏安全感和归属感，于是努力在变动与纷乱中寻求恒稳的秩序并使它持存下去。然而，并非所有的努力都能获得成功，不确定性的社会境遇往往令交往主体的努力和行动付诸东流，因为在尝试消除不稳定性的过程中，也包含着被后者吞噬的可能性。杜威认为，交往主体具有一种强烈的追求确定性的企望，他们但凡有机会就致力于剪除外在世界的或然性，增加确定性和必然性。出于应对这方面问题的需要，交往主体在相关的实践中创造和积累了众多控制外在世界的技术。在面对茫然未知的外部世界时，当交往主体尚处于弱势时，必然会在实践中频繁碰壁、接连失败，这种残酷的现实促使人们借助崇拜、迷信等方式来变相地作用于外部世

---

① [美]约翰·杜威：《经验与自然》，傅统先译，江苏教育出版社 2005 年版，28—29 页。

界。然而，此类努力归根到底至多是把自身对世界的无能为力转变为一种虚幻的心理安慰，并没有实然地促使世界发生变化，或者根本性地改变自身所处的由或然性主导的社会境遇。纵然困难重重，但交往主体对外部世界的探索未曾停止，对外部事物和社会境遇的认识也在层层深入，"保存和传递一个种族关于观察到的自然的事实及其系列的智慧的一个常识概括体系逐渐生成了"。个体的经验逐步上升为交往共同体的常识并走向体系化，从而提升了对外部世界的控制力和主导力，这些常识一方面内蕴着数量可观的获得经验证实的识见，另一方面也给予人们更好地利用各种工具再改造自然的新启迪。与此同时，交往主体还增强了在思想层面演练和研判实践行动的能力，先行在头脑中开展实验性的行动，以此来增进对外部世界的理解，实验性地创造出各种工具来作用于外部世界，从而削减外部社会境遇中的各种风险，将不确定性予以严控甚至消除，共建一种有确定性可依的社会系统。

　　应当说，杜威的交往理论、认识论乃至整个哲学都是以这种不稳定性的外部世界作为"探索—行动"的现实背景的，恰恰因为交往境遇中充斥着众多的不确定性，才激励交往主体持续地凭借探索实验竭力营造适合自身的境遇。然而，追本溯源，探索活动的"第一推动力"并不能全部归咎于遍布不确定性的外部世界，理由是并非所有的不确定性都会转化为与交往主体切身相关的社会境遇。譬如，非洲干旱缺水，基本生活条件都难以保障，但对很多美国人而言，非洲人所面对的不确定性与"我"没有多大关联，也不会直接威胁到"我"的安全感。所以，杜威主张，外部世界的不确定性应当转变为与交往主体相关的问题境遇。另外，纵然很多交往主体都身处同样的问题境遇，然而，交往主体的行动反应可能截然有别，某些会隐忍克制，某些会知难而退，某些会着手解决问题。所以，探索活动的主要动力应当归结为交往主体尝试解决问题，消除不确定性的现实需要。对此，杜威说道："一切反省的探究都是从一个问题的情境出发的，而且这种情境不能用它本身来解决它自己的问题。只有把这个情境本身所没有的材料引入这个情境之后，这个发生问题的情境才转化而成为一个解决了问题的情境。"① 也就是说,探索实践本身是交往主体着手处理各种问题情境中的各种困难时所产生的行动反应,旨在利用手中已掌握的各种信息与资源来破解外部世界之谜。不难看出,探索活动始发于外部世界的不确定性,但是意欲达成的目标则是确定性。杜威特别强调,单纯依靠传统哲学所推崇的纯粹的思来把握各种超越性的存在,对于探索活动而言没有任何益处。所以,应当摈弃传统哲学据守的形而上的、脱离真正交往与社会实践的破解思路。正视问题,直面困难,积极地调动任何有利因素来排疑解难,创造与交往主体相适配的、有助于交往实践的社会情景。所以,不确定性的社会境遇始终处于转化和生发中,所谓的转化是指向确定性的移动,所谓的生发是指在连绵持续的社会情境中再蕴生新的不确定性。对此,杜威指出,切实有效的交往不会拘泥于现有知识的规约,而是跳出狭隘局限的传统认识论范畴,激起交往主体在问题情境中解决探索问题的欲望,让他们更加积极地参与到交往共同体的宏观问题情境中,投身更崇高的改造外部世界的洪流中,强化其"探索—行动"的实践能力。所以,在杜威看来,不能只用纯粹的思的过程来界定探索过程,也应看到它是一个具体、实在的行动过程,它内含产生怀疑、剖析疑点、开展推理、抛出假设、通过行动及其实效来验证假设等诸多活动环节。从事这一系列的行动,目的无他,主要试图将所感知到的晦暗不明、疑点丛生、对立冲突的情境转换为较为明晰、前后一致、和谐共生的情境。这种经验过程并非全新的经历体验,而是旧经验的深化与发展,从而促成了对经验主体的重新解读与认识,最终达成一个统一的理智结果。从这个角度看,杜威创建的模型不仅凸显了有机体自身的主动性、作为一个整体和周边环境动态交互的关系,而且也表明在环境和有机体的动态交互中,学习既是本质性的,又是能够加以理解的。

此模型关于有机体行为活动的上述独特阐释,一方面抛弃了被动反应的机械论模型,创获了一种可显现有机体主动性的交流模型,另一方面也启迪杜威发展出一种截然有别于启蒙主义的理性观。他驳斥

---

① [美] 约翰·杜威:《确定性的寻求:关于知行关系的研究》,傅统先译,上海人民出版社2004年版,第305页。

了理性的自明性原理基础，批判了理性的普遍统一性。他乐见的理性是有张力的、模糊的，始终处在与社会和他者的动态交互中，而且在洞察或评判问题时能够开显出不确定性和交互性。也就是说，理性并非一双固定不转的眼睛，并非始终维持某个不变的视角；相反，它好似多面棱镜，是动态变化的、多维视野的中心，运用想象力来处理难题，以有待商榷的情境为出发点，逐步向可纠偏的特殊情境转化。与此相应，自我也并非一个脱离所有语境的、遗世孤立的、绝对抽象的理性统一性，而是在与其他个体主体进行语言交流时勇于展现自我，渐渐演绎为一个独立自我的过程。在杜威看来，人的心灵或理性不是仅仅依存在单个、孤立的有机体中，而是在有机体的多边交流中渐渐生成和慢慢走向健全的。对此，他表示，语言是人类交往交际的媒介、工具和功能。"通过语言，一个人好像扮演戏剧一样，似乎自己正在从事于一些可能的活动和事业；他扮演许多不同的角色；他不是在生命的连续阶段上，而是在同时扮演的戏剧中这样做的。因此便有了心灵的产生"①。语言沟通塑造了心灵。主体间的语言沟通，一方面显现出在共同体内部依然存在着差异化的立场和观点，另一方面也显露出语言还具有特殊的终极性、工具性和目的性。它之所以具有终极性，主要在于它为社会提供了交流的艺术和共享的对象，通过主体间的彼此沟通，加深、充实和巩固了意义，而且升华为令人钦佩和由衷欣赏的对象；它之所以具有工具性，主要在于它令人类由起初不会言语的动物转变成有知识、有思维的动物，能使人类在某个共同的处境中研判出多种未来可能性，进而获得一个属人的、有意义的世界；它之所以具有目的性，主要在于它帮助孤零零的个体主体走出自我的狭隘封闭，投身到与他者的交流互动中。因此，"在一切的事情中，沟通是最为奇特的了。事物能够从在外部推和拉的水平过渡到把它们本身揭露在人的面前，因而也揭露在它们本身前面的水平，而且沟通之果实会成为共同参与，共同享受，这是一个奇迹，而变质（即圣餐变体，作者注）在它的旁边为之失色。当发生了沟通的时候，一切自然的事情都需要重新考虑和重新修订；它们要被重新改作，以适应于交谈的

---

① ［美］约翰·杜威：《经验与自然》，第111页。

要求；无论它是公开的交谈或是那种所谓思考的初步谈话，都是如此"①。所以，语言的首要任务并非"表达"那些先天存在的事物，也非"表达"那些天赋的观念或思想，而是交流，积极地促成每一个进行言说与聆听的个体主体良好地交流。因为参与交流的过程是随机变化的，进而共同创设了一个互相宽容、彼此互助的共识语境，并付诸协调一致的行动。

正如前文所述，杜威排斥传统的机械论模式，支持和赞同有机论模型，有机体模型在肯定有机体在与环境的交互中能发挥其主动性的同时，也承认有机体在和社会与自然的动态交互中，持续不断地调整、修正自己的行动，而且还对价值和事实、自然和经验进行感知、评判。因此，在杜威看来，科学、道德与理性是不可分割的。倘若说语言交流创造了心灵或理智，那么，理智所生成的道德与自然也就相应具备了社会性的和自然主义的特征，绝非超越自然的、纯粹理论性的和非社会性的。此外，理智蕴生的道德与自然也意味着包容所有差异化的立场，排斥狭隘的自我主义和个人主义。此处的伦理生活不是指跳出特定社会处境之外的属于私人的玄远空幽的道德；价值概念也并非关于某种先天存在的命题或阐释。作为理智的衍生物，善不再囿于纯粹理论的范围之内，并非依靠研读典籍就能发现的东西，更非借助权威的压服而获取的东西。恰好相反，"几乎所有重要的伦理问题都源出于紧密联系在一起的社会生活"；而道德的社会性则"正像行走于物理环境之间的相互作用一样，道德是人与社会环境之间的相互作用"②。如此一来，善就是主体在与他人、他物打交道的过程中，辨析、阐述概念与价值，并联系结果进行研判。也可以说，善其实就是改善这种源于实践又复归实践可能性的确信。

依此类推，从严格意义上讲，科学也不属于私人，人类共同体决定了它的活动及其结果。按照杜威的理解，经由漫长的发展和成长，科学已经成为某种体系的、有组织的知识样态，是经受大量的怀疑、

---

① ［美］约翰·杜威：《经验与自然》，第108页。
② ［美］詹姆斯·坎贝尔：《理解杜威——自然与协作的智慧》，杨柳新译，北京大学出版社2010年版，第107页。

检测、验证、辩论和达成共识等才演绎出来的知识系统。他说："科学组织的理想是：每一个概念或叙述都须是从别的概念和叙述而来，又须能引到别的概念和叙述上去。各种概念和命题互相包含，互相支持。这种'引出后面，证实前面'的双重关系，就是所谓逻辑的与合理的意义。"① 他还进一步指出，科学知识的呈现方式与其他知识有很大的不同，有自身的独特性，它是一种讲究"合理化"的知识，而非武断或独断的观点。在一般条件下，此类知识是经得起怀疑、较为可信的、赢得普遍共识的、几经验证的知识。为此，他写道："就其高尚的意义而言，这种知识不同于意见、猜测、思索和纯粹传说。在知识中，事物是确定的；它们就是这样的，不是含糊不清的。"② 在这个方面，涉及科学研究的公共性、协作性时，杜威和皮尔士主张是相同的。在他看来，"无论是哪个领域的，所有的科学探究都是自然的、情景性的、立足于问题的、理论的和实践相结合的以及评价性的"③。科学是一种相对合理的组织手段，它能敦促不同的主体协力合作，摆脱过往俗见、谬论、荒诞的束缚。因为科学的方法和态度的归宿不在于开显先验的实在，不在于借助逻辑分析而推导出不容置疑的真理，而是建基于公开的实验、可接收反复验证的实验结果，这就彰显了一种公共性。这种科学态度的言下之意是："每一个发现都属于研究者的共同体"，"每一个新的观念和理论都必须交给共同体去验证"④。因此，恰如皮尔士关于真理的界说那样："唯有那种最终能被所有的探究者同意的意见，才是我们所说的真理"⑤。理由是在协同探索、公开研讨的基础上，"事物"已非古时思想家依据思辨的模型创设的一个存在，更非近代哲学家依从个人的思想独白而构造的自然界，而是在话语循环往复的交流中，重新排列、调整、组合，进而将新的价值和意义赋予各种原始之物或纯朴之物。就像杜威所指出那样：事物的"意义，在语言中作为意蕴而被固定下来以后，就可以在想象中被管

---

① 涂纪亮：《从古典实用主义到新实用主义》，第 407 页。
② 涂纪亮：《从古典实用主义到新实用主义》，第 407 页。
③ ［美］詹姆斯·坎贝尔：《理解杜威——自然与协作的智慧》，第 186 页。
④ ［美］詹姆斯·坎贝尔：《理解杜威——自然与协作的智慧》，第 199 页。
⑤ ［美］詹姆斯·坎贝尔：《理解杜威——自然与协作的智慧》，第 66 页。

理着、操纵着、实验着。正像我们公然操纵事物,进行新的划分,从事新的结合,从而把事物介绍到新的关联和环境中去一样,同样,我们在言语中把许多逻辑的共相联系起来,在这儿构成和产生新的意义"①。那么,在动态交互中收获新价值和新意义的事物,"因而也就有了代表、代理、记号和含意,而后者较之在原始状态中的事情就更加无限量地服从于人类的管理,更加持久和更加适用了"②。因此,认识的过程不单纯是讨论事物,或者纯粹地显现事物,而是在实践、反思、自省、执行和创造的过程中,接纳和包容不同的立场与观点,转换自己的经验。在此处,杜威的主张可能会陷入理论困境,但是它的意义在于:不回避,不逃脱,正视这种问题。科学思维推动世界的改变,因为观念或经验不仅是针对事物的私自构造,而且也突出了和他人相互印证的共同预期。所以在实践活动受到符号指引时,除了作为载体的要素或质料已被改变之外,也客观地解决所存在的问题。针对这一点,胡克说:"他的理论说明了问题的存在,说明了交流的事实和掌握、控制题材的实际胜利,而不把它们神秘化。"③

总而言之,杜威的"行动—再调整回路模型"本质上是把认知活动看作一种具有交往特征的动态习得过程。此过程注重的是对客观存在的事物或事实的描述应该让位于动态交往活动,强调的是被动机械模型和独立因果模型被凸显"有机体的主动性"、互动性的实践对话取而代之的活动。这种模型的转变明确宣告:放弃始于洛克白板说并演变下来的被动反应的机械论模型,抛弃"反射弧"里内蕴的身心二元论,同时还应摈弃为环境与有机体建立的机械式联结。可以说,有别于过往的那种倾向于将观察、主体和反思从直接经验或客体中分离出来的"作为旁观者的认识论",杜威的认识模型给予思想一种积极的能动,即不仅仅要认识外在事物,还应对事物的当下状态进行重构。因为它既能借助观察和书写,又能借助聆听与讨论的方式在与他者的动态交往实践中一并建构世界的意义。从这个角度看,杜威的"行

---

① [美]约翰·杜威:《经验与自然》,第125页。
② [美]约翰·杜威:《经验与自然》,第108页。
③ 洪谦主编:《西方现代资产阶级哲学论著选辑》,商务印书馆1982年版,第209页。

动—再调整回路模型",一方面批判和超越了传统哲学,另一方面也重构了理性,显示出实用主义方法从根本上讲是拒斥和主体实践活动完全相割裂的抽象理论研究的,回避本质主义所提出的所有封闭性的研究议题,批判异常宏阔且着力于再现性描述的元叙事,借助自我反省的批判性实践,推动新的行为习惯与模式的养成,进而塑造理智的经验统一体。所以,归根到底,认知主体既是主动的,又是社会性的。

二 社会交往中的想象力

杜威民主交往理论的认识论基础是"行动—再调整回路模型",它所倡导的基于交往实践的探寻—评估动态认知过程还催生了作为民主社会之根基的"社会理智"。在民主社会中,社会想象力的培育和运用、主体间的语言交往所营造的互相关爱的良好氛围成为民主社会的本质特征。

相较于过往的政治理论,民主理论无疑更先进、更科学,但它不局限于政治的范畴,更是一种文明理论。在杜威看来,民主文化赖以萌发和成长的首要条件并非启蒙主义理性所提供的单向度的、超越的"上帝的目光",而是可以兼容和接纳各种观点与主张的"社会理智"。"社会理智"的特殊之处在于它可灵活运用社会想象力。好比两只眼睛的协同配合可以构造更富有立体感的景深空间一样。一个共同体要想拓宽自身文化的深度与广度,同样需要不同的声音、不同的立场和不同的视角的支撑。假如缺乏社会想象力,那么,各种视角间的视域融合,主体间的互相肯认也就无从谈起;假如缺少一种蕴生社会想象力的民主文化,那么,任何政治程序都将难以发挥应有的实效。所以,社会想象力不仅是各个主体融入社会,并在交往实践活动中实现自我的一种能力,而且也是民主文化、社会共同体由以生成与健全发展的先决条件。

社会想象力并非完全脱离语境的,更不是基于普遍人性的预设来理解他人的能力,而是以主体当下特殊的语境为起点,凭借具体的认识方式和情感体验来理解他人的价值和生活的能力。从这个方面讲,社会想象力不但是一种先验的理解结构,而且也预设了某种互相关爱与支持民主的语境。民主语境的应有之义是对他人的宽宏与包容。需要注意,此处的宽容并非寻常意义上的"善解人意地不在乎的态度",毋宁说是"肯定反思和探究的积极意愿"。正如杜威所指明的:"积极的宽容意味着对别人的理智与个性抱有同情的尊重,即使他们所持的观点与我们相反。"① 所以,它一方面允许和尊重交往主体的偏爱与多元的信念,另一方面也深信提出疑问和慎思明辨可以发掘出真正的道义,从而抛弃或修正从传统中承续下来的东西。依据上述充满温情的面向他人的同情和宽容,在交往实践活动中每个主体势必会高效地将自身投射到交往对象的角色中,既考量对方是何种人,又思忖对方是怎样成长与发展的。在这般富有关爱的环境中,对话主体就能自由且毫无挂碍地畅谈自己的立场、观点与态度,让高效能的对话可以顺利开展,打通他人与自我之间的心理芥蒂,使价值观念和刺激应急的互通更为流畅,最终达成"一种关于社会生活的意识"。在此种非常宽松的社会生活氛围中,"个人就会逐渐通过生活中的习染而具备责任意识""责任就会变成自觉主动的意识,知道事情既然是自己的,它的结果也源于我们自身"。② 当良知和责任意识逐步显现出来后,任何交往主体都能对自我形成正确的评价。"我们能够通过语言和想象来真切地重现他人的反应。我们预知他人将怎样行为,而这种预知就是灌注在行动中的判断的开端,我们正是通过(with)这些预知而进行认知;良心也在其中起作用。好像我们的内心有一个议会正在对我们的所作所为进行评判。外在的社会性变成了一个内在的论坛或法庭,一个起诉、裁断与辩护的所在。"③ 不难看出,从根本上讲,社会想象力是充满温情与社会性的。交往主体"通过行动展现出来的人类关系的同情的想象",既可以令双方在彼此尊重和宽容的交往中化解已存的冲突和对立,又可以高效地统合多种多样的价值观念,创造出一个互相认同、彼此谅解的稳定交流平台。更为关键的是交往实践中的主体可在畅快的交谈中明了自己的责任,借助想象来体味他人可能的反

---

① [美]詹姆斯·坎贝尔:《理解杜威——自然与协作的智慧》,第114—115页。
② [美]詹姆斯·坎贝尔:《理解杜威——自然与协作的智慧》,第108页。
③ [美]詹姆斯·坎贝尔:《理解杜威——自然与协作的智慧》,第108—109页。

应,促进自我观念的更新,以便让言语交往和表达更富有实效,将自我形塑成一个既能被他人所接受,又能指引他人积极前行的人。

所以,在交往实践的起点处,杜威不认同罗尔斯(Rawls)所主张的从被"无知之幕"所遮蔽的纯粹的理性主体入手来洞察民主文化的观点,也不同意哈贝马斯从批判非历史的超验视角入手,来探究开展语言交流的各种理想条件的思想。他不但阐发了想象力的积极功用,澄明了关爱语境在交往实践里的重要性,而且把语言交流看作学习和教授的双向互通的过程。对杜威而言,语言交流自身在承载着不同的观点、视角和立场的同时,而且也有助于主体在交流实践活动中相互学习、增进理解,以期达成更多共识。按照杜威的理解,纵然语言可被视为一种用来表情达意的工具,但是其核心功能是沟通。假如翻看杜威创作的《民主与教育》的开篇,就能察觉他非常注重对交流实践的探讨。杜威主张社会生活本身就是交流活动,而交流也承载教育性,因为交流的原初含义就是一个人可以理智地将自己的观念传递给他人,同时又能从他人分享的经验中吸收养料,以更新或扩充自己的经验。因此,教育的重要问题既包括探寻一种有效且舒畅的理智交流途径,而且还要借助它弘扬文化的深远意义与宝贵价值。"杜威说,教育性的交流对于任何社会而言都是最基本的需要,因为我们每个人都会死。如果不能通过某种确定的方式传承文化,那么,每一代人都不得不依赖自身获取全部的技艺。实际上,任何一个共同体为了运转和生存,都必须至少在某种程度上依赖这些技艺。于是,在某种强的意义上,对文明乃至对教育的需要是人类的生物性的内在特征:文明和教育是人类生存之必需。人类婴儿的无助显示了对于一个组织化的交流性的群体的需要,否则,婴儿得不到养育。正是在这种意义上,我们说,我们是文化的存在物,就最根本的意义而言,我们是学习者而非知道者。"① 因此,他倡导人类应当从年幼时,就要掌握借助想象力去体验不同的、新颖视角的能力。更进一步讲,在某种相对宽松的语境中,借助符号的交流作用,不但要学会运用想象力去感受他者的立场,体

---

① Lenore Langsdorf and Andrew R. Smith, *Recovering Pragmatism's Voice – The Classical Tradition, Rorty, and the Philosophy of Communication*, pp. 149 – 150.

认他者在精神或肉体上的需求，同时要培养积极的参与意识和经受那些能够维系人类生存的价值观的洗礼，从而一方面要把自身培养成文化符号领域中的交流者，另一方面也要成为关爱的奉献者和教育者。人类生物学研究表明，共同体的基本特性之一就是哺育和教育幼体，帮助他们积极融入现有文化中，在接触和学习文化的过程中形塑自己的身份，赋予自己所欲求的那种本质。如此这般，一方面，教师应防范学生投来的漠不关心的态度，甚至是鄙夷憎恨的神情，本着因材施教的原则依据每个学生的特殊情况进行施教，强化与学生之间的合作学习，帮助学生掌握交流与写作的新方法，便于快速获取有价值的信息来扩充经验；另一方面，众所周知，有机体具有一种与生俱来的自然能力，它可以因环境变化而适时地做出反应，并且能将这种反应固化为自身的一种习惯。有鉴于此，鼓励那些曾接受过教育并成功融入交流实践活动的成员，主动设置某些情境吸引那些尚待受教育的成员主动参与进来，在这种模拟交流实践活动与教育过程中渐渐成长为合格的参与者和分享者。如此一来，如果他有了集体归属感，那么他就能主动识别和获取群体所追求的目标，与集体建立起同一性，觉知到一荣俱荣、一损俱损的荣誉感。总而言之，在杜威看来，唯有凭借社会生活，才能帮助共同体成员体谅和理解他人的欲望、信念、情感等需求，并在此基础上进一步培育出应用社会想象力的民主文化。无论哪个社会只能依靠教育才能形成牢靠的民主共同体。

社会想象力蕴生了良性的社会交往实践，而这恰恰是社会由以建立的前提和基础。交往活动的"推—拉的平面"在于创建一种民主共同体。对于杜威来说，"社会交往和制度曾被当作是一个自足的个人所具有的一种现成的特别的生理上或心理上的禀赋所产生的结果，而语言却只是扮演着一个机械地传送原先业已独立存在的观察结果和观念的通讯员的角色。因此，言语就被当作是一种在实践上的便利，而没有根本的在理智上的重要意义。……语言'表达'思想，正像水管传导自来水一样，而且如果把它跟一个造酒的压榨机'压出'葡萄汁来对比一下，它甚至还只有更少的转变事物的作用。在创建反省、预见和回忆的过程中，记号的职能被忽略了。结果，观念的发生变成了跟物理的发生平行的一个神秘的赋加物，既无共同之点，彼此之间也没有沟通的桥梁"①。民主体制其实是这样的一种共同体，交流实践活动是其生成和发展的必要前提。换言之，它的基础不在罗尔斯预设的自私的理性个体所追求的公平上，也不在哈贝马斯所谓的由先验的绝对真理奠定的语境上，而是在具体语境化的、尚处于进行中的活动上。它是一个实实在在、具体现实的渐渐形成的过程。民主共同体不是恒久如一、静止机械的，它是鲜活的，与社会实践活动同步演变、协调发展的。"它的特点就是具有许多历史过程，即由始到终进行着的变化的连续"②。进而言之，简单的聚集或交流互动是催生和推动共同体发展的必要前提，"就任何可知的以及能被知道的存在的东西而言，它们都处于与其他事物相互作用中"③。当然，不能把个体行为的简单相加等同于集体行为，更不能将集体行为累积等同于共同体，但是，恰恰是这样的相加和累积彰显了交往主体在社会生活中的群体归属的需要，强化了人们对集体乃至共同体的依赖性。一旦共同体特别是民主共同体顺利诞生，它们彼此之间的交流就会展现为一种带有共享性质的社会性活动。如同人们参加了一场讨论，与他人共同参与了一个游戏，与家庭成员相见交流一般自然。在交往沟通中，人们一同弥补社会生活的各种不足之处，以便尽早实现人们的一致追求。他说："无论何处，只要具有能够产生出被参与其中的单个个体认为是善的后果的行动，并且在那个地方，善的实现能够影响到充满能量的欲望，而只是因为它是一个被共享的善而被努力加以维持，这个地方就存在着共同体"④，进而让共同体成员具有相同的价值趋向，赋予共同体更强的凝聚力和向心力。在相同的信念、一致的目标、趋同的价值观的作用下，加上语言交流沟通的强效联结，交往主体之间的交集会越来越多，越来越密切，共同体的聚合程度会更高。在这样的社会群体中，交往主体自我和作为共同体的"我们"内化并融摄在一起，形成了一

---

① ［美］约翰·杜威：《经验与自然》，第110页。

② John Dewey, *The Later Works* (1925–1953), Vol. 7, Corbondale and Edwardsville: Southeren Illinois University Press, 1985, p. 6.

③ John Dewey, *The Later Works* (1925–1953), Vol. 1, Corbondale and Edwardsville: Southeren Illinois University Press, 1981, p. 138.

④ John Dewey, *The Later Works* (1925–1953), Vol. 2, Corbondaleand Edwardsville: Southeren Illinois University Press, 1984, p. 328.

个命运共同体。个人责任和义务并非完全抛给了共同体，相反，应当主动承担相应的责任和履行一系列义务，因为单个的主体与共同体是"一荣俱荣、一损俱损"的命运共同体。每个人不仅为共同体贡献了自己的聪明才智、辛苦付出，而且也从中享受到了历代前哲先贤流传下来的智慧财富。杜威特别指出，采用民主的方式来谋求共同的善也是打造和谐共同体的重要途径之一。某些社会实践中的难题并非仅凭一个人的聪颖和努力就能解决的，需要集思广益，汇集众人的力量，为此交往主体在交往实践中注定会走向聚集。暂且不论是否能够最终解决难题，单就成员的聚集而言，就已然为共同体的诞生提供了客观前提。成员经由交流沟通，采取协调一致的行动，商议和评估行动实效，进而完善行动方案，致力于共同目标和价值实现的过程，就是一个促成共同体诞生和发展的历程，也是通过解决单个问题而培养共识，为将来进一步合作铺平道路的历程。因此，纵然会不期而遇各种问题，也会在交往合作中陡生嫌隙，但是仍然要对共同体抱有信任，并促成它的优化升级。原因在于民主"是一种道德理想，一种认为经验的过程比任何获得的特殊结果更为重要的信念"①。

在语言交流活动中，感知和接受了这些目标或理想，而理想和目标反过来又指引人们的行为活动方式。就此而言，启蒙主义交往模式与杜威阐述的语言的交流模式有很大的差异。就前者来说，交流只是体现了一些约定俗成的通用符号，这些符号内嵌于特定的模式中。"这种交流模式把交往理解为说话者心中的观念模式借由符号的中介传达到听话者的心中的过程，作为中介的符号是人为选择的、任意的、中性的，以习俗性的共识为基础。这种交往模式立足于每个人的交往经验中的完全派生的、局限的、相当晚的阶段。"②杜威主张，语言交流实践不是一个由符号、感觉和情操等组建起来的，而且和物质、空间截然相分离的私人世界，不是率先对观念做细致的剖析，探明其构成要素，掌握这些要素所因循的规律，而后再将观念之间的关系如实

---

① John Dewey, *The Later Works* (1925 – 1953), Vol. 14, Corbondaleand Edwardsville: Southeren Illinois University Press, 1981, pp. 228 – 229.

② Lenore Langsdorf and Andrew R. Smith, *Recovering Pragmatism's Voice – The Classical Tradition, Rorty, and the Philosophy of Communication*, p. 136.

完整地表述为语句的僵硬死板的程序。它也不是通过两个具有理性思考能力，驾驭语言能力，而且有一定文化知识功底的人依托相似或相近的概念就能达成共识的过程。也就是说，社会成员能否达成共识与事先是否有针对性地探索语言没有必然的联系。假如发现他们已达成了部分共识，则要归功于早已付诸实施的交流实践活动。交流过程是动态发展、极富创造性的，新的意义与经验在其中生成，那么，借此所呈现的理智世界则具有家族相似的内在构造，而非本质主义言称的数学或逻辑的构造。同理，借此所形成的民主共同体，也是理智筹划与合作的现实产物，而非机械的或偶然形成的一致性。更进一步讲，松散的个体之所以能形成凝聚力很强的共同体，并不是由于物理位置上相对较近，也不是因为共同的目标而结合在一起，某些貌似因共同目标而组建的共同体或许只是一种自然而然的结合，好比一台机器在无须涉及一个共同目标的前提下它的各个零件就能协同运作一样。其实，民主共同体的组建有赖于这样一个事实，即所有成员都以极具想象力的方式融入他者的经验世界中。不要将他者看作缺乏温情的对象，而应视作能够一同合作并实现共同目标的志同道合者。这样一来，每个团体成员既能借助与他人换位思考去了解他的所知和欲求，而且还能在交流中与他者分享自己的追求目标和当前进展。那么，当他人也如同我一样这么做时，经由交流实践活动而组建的民主共同体就问世了。民主共同体并非内部成员心灵独白的产物，它的萌发、成立与完善都寓于交流实践活动中。恰如杜威一再重申的那样，"社会不仅凭借传播和交流而延续；我们完全可以说，社会就是存在于传播和交流之中。在共同的言语、共同体和交流之中，存在着一些言语纽带之外的东西。凭借着人们共同拥有之物，人们才能生活于共同体之中；而交流就是人们拥有这些共同之物的方式"[①]。一言以蔽之，唯有交流的基础在场，共同体才能生成于交流。

　　交流并非单纯的对话，或者简单地传播信息，它所蕴含的重要意义体现在：依托互相协作的实践活动，彼此分享宝贵经验，使所有成

---

① Lenore Langsdorf and Andrew R. Smith, *Recovering Pragmatism's Voice – The Classical Tradition, Rorty, and the Philosophy of Communication*, p. 150.

员都融入特定的文化样态中,并谋求共同的目标、期望、信念与知识。此外,交流无疑也是一种艺术,它协助内部成员培育出一种可以兼容并包多种立场、观点或视角的民主想象力。这种想象力进而蕴生出某种具有审美力量的集体理想。在此处,集体理想通过审美的途径,而非纯粹的认知途径,将所有成员的不同立场和活动统合到一个持续的、前进方向很明朗的经验中,确立一套可靠的价值体系,提出一个共同的追求目标。在共同目标的感召下,积极引导和组织共同体成员,并适时观察和评估成员的特定行为活动,努力维系共同体成员之间的良性情感和理智交流,使他们的生活沉浸于价值与意义异常丰富的美学意蕴中。

诚然,交流并非无差别的、未经思考与审视就欣然接收所有观点的活动,而是应当以每个交流主体所处的特殊社会情境或境遇为立足点,相互认真聆听,坦率真诚地批评,不遗余力地寻求统合,以"我们"的名义言说。以"我们"的名义言说不是指称存在一个超越历史的、超脱语境的、摆脱个人局限性的普遍理性,而我们充其量只是对着普遍理性鹦鹉学舌。恰好相反,"我们"的出发点正好植根于自我与他人的交流活动中。在此过程中,自我没有隐遁或被同化到佚名的"他们"之中,而是充当追求共同事业的相对独立的个体主体,在积极获取他者立场、见解的情况下,进行自我剖析和批判,并创获自我发展的宝贵机遇。因此,一同参与的活动始终含蕴着善意与温和的批判。只有在非敌意的、不狭隘的、能感知到来自他者关爱的语境中,批判才能发挥最佳效果。"通过这种批判性地训练出来的理智的运用,不仅会富有想象力地生成理想,新的理想也会被发现。这是因为,民主的想象力为了繁盛,必须深刻地把握历史传统,凭借历史传统,人们把自己认同为群体的成员。这要求一个关于人类存在的美学学科——一些不得不接受的符号世界,人类试图过一种充满意义和价值的生活的企图可以在这些符号世界中实现。这就是为什么人文和艺术同科学一样是民主教育的至关重要的成分——它们不仅为理解他人提供了语境方法,而且唤起了我们的想象力,使我们可以在想象中成为他人(哪怕是暂时的)。当这个过程成为交互性的,交流就成为可能的，尊重、理解——也许还有爱——就成为可能的。"① 总而言之，在杜威看来，交流不是旨在创造出一批没有独立思考、没有生命情趣的傀儡，而是大力健全和发展与生俱来就有社会性的自我。民主的理想在于"每个人都会有机会展开、表达和实现他独特的能力，从而将增进共享的价值宝藏"②。因此，民主制的应然状态如下：一方面，充分发掘社会才智，努力实现所有社会成员潜能的最大化，让共同体成员的生活不乏丰富的价值与内在意义；另一方面，在自我与他者的互相理解与作用中，探寻和修正现行制度的不足和短板，齐心协力获取共同利益，让生活的目的更加明确和坚定。

"民主不是一种政治形式，而是一种个人的生活方式。"③ 此种生活方式能帮助所有社会成员取得最佳的共同办法，即增进理解、参与共同活动、求同存异，进而促成政府、宗教、工商业、艺术、社会制度只具有一种意义或一个目的。该目的就是：不论性别、种族、阶级或社会地位，令所有人都能尽展才华，各显其能，共同分享民主的胜利果实。简言之，社会生活培育了社会性的自我。在社会性自我的发展历程中，不仅需要长年累月的教育，而且也要注重自我发展和运用语言能力之间的密切联系。应用符号既能令他人与自我之间开展有意义的交流，又能借助交流不断培养自我意识，更加理性地体验自我，更加全面地诠释自我，将当下的意义与过去和未来的叙事连接在一起，使自我成为一个融贯过去、当下和未来的有意义的过程。恰如托马斯·M. 亚历山大（Thomas M. Alexander）在《约翰·杜威与民主想象力之根》一文中所说的那样："通过交流，这种行动体验本身作为一种发展的、历时性的、导向性的，容括过去、现在与未来的结构浮现出来，并且以符号形式表达。通过历时性建立的对符号的共同发现，揭示了拥有一个自我、拥有一种生活——这种生活在时间中发展，它具有意义，这种意义不是在关于事态的命题态度中辨识出来的意义，而是叙事性的意义——的可能性。我们有能力讲述我们家庭、父母和

---

① Lenore Langsdorf and Andrew R. Smith, *Recovering Pragmatism's Voice – The Classical Tradition, Rorty, and the Philosophy of Communication*, p. 154.
② ［美］詹姆斯·坎贝尔：《理解杜威——自然与协作的智慧》，第246页。
③ 洪谦主编：《西方现代资产阶级哲学论著选辑》，第218页。

童年的故事,有能力讲述我们所做出的决定和我们所面临的考验,有能力讲述类似的可以相互理解的故事——我们通过这种方式理解自身。"① 换言之,"自我并非像古老的洛克模型所设想的那样——作为一个自我支撑的原子个体,通过可以用理性把握的普遍规律、偶然地、外在地与相似的个体相互联系——出现的"②。在杜威看来,当诠释人性时,应当持有下述信念:人们归根到底是一种社会性的动物,对个体生命意义的揭示不能借助肉体现象。人类作为一种社会性的动物,它具有一种绵延不断的连续性,令人类可以借助重构境遇来弥补日常生活中偶尔出现的裂痕。更为关键的是,共同参与实践活动是人类自我意识和自我实践的根基所在。因此,杜威强调"联系和结合意义上的关联,是任何事物存在的'法则'";强调个体与生俱来的对他人的依赖性。他还表示:假如个体缺少来自他人的持续关怀和精心的照顾,其最终结果就是"悲惨地死去"。因此,他很注重研究具有社会性的个人是怎样在当下的生活处境中涌现的,而不太重视人作为一种个性鲜明且突出的存在是怎样在社会中产生的等问题。对于此,他认为应当通过一种方式来阐明单个有机体是怎样实现基于社会的视角来审视自身,怎样和他者开展交流的问题。依据上述论断,他推演出的逻辑结论是:自我是应用符号的结果。应用符号就代表着要积极参与他人,或邀请他人参与自己开展的活动。这种参与赋予自我实现一种特殊的意义。"一个个人的生活之所以具有其意义,是因为这个生活存在于一个世界、一个环境之中。世界即一个文化的诸成员所共享的那些符号系统。那些符号系统包括在一种文化内部进行指示和意谓的方式以及价值评判的模式,这些方式和模式是文化成员可以相互理解的。当这种追求一种有意义的、富于价值的存在的自我概念变成有意识的清楚表达时,自我概念就成为文明化的概念,而这种文明化的概念本身就成为指导社会行动的理念。文明化的目标就在于确保那些使得真正

---

① Lenore Langsdorfand Andrew R. Smith, *Recovering Pragmatism's Voice – The Classical Tradition, Rorty, and the Philosophy of Communication*, p. 146.
② Lenore Langsdorfand Andrew R. Smith, *Recovering Pragmatism's Voice – The Classical Tradition, Rorty, and the Philosophy of Communication*, p. 146.

的人类共同体得以繁盛的条件。"① 所以，拥有自我就相当于拥有了一段历史、一个未来、一种文化、一个神话、一种语言，一言以蔽之，就是拥有了一个世界。

综上所述，对社会想象力和语言交流的关照是杜威民主交往理论的重中之重，这种关照把想象力与社会理智，把语言与实际的活动当作一个总体来考量，并充分展现了这个总体中所有与人类事物相关的向度。交流无疑是社会的基础，在交流活动的深处，人们看到了社会想象力、关爱、教育、艺术化的表达等研究主题。社会想象力和语言交流不光创造了心灵，而且还培育了自我，进而构建了民主共同体。

三　语言和交往活动

杜威的民主交往理论不仅具有理论性的一面，还有实践性的一面。作为民主交往理论的表现形式之一，它的主要任务是研究怎样开创或拓展一种民主生活。在探究过程中，它承袭了经典实用主义的基本精神特质，即重视和关切实践活动，以实践形态建构理论本身。民主交往理论关切实践的方式，主要展现为对语言交流的关切。它更倾向于把语言交流视为具有创新性的，而不是再现性的过程。在此过程中，心灵和交往、事物和语言、社会和民主连接起来，一并汇成了实用主义的主要观点：主体之间的话语交流生成了理性的意蕴、对象的意义与民主生活，主体自我与所欲求的目标都在特定的经验中生成与发展。

早在古希腊时期，哲学家们就开始注意到了语言或言谈。其中，有些哲学家探讨了日常语言的可靠性和论辩术。譬如，在普罗泰戈拉（Protagoras）看来，人们在社会生活中使用的日常语言已不像从前的神谕那样晦涩难懂了。他十分注重人们的日常经验与感性知觉，并初步探索了日常语言的运用与人们思维活动之间的关系，从而发展了论辩术。他曾表示所有命题都有自己的反面，通过合理的选择和运用语言技巧，可以增强某些命题的辩护力度，有力地驳斥与其相反的命题。

---

① Lenore Langsdorf and Andrew R. Smith, *Recovering Pragmatism's Voice – The Classical Tradition, Rorty, and the Philosophy of Communication*, p. 147.

此外，他主张为了提升语言的说服力和影响力，言说者应当借助手势、技巧、辞藻、感情等影响观众。对此，拉尔修（Laertius）曾说："普罗泰戈拉首先提出任何一个命题都有互相反对的两个逻各斯（说法），他用这种方式进行论辩而成为第一个这样的人，在他的论辩术中，他忽视词义而追求华丽的辞藻；许多证据表明他是全部论辩术的始祖。"① 某些哲学家则研究修辞学和诗性语言。高尔吉亚（Gorgias）就是一名杰出的修辞学家，他对语言中的辞藻转换、排比表达、节奏掌控、比喻象征、叠词叠句等应用技巧颇有心得，做出的一些哲学论辩也颇为精彩。不过以他为代表的智者学派将修辞语言的作用推向了极端，毫无底线地滥用语言，罔顾善恶，把语言看作为私人主观立场服务的游戏工具。柏拉图则批判了诗性语言的模糊性。他指出，诗是语言的艺术，同时也是谋求哲学智慧的绊脚石。人们无法准确地解读和把握诗性语言，因为诗人们总是从神灵那里获取灵感，思想信马由缰、无拘无束，使用的表达语言也自由粗放，这就给他人理解这些语言设置了重重障碍，对其含义的把握也较为困难。柏拉图甚至认为，诗人非但欠缺历史与现实方面的知识，也没有真正做到认识自己，至多是在激情和冲动的主导下陷入了迷狂，看似对语言富有灵性的运用，其实是不知所云、不合常规地滥用语言，是主动放弃理性的表现。针对这种情况，他与亚里士多德则尝试探索哲学语言。按照柏拉图的理解，哲学语言范畴是借助辩证法而创造的，他的理念论、辩证法和哲学范畴是统合在一起的。在他的早期思想中，他更侧重于探讨具体可感的事物与伦理道德观念，但是，在中后期思想阶段，他不再执着于可感世界，而是上升到了形而上层面的高度，围绕理念、同异、静止和运动、存在和非存在等哲学范畴展开论述。他将范畴视为理念世界的思想表述和语言表达，是理念世界内部的逻各斯。他主张，所谓的逻各斯就是人们借助语言载体和言说活动将头脑中的所思所想表达出来，接着把对立观点或主张也梳理出来，最后窥破对立思想间的奥秘令二者走向统一。然而，亚里士多德并不赞同柏拉图的这种借助抽象、思辨的概念分析并且脱离日常语言的建构思路。他主张，语词和语句所

---

① 汪子嵩等：《希腊哲学史》第二卷，人民出版社1997年版，第146页。

表达的正是外物作用于心灵而产生的各类感性知觉、意见或知识。尽管在长期的城邦生活中人们对语词的意义或用法形成了较为一致的认识，但是，归根到底语词的意义还需在心灵中得到揭显。正因为此，他尝试以心灵的不同层面为切入点来探明语词、语句的含义，体认语言的真正意义。在杜威看来，这形同于把心灵和语言等同起来，然而，由于心灵的缘故，语言被视为一种超自然的存在。语言结构被看作事物的内在结构，被看作事物先天具有的独立的和原始的形式，并左右和决定着事物流变、发展和变化的过程，却没有将语言看作事物在社会交换与合作的实践活动中必然要接受的形式符号，也没有注意到心灵和事物都是在语言的互助与交流的行动中所创造的结果。"他们忽视了这个事实：即作为思想对象的意义之所以配称为完备的和最后的，仅仅是因为它们是由一个复杂的历史造成的一个幸运的后果，而并非原来如此的"，结果"他们把一种社会艺术品当作是独立存在于人类之外的自然"①。逻辑被视作超越人类行为和关系的一种原始的存在，它彰显了理性的和物理性的事物的分离，理想的与现实的事物的分野。"因此，原是人类的一个最大的简单发现，使人类有可能占有条理和获得解放，但是这样一个发现却变成了一个人为的自然物理学的根源，变成了把宇宙当作是按照语言的模型构成的具体文法条理的这样一种科学、哲学和神学的根据。"② 由此就产生了曾一度统辖欧洲全部哲学与整个物理学的形而上学思想传统。

有别于古代哲学家，近现代哲学家对我思的论述，使语言演变为一个脱离物理世界而且纯粹个人的私人领域。这种转向表明个人的自然属性被削弱了，相比之下，人的主动性得到了强化。如若说从前的个人与其他自然物无异，属于自然体系的一部分，那么现在的个人能在自己的世界中掌控自己的命运，凸显了对人类个性特征的尊重和认可。但是，尽管近现代哲学家关注并确定了我思，帮助人摆脱了逻各斯框架的束缚，抬高了理性主体的地位。然而，他们"由于不承认这个内在经验世界依赖于语言的扩展，而语言是一种社会的产物和社会

---

① ［美］约翰·杜威：《经验与自然》，第111页。
② ［美］约翰·杜威：《经验与自然》，第112页。

的活动，在现代思想中便产生了主观主义的、唯我主义的、自我中心主义的趋向。如果说古典思想家按照思辨的模型创造了一个宇宙，给予理性上的特性以组合和调节的能力，那么现代思想家们便是按照个人自言自语的方式组成了自然界"①。所以，不管是古人发现的逻辑和理性的语言，还是近现代哲学家发现的"内在"的体验，两者的共同点是都忽略了语言是人类交往的自然功能。它引发的后果是：不管是语言构成的内在自然，还是外在自然，它们都瞧不起特殊性，所以，远离多、远离特殊的存在，远离被情境限定和左右的东西，攀爬一个抽象的阶梯，探寻永恒的、一般的或理念的超验性，这就是西方传统哲学的价值取向。

这种形而上的哲学取向一直延续到当代哲学发生语言学转向。尽管语言学转向避开了那些本体论和认识论中蕴含的传统问题，使哲学关注的重心由事物转向了语言。然而，在尝试回答善是什么、存在是什么等问题时，语言哲学本身不仅没有拿出令人心悦诚服的实践论证，而且也没有在这些问题上获得任何实质性的进展。原因在于现当代语言哲学家，特别是专注于理想语言或形式的语言哲学家，他们聚焦的是语言本身，没有重视语言的交流功能，没有正视他们自身是语言使用者的特殊身份，简单地将语言视作独立于哲学家的实践活动的纯粹理论分析的对象。所以，语言哲学对实际的交流实践和僵化的理论领域的断裂漠不关心，只是将研究视角置于非常狭小的非言语领域。

倘若说语言哲学家关注的是在抽象的形式中对语言开展理论化和形式化的研究，那么，杜威侧重的则是语言的交流。他认为语言负载着自然物与人类动作行为的意义。他解释道："专门用来固定和传递意义的有形物体，即是符号。一个人将另外一个人推出房间，他的这一动作并不是符号。然而，如果他用手指向门口，或者发出声音——'出去'，他的行为就成为表达意义的工具了：它只是一个符号，而实质上并不是事物的全部。就符号而言，它们本身是什么，我们毫不关

---

① ［美］约翰·杜威：《经验与自然》，第112页。

注，但是却关注它们所代表的事物。"① 也就是说，语言是脱胎于人类创造活动的符号之一，自然物的各种属性已经和语言的意义休戚相关。在语言的作用下，自然物一方面仍然保有自身的各种客观属性，另一方面也被赋予了人化的意义，成了在面对人类时能够凸显特殊意义的存在物，与之相应，人们可以领会自然物所蕴含的意义。所以，语言是一种能够传递意义的符号工具，如果语言不在场，那么意义也就无法建立。另外，依杜威之见，语言可被视作思想的符号化表达与呈现。他在不同的著述中表示，不要简单地将语言表达思想类比成管道输送自来水，它不像管道那样单纯实现了自来水的物理位移，而是在表达过程中语言也在潜移默化地改变思想。毫不夸张地说，人的思想以及各种复杂心理活动都是以语言的存在和运用为重要前提的。杜威指出，动物的心理之所以和人类的心理不同，关键就是语言和人类心理联系紧密。"心理的事情并不仅仅是动物所作的一种可以感受痛苦和散布安乐的各种反应而已，它们还必须有语言来作为它们存在的条件之一。每当休谟反躬自省时，他就发觉'观念'是在恒常流变之中，这些在流变中的'观念'就很像是一连串默念的字句。当然，在这些事情中，有一个有机的'心理—物理'动作的实体。但是这些'心理—物理'的动作之所以能够成为可以认识的对象，成为具有一种可感性的事情，这是由于它们在谈论中已被具体化了。"② 这表明，恰恰在人们运用语言的言谈过程中，大家听取了他人的主张，彼此分享了经验教训，此时，或是同意，或是反对；或是直言反驳，或是竭力为己辩护，它们的意向性已经产生，从而促使思想也默默地发生了改变。所以，潜在的意识或已经表述出来的思想都不是个人独自酝酿和提出的，都是在语言的帮助下渐渐形成的。

以上述对语言内涵的认识为基础，杜威进一步明确表示："语言虽然可以表达思想，但是，起初并不是表达思想，甚至也不是有意识的。"③ 同时，"语言的要点并不是对于某些原先存在的事物的'表

---

① ［美］约翰·杜威：《我们怎样思维》，姜文闵译，人民教育出版社 2004 年版，第 190 页。
② ［美］约翰·杜威：《经验与自然》，第 110 页。
③ ［美］约翰·杜威：《经验与自然》，第 196 页。

达'，更不是关于某些原先就有的思想的表达。它就是沟通，它是在一种有许多伙伴参加的活动中所建立起来的协同合作，而在这个活动之中每一个参加者的活动都由于参与其中而有了改变和受到了调节"①。依据他的观点立场，与"表达"相比，人们的社会交往与实践活动更需要"沟通"，它的意义更为重要。人类能够在源远流长的发展过程中由松散的状态走向共同体，由家庭逐步组建成社会，主要有赖于沟通，在沟通的过程中，社会成员形成了一致的追求、促成了彼此的理解、蕴生了共同的信仰、饱含了相同的期许。因此，他写道："社会不仅通过传递、通过沟通继续生存，而且简直可以说，社会在传递中、在沟通中生存。"②沟通的近义词就是协调社会活动，它着力吸引社会成员加入到各项有组织的活动中，一并追求某个目标，共同把握某种崇高的意义，为成员之间的理解搭建桥梁。所以，在杜威看来，沟通的突出价值是将自然的、仅有生物本能的活动升华为社会的、具有特殊意义的活动。"当发生了沟通的时候，一切自然的事情都需要重新考虑和重新修订，它们要被重新改作，以适应于交谈的要求，无论它是公开的交谈或是那种所谓思考的初步谈话，都是如此。事情变成了对象；事物具有了意义。"③沟通一方面令那些当下尚且不能企及或经验的存在变为能够指涉或间接感知的对象，另一方面，也赋予当下正在开展的具体活动以丰富的意义。"一个直接享受的事物加上意义，因而享受便被理想化了。甚至于自己身上暗自感觉到的一种剧痛，当它能被指点出来和加以叙述时，就成为一种有意义的存在。它不再是仅仅使人难受的东西，而且成为重要的东西了……"④，当自己遭受挫折时，旁人的一个善意微笑、一句暖心的鼓励话语都已经超出了单纯的面部动作或言语行为的范畴，由于旁人和主体自我一并参与到了一个特殊的情境中，所以，一个事件就具有了更多重的丰富意义。进而言之，甚至与理智相关联的活动也因为沟通的作用而具有更大的

---

① ［美］约翰·杜威：《经验与自然》，第116页。
② ［美］约翰·杜威：《民主主义与教育》，王承绪译，人民教育出版社1990年版，第5页。
③ ［美］约翰·杜威：《经验与自然》，第108页。
④ ［美］约翰·杜威：《经验与自然》，第109页。

可能性，譬如沟通能够促成思考、探索、逻辑推理、反驳与辩护等。所以，作为一种社会性存在的人类不能缺少沟通与交往。

对杜威而言，沟通的要旨是个体怎样才能融入其他交往对象或共同体之中，而语言在此过程中发挥了举足轻重的作用。他说道："语言作为存在的必要条件、最终也是作为充分条件、作为非纯粹的有机活动的传播及其结果，其重要性在于这样的事实：一方面，语言是严格的生物行为模式，是从更早的有机活动中在自然的连续性中出现的；另一方面，语言又强迫个体采取其他个体的立场，并且从某一立场去看或学得，这一立场不是严格的个人立场，而是对于共同承担的参与者或各方来说都是共同立场。但语言首先是指其他某些人，或是与其一道组成交流——制造某些共同东西的那些人。"① 换言之，从某种程度上讲，语言协调了交往主体与交往对象的关系，原本没有关系、分属不同行为中心的某些观念性的存在就演变为双方一道认可的主张，双方借此互为参照、互相理解，一并投身于某个共同的活动，所以，唯有在人们相互联系、多边交流的实践活动中，各种符号才会渐渐演变为语言。

语言的交流作用还表现为，它是社会产生和发展的决定性力量。"既然作为一个工具或被用来作为求得后果的手段就是具有和赋予意义，那么作为工具之工具的语言就是抚育一切意义的母亲。因为其他用为工具和媒介的东西，即平常认为是用品、代用品和设备等的事物，只有在社会集体中才能产生和发展，而社会集体是有了语言才可能形成的。"② 语言在社会中所发挥的作用如此之大，归根究底主要在于自身具有的一些特殊性质，对此，杜威表示："语言是至少在两个人之间交相作用的一个方式：一个言者和一个听者。它要预先承认一个组织起来的群体，而这两个人是属于这个群体之内的，而且他们两人是从这处群体中获得他们的言语习惯的。所以它是一种关系，而不是一个特殊的事情。"③ 换言之，作为一种沟通的载体，语言能加快自然人

---

① John Dewey, *Logic: The Theory of Inquiry*, New York: Henry Holt and Company, 1938, p. 46.
② [美] 约翰·杜威：《经验与自然》，第 121 页。
③ [美] 约翰·杜威：《经验与自然》，第 120 页。

第三章 杜威的民主交往理论

向社会人的转变，恰恰是在言语沟通之中，原本仅属于私人领域的某些行为就悄然融入了社会公共领域。从这个角度看，根本就没有名副其实的、所谓的自言自语，"自言自语乃是跟别人交谈的结果和反映"①。倘若交往主体根本就没有和其他对象产生过言语行为，那么，根本就不会产生自言自语。以此为前提条件，我们可以说意识乃至思想的形成同样需要语言的助力，"通过语言，一个人好像扮演戏剧一样，似乎自己正在从事一些可能的活动和事业，他扮演许多不同的角色，他不是在生命的连续阶段上，而是在同时扮演的戏剧中这样做的。因此便有了心灵的产生"②。不难发现，社会关系的产生与延展都不能缺少语言的维系作用。针对这种情况，杜威表示："当沟通的工具性的和终极性的功能共同在经验中活动着的时候，便有了智慧，而智慧乃是共同生活的方法和结果，而且也就有了社会，而社会则是具有指导爱慕、景仰和忠诚的价值的。"③

更进一步讲，在杜威看来，语言在交往活动里的重要功能突出表现为：借助表达期许、情感与思考从而左右或影响交往对象的行动趋向。经验从根本上讲属于一种关系性的存在，所以，但凡涉及经验，与之相关的交往对象的活动一般都是多方参加、彼此协作的。然而，因为交往对象之间欠缺理解或掌握的信息不对称，难免会出现各种各样的龃龉、摩擦，更有甚者会引发激烈的正面冲突，那么，共同协作也就难以实现了。在此类情境中需要语言沟通。在语言交流的推动下，从前陌生或不解的事物、动作、符号等都具有了明确的含义，交往对象之间也能形成必要的默契与共识，从而一道开展活动。所以，杜威表示："语言总是行动的一种形式，而且当它被当作工具使用时，它总是为了达到一个目的而进行的协作行动的一种手段，但同时它本身又具有它一切可能后果所具有的好处。因为没有一种行动方式像协作行动那样具有完满结果和报酬的性质的。它带有一种分享和融会一体的意义。"④ 此处还涉及语言对交往主体的另一个潜在影响，即正因为

---

① [美] 约翰·杜威：《经验与自然》，第110页。
② [美] 约翰·杜威：《经验与自然》，第111页。
③ [美] 约翰·杜威：《经验与自然》，第132—133页。
④ [美] 约翰·杜威：《经验与自然》，第119页。

语言的存在，交往主体较从前节省了更多的时间和精力。毕竟相互协作所产生的行动实效在一般情况下是远高于独立个体形单影只的行动实效，某些活动仅凭个人之力难以为之，但在交往主体的共同协作下能轻而易举地实现。所以，社会生活因为语言沟通而得以改善和提升。除此之外，在交往共同体的多变协作中，沟通或言语也能充当行动的预先推演，大家在言语沟通中可以预先呈现出后续实际行动所产生或引发的种种后果，对照这些可能出现的行动实效，再详细调整或修改自我的活动。如此这般，沟通无异于行动的沙盘推演，凭借这种彼此交流、交换意见、相互探讨的活动，人类的各种交往活动才能不断趋于完备。

另外，语言是思想和知识的媒介这种观点也体现了语言的交流作用。恰如上文所论，作为事物或观念的一种载体，语言不仅表达和彰显着意义，而且还生成或塑造着思想。我们可用下述这种方式来凸显语言的交流作用，即语言从单纯的言说工具和社会交往工具渐渐升格为有目的性的推广知识、锻炼思维的一种工具。交往主体在各种活动中使用的文字，脱口而出的概念等都是工具化语言的衍生品。从这个角度审视，语言体现了一种参与性，将各具特色、林林总总的交往主体吸纳到一个社会共同体中的功能。如此一来，单个交往主体之间的理解、认同和共识就升华为文化层面的、更为宏阔的共识。正如杜威所言，"因为语言代表着为了社会生活的利益经过最大限度改造的物质环境——在变成社会工具时物质的东西已丧失它们原来的特性——所以，和其他工具比较起来，语言应起更大作用。通过语言，我们间接地参与过去人类的经验，因而拓宽并丰富了目前的经验。使我们能运用符号和想象去期待种种情境。语言能用无数方法把记录社会结果和预示社会前景的意义凝缩起来"①。因此，借助语言的这种特性，交往主体能够开展跨文化、跨历史的交流与融通。在杜威眼中，文化就隶属于经验的范畴，也是认识自然、改造自然的重要经验成果，所以，它既有逻辑的一面、理性的一面，还有优先于理性、逻辑的一面。总而言之，与神话、表达、信仰、嬉戏、歌唱、教育、舞蹈等相关的事

---

① ［美］约翰·杜威：《民主主义与教育》，第42页。

件都可划归到文化的外延中。所以，交往主体凭借语言的沟通作用自主地加入到交往活动中，进而实现自我的社会价值，让自己的存在更具意义。

对杜威而言，语言或言辞好似铜钱一样，是蕴含着多种关系的"代替品、代表物和代理者"，也是人们开展协作和交往活动的手段之一。经由它的连接作用，所有自然物都与人类的事务建立了千丝万缕的联系，而且还具有了新意义和新属性；主体之间的互动关系与每个人的社会性都在言语交流的各种情境中萌发、修正和协调。因此，杜威格外关切语言，"它就是沟通；它是在一种许多伙伴参加的活动中所建立起来的协同合作，而在这个活动之中每一个参加者的活动都由于参与其中而有了改变和受到了调节"[1]。因此，所有和人类事务相关的不确定性，比如心灵、对象和社会等都被杜威转移到语言交流的过程中来考量。他构思的语言的"推—拉的平面"把存在、行动、善、知晓等整合到动态交往的认知活动中，既超越了知行二分的传统认识论，又规避了在抽象的形式中针对存在和善等进行理论化的窠臼，而且还呈现了有别于当代语言哲学的特殊研究旨趣，即它不是对纯粹理论感兴趣，而是对改良感兴趣。恰如"行动—再调整回路模型"向我们明示的那样，关爱的语境、想象力的培养，尤其是教育活动，在把"原初的纯粹事件"和"内在实践"密切相连之外，也都展现出对"交谈的需要"，并依托"交谈的需要"开创和拓展了一种民主生活方式。从这个角度看，杜威的理论研讨不光没有探寻语言对事物或存在的精准描述，而且也没有被局限在对语言的理论化和形式化的探讨中，而是通过对语言交流的关切，阐明决定心灵、主体生发、维系和发展的构成要素和功能，进而厘清主体之间的多元视角怎样实现了一致和共识。在这里，语言交往无疑是影响公众能力、与他者进行沟通、确立和追求共同目标的最好途径。

综上所述，杜威更感兴趣的是语言交流，而不是语言本身。他借助语言交流内蕴的行动结构开显了改造社会生活、生成心灵的交往功能。语言交流内化在社会与个人的成长与发展中，而杜威对这种成长

---

[1] ［美］约翰·杜威：《经验与自然》，第116页。

特性阐释呈现了一种独特性，一方面体现了实用主义以实践构建理论的传统取向，另一方面也表现出在话语交流的实践活动中来实现对自我与心灵、民主与社会、自然与经验理解的哲学吁求。虽然这种吁求的可行性或实践性备受质疑，甚至被视为"一系列天方夜谭似的景象"，虽然听起来不错但做起来行不通的主张。不过，"他强调我们生活在群体中，强调我们通过协作性的努力才最有可能获得成功，以及通过参与社会性的过程我们才能获得最有深度的满足，这些都提醒我们要认识到一种充满希望的未来取决于社会的民主"[1]。因此，在杜威看来，不应该放弃重建、改良民主社会的尝试和努力，因为"'一种哲学性的信念作为一种行动的倾向，唯有在实践中才能加以试验和检验'，并且如果应验的话，它会在'未来'实现"[2]。所以，莫里斯·柯亨（Morris Cohen）说："杜威把黄金时代放在未来而不是过去。这种希望令人鼓舞，并且也无法推翻。尽管那些虔敬地参拜过这个人类希望墓园的哲学家可能会对这种希望摇头。但是，杜威依然是'那种以其深刻的简单打动这个世界的哲学家'。"[3]

---

[1] ［美］詹姆斯·坎贝尔：《理解杜威——自然与协作的智慧》，第263页。
[2] ［美］詹姆斯·坎贝尔：《理解杜威——自然与协作的智慧》，第246页。
[3] ［美］詹姆斯·坎贝尔：《理解杜威——自然与协作的智慧》，第247页。

第四章
米德的"符号互动论"

在经典实用主义哲学家的阵营中,米德也是不应被忽视的一位。在关于语言和交往行动、理智等议题上,他的哲学研究与皮尔士、詹姆斯、杜威的哲学观点具有十分相似的精神气质,都彰显了实用主义重视自我和交流、经验和过程、实践和理论之间联系的基本精神特点。但是,米德以哪个领域为着眼点,依靠哪种问题来展现这种哲学特色等都凸显了米德是一位具有"一流的原创性头脑"的哲学家。他在社会心理学领域,根据社会行为主义的立场,以进化思想为起点,阐释了自我、心灵在社会背景中的生成与变化,开显了环境和有机体、客我和主我、社会和个体之间的交互关系,表明了他对语言交往功能的关切。

一 心灵诞生于交往活动

"心灵是交流的产物"这一论断的提出,是米德与杜威几经商讨得出的结论。尽管杜威曾在自己的部分著述中涉及这个主题,但是在《经验与自然》一书中他十分明确地阐述了这个问题。此后,米德在《心灵、自我与社会》这本演讲稿合集中,极为细致地描述了社会自我和符号姿态理论,人的智能与心灵等问题。在这本书中,米德遵从经验自然主义的基本原则,依靠进化论思想,灵活运用实验方法,借助"突现"这个核心概念推开了"人的内部经验的大门"。

上篇　经典实用主义的交往哲学

米德和皮尔士、杜威实用主义思想的共同之处在于：特定的经验是生成人类自我与探寻目标的温床，但是，米德的经验主义更侧重于生物学特色和社会交往的理论。对他而言，在生物进化论思想洗礼下的"经验"被看作供鲜活的有机体用来与其他事物发生交互作用的概念。可见，进入米德哲学殿堂的小径不仅避开了中古时期理性的、灵魂的彼岸，而且还绕开了笛卡儿的超验之路所引发的自然与经验、对象与意识、实践与理论的二元对立。针对这一点，米德曾表示，他的哲学排斥"古代哲学的……理性的彼岸性，基督教教义的……灵魂的彼岸性，文艺复兴二元论的……心灵的彼岸性"①。依照米德之见，人的感觉和经验观察是世界或者科学所要呈现的世界的最初源头。其中，观察者和被观察的对象都具有相同的可及性，因为观察者身处自然界中，他感知到的是一个自然事件的王国。这个王国借助有机体的感受性而展现出来，因此被观察对象的性质与观察者的有机体具有紧密的联系。"这一论点意味着，与环境相联系的有机体以及在某种意义上由有机体的感受性选择决定的环境。有机体的感受性决定了它的环境将是什么，在那个意义上我们可以说一个生物决定它的环境。"② 也就是说，周边环境和对象性质是经由观察者的感知而认为存在的那些东西。这凸显了一种有机体和环境相互作用，对象和意识尚未分离的认识路线，也间接表明意识或智能是动物的一种机能，不是来源于外部的、添加给动物的一种孤立的实体。这一方面表现了环境和有机体之间的相互作用是发展进化中"突现"的产物；另一方面，作为人类有机体的一种机能活动，意识或智能又能够与社会群体中的他者交流互通，并能站在他者的立场上考虑问题。因此，尽管在米德看来经验世界的特性是意图表达的各种冲动作用的结果，但是，他没有用神经和肌肉的运动来说明经验或经验世界，也没有从心理或个体的层面入手予以解释，而是以社会动作为切入点，即从自我的有机体是和其他人同在一个给定的领域内出发，将经验或经验世界视为由不同的观察者

---

① ［美］乔治·米德：《心灵、自我与社会》，赵月琴译，上海译文出版社 1992 年版，第 5 页。

② ［美］乔治·米德：《心灵、自我与社会》，第 286 页。

感知到的相同真实的东西构成的，而且是用符号系统解释的"社会经验的世界"。一言以蔽之，经验是社会对象派生的产物，也相应具有社会性。

毋庸置疑，人的经验具有社会性，因此，考察人的意识或经验时应当结合主体的社会行为背景。应当说，在米德尝试以社会行为来阐释经验时，他和美国心理学家约翰·华生（John Watson）就有了共同之处，即不同意依据人的意识来说明人的行为，倡导根据人的行为来诠释人的意识，所以，心理学应该探索行为的前因后果，而非研究超脱于存在之外的心灵。不过，他与华生也有不一致的地方，即在研究行为活动时，不仅要考量动作的社会性，而且也不能忽视心灵与意识，毕竟意识是人的内在经验的表现形式。毫无疑问，米德的哲学立场是行为主义的，但并非个体主义的内在的行为主义，而是"社会行为主义"。因此，米德和一般行为主义的最显著分歧体现为：分清个体和社会行为对物理环境的反应，认为任何其他动物的差异之处在于人能有意识地组织经验；重视刺激与反应的相关性，但不能将个别特殊刺激的累加混同于意识或经验，后者是变动不居的社会行动的构成部分；注重人类目的和行为在知识、经验、意义上的重要性，并依据行动来审视经验。在他看来，生活的方方面面无不涉及行动，行动是自然发生并根据目标组织起来的，这些目标并非固定不变的，而是始终处于频繁的调整过程中。因此，贯穿于米德社会心理学的基本精神就是将"经验"阐述为有机体与环境、社会与个体彼此作用的概念，尝试从更广泛的社会交往背景中来理解经验和意识。就像莫里斯所言："这种理论意味着，不单是人类有机体，而且心灵的整个生活，都必须在进化发展的范围内予以解释，分有其变化特性，并且在有机体与环境的相互作用中产生，心灵必须在行动中出现，可能还必须在行动中保留。必须把社会设想为复杂的生物实体并使它与进化的范畴相符。后达尔文主义思潮使生物学、心理学和社会学的各种术语变得显要起来，用它们重新解释心灵和智能的概念，并从这一新的观点出发重新考虑哲学的问题和任务，已成为实用主义的哲学任务。"①

---

① ［美］乔治·米德：《心灵、自我与社会》，第4—5页。

米德的经验主义不仅带有浓厚的生物学的色彩，而且也可被视为一种后达尔文主义哲学。倘若说"经验"是有机体和其他事物产生交互作用的概念，那么，这会引发另一个难题，即怎样在进化论立场上解释人类的心灵与自我。按照米德的理解，心灵从根本上讲是具有内在性的，是一类潜在性的意识行为，交往共同体与社会关系是心灵得以存在的重要前提，在心灵的驱使下，交往主体在具体的社会境遇中追求自己意欲达成的目标，从事自己喜欢的活动。然而，人类潜在性的行为是交往主体具体行动的预演，是前期准备活动，尚未输出为具体的、切实的交往行动。毋庸置疑，米德论域中的心灵和普通心理学层面的心灵有所差异，普通心理学将心理看作人类与生俱来的本能或天性之一，对于社会存在而言，它具有逻辑在先的特性。相比之下，米德并未把心理视为过程，而是更侧重于结构。在他看来，反应性的理智与生理性的冲动一道构成了心灵，前者属于心灵的客体，而后者可被看作心灵的主体。心灵是动物与人共同具有的东西，不过，与动物相比，人类心灵具有某些特殊的功能。譬如它能事先推演作用于客体的可供多选的行动路线；能够运用符号来指称外在自然环境或社会中的客体；可以规避风险评估较大的选项而选择那些更具可行性的行动方案。因此，动物主要受生理性冲动的支配，充其量彰显了活动的动力，旨在满足习惯的要求。但是，人类则体现了较强的主体性，可以在评估具体形式的基础上，借助反应理智的潜能来主导特定社会境遇中的实践活动，同时还会参照过往的经验反应模式给予更全面、更合适的反馈，在整个进程中还展现了人的创新性。

由此可见，米德探讨的核心是交往主体怎样形成这种能力的，而非条分缕析地探明交往主体的心灵结构。在进化论、行为主义和实用主义哲学思想的影响下，米德主张心灵的诞生本质上是一种历经抉择的过程，是社会演进过程的衍生品。心灵是借助交往、沟通活动而展现在人的具体生活里的。一旦交往主体可以灵活、自主地使用一些符号，就表明主体的交往行为已经负载了心灵的痕迹。所以，必须承认语言在心灵诞生和发展的进程中也扮演了举足轻重的角色。诚如他所说："语言由一系列符号组成，这些符号对不同个体经验中相同的内容进行回应。因此，在交流过程中，对不同个体而言，这些符号具有相同的意义。如果不同的个体对同一个刺激作出了不同的回应，那么这个刺激对这些个体来说，就具有不同的意义。"① 唯有交往主体可以向自身或交往对象彰显多种意义，逐步感知到自身和社会的交往关系，把握到交往主客体之间的互动交流与社会化过程，并且基于交往活动的反馈信息而调整自己的行为模式时，心灵才会开显出来。米德表示，不管基于功能的层面考虑，还是基于发生的层面分析，心灵都带有社会性。它形成于交往主体的社会沟通过程，借助和交往对象的诸多联系，人们逐步习得用逻辑符号彰显意义的功能，渐渐尝试站在交往对象的立场上来思考问题。当心灵在这样的历程中逐步呈现时，交往主体也就相应具备了自由选择、自主控制、适时调节社会交往行为的能力，从而使交往活动更具成效，社会关系更加紧密。就像人们业已认识到的，维系人类社会主要基于广泛认同的共识，而广泛共识的达成又需要有思想的思考。与此同时，心灵的功能也展现了社会性，即交往主体持续地对自我进行阐释，阐释交往客体所扮演的角色，还参考交往客体的阐释来调整自我的行动。为了更好地做到这一点，交往主体势必要基于特定的立场来进行自我对话，而且借助自我与他人的立场互换来更好地实现这一诉求。归根结底，米德主张，心灵诞生于社会交往活动、主体与客体的多变沟通的过程中。由此观之，"心灵是行动，是使用符号去指导符号通向自我的行动"②。

除以上内容外，在米德看来，人能够形成"自我概念"，也是人类心灵不同于动物心灵的关键点。所谓"自我概念"主要指心灵能够将自身视为关注的客体或对象。人类能够与自我开展对话，一如与其他交往对象的对话活动一样。在此过程中，人们如同和一个精神的自我实体进行对话，是和一个内在于肉体之中的精神性的自我展开对话。不难发现，米德没有将自身单纯地视为只能感知外源输入性刺激而不会主动做出反应的被动客体。他进一步剖析了自我的内在构造。依他之见，自我是主我与客我相结合的产物。前者指称交往主体面对外部

---

① Mead G. H., *Mind, Self, and Society: From the Standpoint of a Social Behaviorist*, Chicago: The University of Chicago Press, 1934, p.54.

② Joel Charon, *SymbolicInteactionism: An Introduction, an Interpretation, an Integration*, New Jersey: Prentice Hall, 1989, p.64.

刺激时所展现的无序的反应，也就是行为的冲动性或自发性。它带有浓厚的个人色彩，千人千面，互有殊异。后者体现了交往主体在对外部刺激进行反思时所展现的有序的态度，也就是感知到的其他交往对象对自我的评价。从个人层面看，自身的直接经验中就囊括了客我。主我是尚待形成的客我，而客我是初始阶段的主我。一切交往行为都以主我为起点、以客我为终点。交往的动力来源于主我，交往的方向则受客我的指导。因此，从根本上看，自我就是社会过程，是主我和客我持续相互作用的产物，是依靠具体的活动开显出来的。在二者的辩证关系中，主我"可以说正是对处于个体经验之中的社会情境做出的响应，就是个体对他人态度（当他对其他人采取某种态度时其他人对他采取的那种态度）所作的回答。这样，现在个人对他人的态度就会有新的成分。主我将自由的感觉和主动赋予该情境中，我们采取了一种有自我意识的动作方式。我们意识到我们自身，意识到是怎样一种情境。但是我们究竟将如何动作，一定要动作发生之后才进入我们的经验"①。由此可见，"自我"具有双生构成性，一方面当它作为交往客体时，由被动的我所构成；另一方面当它作为交往主体时，则由主动的我所建构。应当指出，对自我而言，主我与客我都是必不可少的。倘若要赢得交往共同体的认可与接纳，那么自我就应当与共同体的其他成员保持相同的态度；在考虑问题的过程中，自我也会兼顾融入其中的共同体的一些基本立场和倾向。与此同时，每个单独的自我也在时时刻刻地向自己置身于其中的交往共同体施加影响和作用。客我为主我的交往活动营造了必备的前提条件和坚实基础，而主我在和其他交往对象乃至共同体自身的交互进程中对集体施加影响。尽管每个主我的力量有限，但放在悠长的时间长河里，考虑到无数主我的持续作用，最终会由量的积累转化成质的改变，促成交往共同体向更好的方向改善。这样一来，自我就成功地达成了主我与客我的有机统一。

其实，早在米德之前，一些社会心理学家通常将心灵与自我视为产生社会过程的前提条件，基本上没有人分析和探究心灵与自我的生成机制。米德的可贵之处是：他运用科学的探究方式"在社会动作的

---

① ［美］乔治·米德：《心灵、自我与社会》，第158页。

范围内看待个体动作；在生物学基础上把心理学和社会学统一起来；把社会心理学建立在社会行为主义的基础上"①，厘清了语言的机制。在这一机制的帮助下，阐明了作为生物有机体的人怎样从行为中获得自我意识能力、抽象思维能力、道德信仰能力、思考能力和有目的的行为能力等问题。简言之，解释了作为理性动物的人是怎样完整地出现的。在米德的论证中，他不仅吸取了冯特（Wundt）关于生物体行动的早期阶段的"姿态会话"的观点，也接受了詹姆斯关于心理学的功能倾向的主张。

米德通过详细论述"态度"范畴进一步充实了冯特的表意理论。首先，他把态度界定为行为的前奏、身体运动的萌发阶段。态度一般被看作解决问题的前提与交往主体的内在行为活动表现形式之一。换句话说，态度是生命有机体对在外部输入性刺激的作用下而形成的身体习惯开展编码的神经通道。如果采用现行的认知科学的专有名词来表达的话，态度就是生命有机体对外在于自身的各种客体做出身体性反应的神经通络。态度既和生命有机体的外部交往行为相伴相随，又是后者的构成要素之一，所以，态度也是身体行为的前奏。其次，态度还被米德看作兼备"目标—导向"特性的认知项。态度可以感知到交往境遇中的承载能力，可以由初识阶段到终了阶段全程掌控主体的交往行为。所以，从这个角度看，态度是交往行为的诱导因素之一，是运用具有工具性的语词对社会活动做编码处理的行为项。冯特同样对"姿态"做过详细的阐发并被米德所继承，它主要指称社会交往行为的起点，是某种语言尚未介入前的交往主体的沟通形式之一。虽然交往主体之间的身体互动，从根本上讲是社会实践活动参加者之间一系列的感知和调适的过程，然而，当某个交往主体的姿态收获了交往对象的反馈信息时，此类姿态就超越了简单的生命有机体层面的身体而被给予了相应的社会意义。以仇人相见时的分外眼红、紧张对峙为例，一人怒气冲冲地围着另一人踱步寻找出手的机会，与此同时，另一人也会提高警惕性，密切注视对方的任何异常举动，以便及时、准确地迎敌。但凡有一人贸然出手，另一人必然做出应激反应予以回击。

---

① ［美］乔治·米德：《心灵、自我与社会》，第10页。

在此过程中,两人的任何举动都是对另一方的刺激和回应,它们是来来往往、多次循环的,刺激诱发回应,回应又催生新的刺激……循环往复,这就形成了姿态与运动的循环理路。也就是说,借助对对象身体姿态的正确解读和研判,交往主体能够把自我的行为反应与对象的行为举动协调在一起,从而建构一个交往主客体之间的微小共同体。所以,在米德看来,基于姿态变换而引发的交往行为与行动的变化就塑造了丰富的意义。用他的话来说:"这种存在于姿态、调整型回应以及由这种姿态唤起的社会活动的结果之间的三重或三联关系,就是意义的基础。"① 基于此类彼此相依、动态不居的三重关系,身体与行为的交流成为可能。这种交往主体与客体之间的身体交流过程被米德视为"姿态对话",同时,他还主张姿态对话既是蕴生意义的必要前提,又是人类社会生活的外在表现。除此之外,姿态是以管中窥豹的方式凸显了单个交往主体的行动整体性,也就是说作为起点的姿态已经蕴含或透露出了下一步交往行为,甚至是活动终结阶段的信息。鉴于这种特性,交往主体能够依据对象彰显出来的姿态而预判他的后续反应。

按照詹姆斯的理解,心理学的功用主要表现为描述和解释意识或心理状态,与此同时,还尝试探明意识状态形成的缘由、前提条件与相应的结果。在正常语境下,意识状态主要是情感、知觉、期望、论证、认识、决定和意志等内在精神活动。他主张,意识是生命有机体适应外在环境的一种能力,譬如,想象、回忆和沉迷等意识状态并非和外在事物、环境毫无瓜葛的、鼓励封闭的内在官能,恰恰相反,此类内在官能通常可以面向自身以外的存在,并协助交往主体尽快适应外在社会环境。此外,意识还具有特定用处,含有强烈目的性的反应。在詹姆斯看来,没有目的性的心理活动是无意义的,所谓的目的首当其冲的就是确保特定社会共同体的自身利益。此外,詹姆斯还主张肉体与意识是平行的二元关系。所有心理状态都与肉体层面的行为活动相同步,比如人的大脑半球上的部分活动就是意识状态由以产生的必要前提。他在日常生活中察觉了很多心理状态受到生理变化而发生改

---

① Mead G. H., *Mind, Self, and Society: From the Standpoint of a Social Behaviorist*, p. 80.

变的现象，比如失语症。他特别强调，个体是心理状态的最终载体，也是意识状态的出发点，心理状态是个体应对外在刺激时生成的一种内在应激反应。不过，米德否定冯特将心灵看作社会经验和交流的先决条件的观点，也不认可詹姆斯的心理学以个体为起止点的主张。在这几个问题上，米德与杜威可以说所见略同。他们不仅注重为心灵生成和个体发展做奠基作用的社会背景，采用"社会的视角"来考察个体有机体的探索途径；也十分看重交流生成心灵的形成次序。与此同时，在研究语言交流时，体现了相同的研究旨趣，即对交流的兴趣远高于对语言本身的兴趣，以及对改造社会生活的交往功能的关切优先于对语言显示的行动结构的关切。鉴于二者之间有以上多个共同之处，因此，莫里斯在给米德的《心灵、自我与社会》这本书作导言时写道："米德和杜威的工作在许多方面互相补充，而且就我所知，从未有过重大分歧。——他们之间的关系是相互学习的关系；依我看，两个人虽有不同特点，但在智力上不相上下；他们凭借各自的独特天才，在交换意见中相得益彰。如果说杜威提供了范围和远见，米德则提供了分析的深度和科学的精确性。如果说杜威既是当代实用主义车轮的滚动轮辋，又是其辐射状的轮辐，米德则是轮毂。虽然计算里程的话，轮辋走的距离最远，但是按直线距离它不可能比轮毂走得更远。"①

米德是从一个客观的社会过程开始分析论述的，即将合作群体选为逻辑起点，以语言为媒介，把自我、心灵和社会的概念分析组成了一个全面的逻辑体系。在体系的展开过程中，纯粹的生物个体演变为具有心灵的有机体，进而形成能够自我意识的人格。其间，动作的符号性与互动性、语言的"突现"都起到了十分重要的作用，而语言则是进化的产物，是以某种类型的社会与有机体的生理能力为前提的。对米德而言，生物个体介入社会性动作，把各自动作的初期阶段用作姿态，即用作完成该动作的指导。这种姿态在动物身上并不鲜见，不过，动物的交流还不是语言本身，因为只有当符号或姿态具有表意的功能时，语言才会产生，生物个体也才能有意识地开展交流。尽管有很多动物能在姿态会话水平上开展交流，但不是所有的都能达到表意

---

① [美]乔治·米德：《心灵、自我与社会》，第6页。

符号的水平。唯有人类做到了这一点，这主要得益于人具有一种特殊的神经学构造，所以才帮助人类实现由动物姿态会话水平向表意的语言符号水平的跨越。表意符号的姿态是社会行为的一部分，一方面，它的意义对于特定群体或共同体中的所有成员都具有同样的意义，所以能唤起他人与自我的共鸣或同一反应，这为意义交流提供了可通约的重要基础；另一方面，思维的产生是以表意符号的姿态为必要条件的。思维的本质是在社会交流活动中，主体运用表意姿态和其他主体进行交流，并将这种交流活动内化到自我经验中。"因而有声的姿态乃是语言以及各种衍生的符号体系的实际源泉，也是'心灵'的源泉。心灵是在社会过程中，在社会性的相互作用这个经验母体中通过语言而产生出来的。只有人类能够从姿态会话的水平进到表意的语言符号的水平，从而获得心灵或意识。"① 所以，交流产生心灵，而不是交流在心灵中产生；交流是借助社会经验语境中的姿态会话而展开的。因为米德是从一般社会经验过程和交流来阐释心灵的产生和发展机制，所以，无论是心灵的起源，还是心灵的本性也就没有任何神秘性可言了。

对米德而言，"心灵的领域从语言中突现"，所以，不能仅从单个人类有机体的视角来研究心灵。尽管心灵以单个有机体作为载体，但是其本质却是一种社会现象，乃至其生物学功能也具有社会性。一旦脱离社会经验过程，或远离了社会性动作的个体经验，那么心灵既是空洞的，又是无意义的。因此，要理解内在的个体经验，务必从社会动作的观点入手；应当意识到社会相互作用的母体孕育了姿态万千的个体经验。所以，在米德基于社会的维度来探讨"姿态"，并以"姿态"为出发点来解释真正的语言交流，并进而产生"成熟的、思考的、创造性的、可靠的、自觉的心灵"时，"事实上米德用生物社会学的术语回答了人的心灵与自我如何在行为过程中产生的问题。他不像传统的心理学家那样忽视使人类得以发展的社会过程；也不像传统的社会科学家那样忽视社会过程的生物学方面，求助于一种心灵主义和主观主义的社会概念，即以心灵为前提的社会概念。米德避免了这

---

① ［美］乔治·米德：《心灵、自我与社会》，第3页。

两种极端，诉诸相互作用的生物有机体的不断发展的社会过程，在这个过程中，通过姿态（以有声姿态的形式）的会话的内在化，心灵与自我产生了。米德还避免了第三种极端即生物学个体主义，他承认使心灵得以产生的基本生物过程。"① 此外，他对姿态符号的阐述也表明：他没有借助语言表达的内部意义来探索语言，而是在更为宏大的符号和姿态在共同体中开展合作的背景下探究语言的。由此观之，米德的"符号互动论"与皮尔士以行动为指向的符号学就不谋而合了。

二 自我与泛化的他人

米德顺利地解析了语言的生成和运作机制，在这个机制的辅助下，既阐明了心灵的本性和生成，又水到渠成地衍生出具有心灵的有机体，并且在社会交流实践中通过"角色扮演"逐步塑造了"自我"的特殊品性；在社会与个体的交互作用中，以"泛化的他人"的角色参与共同的活动所构成的自我的基本结构，即"客我"与"主我"的统一。简言之，表意符号意义上的"交流"，使得自我的出现成为可能。

米德认为，自我的生成需要语言普遍性的支撑，还要以"他人"的态度"表现在游戏与竞赛活动中"。不论在自我心灵，还是自我意识的铸塑过程中，语言好似一个代表过程完结的休止符。独立的自我融入交往共同体、真正置身于社会情境的标志就是自我可以自由、自主、灵活地使用语言，并能与其他社会成员开展正常有效的交往活动。而且，对于心灵而言，语言的宝贵价值是：当人们可以借助语言为交往对象或自我本身揭显身边事物的各种意义时，这就代表了心灵的诞生或出现。正是包括语言在内的各种符号的作用下，不同的意义之间具有了程度不一的联系，也催生了主导和左右这些关系的运作机制。米德认为，心灵是承载和展现各种意义的综合体，待到语言可以影响主导意义的关系机制之时，这形同表明"由表意的符号构成的语言便是我们所说的心灵，心灵的内容包含两个部分：（1）内心对话，内心对话是从社会群体输入社会个体的过程；（2）意象，应当从它在其中

---

① ［美］乔治·米德：《心灵、自我与社会》，第10页。

起作用的行为来理解意象"①。人们在自我内心中进行的对话是加快心灵诞生与智力发展的主要路径。经由此类路径形成的思想或心灵势必彰显了语言参与自我塑造的参与功能。从发生学的角度看，心灵或思想的诞生应当以语言的发展为必要前提。再审视和梳理自我意识和语言的关系，一般说来，人类和低等动物之间的主要差别之一就是自我意识，它是建基在社会活动基础上的机制，将属人的意义赋予认识的对象。怎样恰如其分地表达这些意义是语言的重要功能，凸显了在同一种社会境遇中不同交往主体对同一事物的关照。当成功表达或揭显这些意义时，它在此刻所扮演的角色是一种表意符号，不仅服务于主体和内在自我的对话活动，而且在与共同体其他成员进行交往时依然能负载和表达相同的意义，使交往活动成为可能。

此外，米德还倾向于把语言视为一种社会组织原则或人为的社会符号，有别于低等动物组织群体的人类社会之所以形成，主要得益于语言的作用。在思考和研究语言符号过程中，米德抛弃了司空见惯的、心理学维度的内省方法，而是将语言视为脱胎于社会并在其中持续生成和完善的动态表意过程。在构建社会文化体系的要素中，语言符号是不可或缺的重要拼图之一，也是依据特殊的社会文化背景表达和承载意义的符号体系。从一定程度上讲，社会现实也可由语言来锻造，譬如，当人们脱口而出"团结"或"战斗"这两个语词的时候，聆听者会在脑海中闪现出"人与人之间友好互助、齐心协力"与"人们彼此相对、对立冲突"等画面。这就生动体现了语言创造现实的社会现象，也就是说，在特定社会境遇下，感知语言符号的交往主体的一系列行为反应会沉淀在个体经验中，进而上升到社会经验的层次，也正因为此，语言负载的意义借助观念的方式得以凸显。米德还看到了各种传播媒介使用语言来构造社会现实的景象。在他看来，以新闻媒体为主要代表的传播媒介的一个重要价值就是：从它们对各种各样社会现实状况的报道中，媒体的受众感知到了其他社会成员对特定事件的经验和态度，这种新闻报道中勾勒出的"现实状况"也就营造了这个现实状况的特定社会境遇。还需注意的是，米德清楚地意识到，给予

---

① Mead G. H., *Mind, Self, and Society: From the Standpoint of a Social Behaviorist*, p.192.

第四章 米德的"符号互动论"

名称和表情达意仅是语言的众多功能之一,其核心功能则是语言和行为活动、自我意识内在相关。大体而言,对于行为活动而言,使用语言这个工具,交往主体能够在一定程度上规约或主导自我与他人的行为活动。比如,一遍遍地自言自语"要有信心"真的能让自己的行为活动更加沉着自信;又如,对交头接耳的共同体成员说道"请安静",大家都能暂时停止议论纷纷等。此类卓有成效的现实表明:自我通过语言能够摆脱所谓的传统意识哲学中的目的行为,进而将目的理性转换成了交往理性。米德还曾将声音姿态与其他动作姿态做了横向对比,他指出:"声音姿态具有其他类型的姿态所不具有的重要性,当我们的面部呈现为某种表情时,如果不是对着镜子我们根本无法看到,而当我们说话时,则很容易引起自己的注意。"[①] 例如,当交往主体使用语言来发泄自己无比愤恨的心情时,他并非毫无节制地、不掌握任何分寸地肆意宣泄,而是考虑到听众的身份以及其接受程度,会有意识地控制自我、掌握尺度。换言之,通过语言这种符号工具,人们在交往活动中也实现了对自我的控制与约束。这样一来,行为活动不再是盲目的、任意的,而是在语言的助力下更加趋于理性。然而,米德没有直接在理性和语言之间画等号,仅仅揭露了二者存有的某种相关性,就此而言,得益于语言的媒介作用,外在的社会活动融入了个体的直接经验中,为主体之间更符合理性的交往活动提供了前提条件。"人作为理性的存在是因为他们拥有语言,通过姿态或表意符号,社会个体能够在自身引起像其他个体那里同样的反应"[②]。

在上述对语言认识的基础上,米德进一步指出,语言是普遍性而非私人的或特殊的,任何身处相同处境的人都能够准确把握它,所以,当它对我起作用时,也能引起他人的相同反应,从而使他人与自我在社会行为体系中可以识别不同的反应或刺激,并进一步心领神会其姿态和意义,从而将形态各异的反应联系起来,生成新的动作。因此,表意符号层面的"交流"的重要性就体现为:它不光面向他人,而且

---

① Mead G. H., *Mind, Self, and Society: From the Standpoint of a Social Behaviorist*, p. 65.
② David Miller, George Herbert Mead, *Self, Language and the World*, Austin: Universityof Texas Press, 1973, p. 69.

也面向自身。这样一来，一方面，凭借社会交流实践活动，个体能够从自身引出一同参与活动的他者的角色与态度，进而将社会经验和他人的态度输入个体内部。另一方面，鉴于交流是行为的组成部分，个体将他者的社会经验、态度转化为自我的动作，为自我的诞生提供了可能性。自我的出现表明，自我不是天赋的或与生俱来的，是在社会交流实践活动中一点点产生和完善的。换言之，自我是个体在参加异彩纷呈的社会活动时，与活动中的他者产生交互关系并且两相共同合力而催生的结果。他曾明确指出："自我是某种发展的东西，它不是生来就有的，而是在社会经验和社会活动过程中产生的，那就是说，它是作为个体与那整个过程和那过程中的其他个体的关系结果而在特定个体中发展起来的。"[1] 更进一步讲，在米德眼中，自我在社会中的生成与发展经历了下述几个阶段。

自我生成与发展的第一个阶段是模仿阶段，与之相对的是人们的童年成长期。此时，儿童还无法做到站在他人的立场上、以他人的目光审视自己，更没有形成独立自主、自我决断的观念。他们更习惯于模仿身边众人的行为，如果父母彬彬有礼，他们就模仿彬彬有礼；如果父母举止粗鲁，他们就模仿举止粗鲁。孩童都是在不明了这些行为的社会意义的前提下做出的简单的行为模仿。当他们的模仿越来越熟稔，直至能够相对独立地扮演两种最重要的身边人，即父母或老师的角色时，他们就告别了模仿阶段，迈入玩耍阶段。在这个发展阶段，孩童尝试从父母或老师的眼光来审视自己，体验站在别人的立场上考虑和评估自己的行为举止。米德将这种现象叫作"担当另一者的角色"。这个阶段对于人类内在自我的生成与发展来说至关重要，也代表着自我构建的真正开始。在玩耍阶段，角色扮演的任意性比较大、自由性比较高。只要孩童愿意，他们即刻就能进入角色，不过，一旦他们在此过程中遇到阻滞感，或有不愉悦的体验，他们就随时中止和放弃，所以，暂时性是这个发展阶段的突出特点，孩童还没有真正开展与他人的相互协作。历经一段时间的体验和磨炼之后，他们进入游戏阶段。在此阶段中，孩童不能随心所欲、仅凭个人喜好或心情来进

---

[1] Miller D., George Herbert Mead: *Self, Language and the World*, p.69.

第四章　米德的"符号互动论"

入或放弃角色，而是应当持有更加认真的态度。在进入某个社会角色后，要承担其部分责任和义务，这样才能被其他共同体成员所接纳，才能真正地参与游戏。譬如，在打篮球过程中，每个游戏参与者必须明白自己在团队中的角色以及相应的任务，或者做好防守，或者主打得分，或者串联和组织整个队伍的进攻，明确这些要点，游戏才能收获好结果。可以说，自我与他者一并参与到了游戏中，同时他者也借助"我"来内省他们的"自我"，这种交互审视与换位思考就通过游戏规则的形式、略带强制性地予以推行。规则通常能够激起孩童的兴趣，参与游戏的部分乐趣就是源于对相关规则的感知与认识。要想不被其他游戏参与者所排斥或被拒绝加入游戏，那么就要认真了解规则。这种排斥与接纳的过程就是经受共同体精神洗礼的过程，是由私人的自我走进交往共同体的过程，也是一个逐步社会化的历程。与前一个玩耍阶段相比，游戏阶段的特殊之处是，他人的态度升格为了共同体的总体态度，对融入其中的每个自我都会产生影响，让自我的行为更符合游戏规则，更符合游戏目标的达成。从本质上讲，游戏就是真正的社会生活的剪影，是一种较为初级的有组织的交往实践活动。对于游戏的参与，也就是对孩童社会生活与交往实践活动的参与。孩童会有意识地观察对自己生活影响巨大的那些身边人的态度，尤其是他们有所依靠、能够从中获得安全感的身边人的态度，那些能主导其大多数交往行为的他人的态度。在此阶段，孩童习得了如何融入特定的交往共同体，也相应获得了一定的归属感。在历经这个阶段的长期锤炼后，抽象共同体的观念开始在自我心中渐现雏形，这就是米德所谓的"泛化的他人"。这是一种将自我统一性投射到具有一定组织性的交往共同体。社会的态度就是"泛化的他人"所持有的态度。如果说从前孩童欲求的是父母或老师希望我做什么，那个特定的团队希望我做什么，那么，现在他们所思考的是：社会希望我做什么。这时"泛化的他人"的抽象观念就形成了，同时也预示着更为稳定的、与共同体联系紧密的、注重统一性的自我问世了，也宣告了早期社会化历程的终结。交往主体能依据共同体的、相对客观的态度来看待自我，从而令自己的交往行为更加趋于理性与合乎社会规范。只有到了这个程度，自我才算是真正的社会成员之一，才是交往共同体的分子之一。

针对上述这种自我生成与发展的过程，米德曾说："正是以泛化的他人的形式，社会过程影响了参与和进行这个过程的个体的行为，即团体控制它的成员的行为。因为正是以泛化的他人的形式，社会过程或团体作为决定因素进入个体的思维。"① 也就是说，自我的统一性和完整性体现了交往主体置身于其中的社会的统一性和完整性。每一个自我都是依据交往共同体和社会过程而塑造的，都是对后者的呈现，以微小的自我折射出社会群体或交往共同体的整体行为方式。然而，米德提醒，不能据此推断出每个自我都是如出一辙、千人一面、彼此相同的。他肯定自我都有自己的特质和与众不同的那一面，犹如万花筒中的一片小小的镜面那样映现出社会的某个部分与侧面。总而言之，在米德看来，起初，个体在活动中扮演某个特定的"他人角色"，当安然度过这个游戏阶段后，个体就能以活动中任何一个"他人"的角色进入竞赛阶段。在这个阶段，个体不限于只扮演某个特定的"他人"角色，也会根据活动中其他人的态度，即"泛化的他人"来控制自己并左右自己的发挥。所以，"在任何涉足或卷入特定社会整体即有组织社会的个体的经验范围内把握该整体本身的广阔活动，是该个体的自我获得最充分实现的本质基础和必要前提，只有当他对他所属的有组织的社会群体所参加的有组织的、合作性社会活动或活动系列采取该群体所持的态度，他才能实际发展出一个完全的自我即获得他所发展的完全的自我的品质"②。统观自我的生成过程，除了语言的习得之外，它的生命构成的另一个特征是起始于儿童的"游戏"阶段，而完成于社会的"竞赛"阶段。

众所周知，"自我"是一个反身词，一般都彰显着自我的特殊品性。自我的特殊之处在于：具有心灵的有机体首先能够成其为自身的对象。这个命题涉及自我意识或自我身份的基本问题，而问题的答案只能在个体参与的社会活动的经验情境中寻找。对于米德而言，单个有机体的理性不可能是私人的、完满的。单个有机体的合理行为需要一个重要的前提条件，即它必须将自身置于特定的社会情境中，并借

---

① ［美］乔治·米德：《心灵、自我与社会》，第138页。
② ［美］乔治·米德：《心灵、自我与社会》，第10页。

第四章 米德的"符号互动论"

助经验行为的背景,以其他个体的态度看待和审视自己。换言之,采取"一种客观的、非个人的态度",从而既能够使有机体从"泛化的他人"的视界检视自身,又能使他走出自己的经验而成为它自身的对象。也即是说,使他生成"自我意识"并反过来意识到自身的存在。就此而言,交流实践活动中的角色扮演,一般的语言交流都能为自我提供一种媒介。就像米德曾指出的那样:语言是在特定的社会群体中相互作用的一种客观现象。其积极价值体现为:帮助有机体更好地控制和组织动作。在语言媒介的助力下,"个体经验到他的自我本身,并非直接地经验,而是间接地经验,是从同一个社会群体其他个体成员的特定观点,或从他所属的整个社会群体的一般观点来看待他的自我的"①。那么,"当一个有机体在自己的反应中采取了其他有关的有机体的态度时,我们所说的'理性'便出现了。这样有机体便可能在这整个合作过程中采取与它自己的动作有关的群体的态度。当它这样做时,它便是我们所说的'一个理性的存在'。……如果个体能够采取其他人的态度并用这些态度控制他自己的行动,并通过他自己的行动控制他们的行动,我们便具有了可以称为'合理性'的东西。"② 所谓"'合理性'的东西"则表明,"自我,作为可成为它自身的对象的自我,本质上是一种社会结构,并且产生于社会经验"③。所以,脱离了社会关系的有机体不是自我,唯有在社会过程的作用下,动物才能实现由冲动到理性的转变,从而和低等动物与植物区分开来;唯有在社会过程的作用下,机体素质较好的有机体才能具有心灵或灵魂;唯有在社会过程的作用下,内在化或输入才有可能,有机体才能取得反省思考的机制,进而获得令他成为他自己的对象的能力,获得在生活世界中生存的能力。因此,当单独的自我出现时,它通常还暗含着另一个他者的经验,不能是纯粹独立的、完全私人的自我;当有机体作为自我现身他自己的经验中时,他与他人相对出现,并在个体自身唤起它在他人身上唤起的同样反应;当采取他人的态度和他人的反应演

---

① [美] 乔治·米德:《心灵、自我与社会》,第123页。
② [美] 乔治·米德:《心灵、自我与社会》,第291—292页。
③ [美] 乔治·米德:《心灵、自我与社会》,第125页。

变为个体经验或行动的一部分时，自我和他人都会现身我自己的经验之中。所以，"我们要求在自己的经验中承认他人，并在他人的经验中承认我们自己。如果我们不能在他人与我们的关系中承认他人，我们也不能实现我们自己。当个体采取他人的态度时，他才能够使他自己成为一个自我"①。不难看出，自我的生成业已为自身暗蕴了一定的社会经验，作为可以成为它自身的对象的自我，从根本上看也是一种社会结构，所以，即便让人们能够想象一个纯粹独立的自我，也无法设想一个完全摆脱社会经验而产生的自我。

米德主张，一个"完整的自我"既是"主我"又是"客我"，是两者的统一，是主体与客体的结合。在社会交流实践活动中，尽管有机体引入同一活动中他者的态度来审视自己，并用这种态度更好地控制自己的行动而转变为"一个理性的存在"。然而，这并非自我的所有。这充其量说明一个个有机体接收了很多个"泛化的他人"，从而形成了"客我"。"客我"是指自我将自己看作一个普遍的存在，使自己完全处于一切他人的态度之中。应当说，"正是以这种泛化的他人的形式，社会过程影响了卷入该过程、坚持该过程的个体的行为，即共同体对其个体成员的行动加以控制；因为正是以这种形式，社会过程或共同体作为一种决定因素进入个体的思维。在抽象的思维中，个体对他自己采取了泛化的他人的态度，并不考虑其他任何特定个体是如何表达的；而在具体的思维中，他采取那一态度是因为它表现在那些和他一起卷入特定社会情境或动作的其他个体对他的行为所持的态度之中。但是只有以这两种方式中的一种或另一种方式采取泛化的他人对他自己的态度，他才有思考的可能；因为只有这样，思维（或构成思维的姿态的内在化会话）才会出现。而且只有通过个体采取泛化的他人对他们自身所持的态度，才为具有共同的即社会的意义、作为思维的必要前提的那一系统即论域的存在提供了可能"②。换句话说，只有当有机体引入他人的态度时，才能获得自我意识。因此，当具有自我意识的个体处在他所属的共同体或社会群体内部时，当共同体或

---

① ［美］乔治·米德：《心灵、自我与社会》，第173页。
② ［美］乔治·米德：《心灵、自我与社会》，第138—139页。

第四章 米德的"符号互动论"

社会群体面临内在或外在的威胁与挑战时,他就会引入此共同体或社会团体的态度来支配和控制自己的行为。不过,虽然米德主张自我的生成与发展、个体的心灵都不能缺少社会过程的必要前提,同时还要在语言的助力下将社会交流过程内化到自己的经验中,最后这个有机体将社会行动转变为自己的行动。需要注意,这并非意味着个体彻底被社会所吞没,并不意味着其创造活动就被完全消解掉了。正好相反,如同杜威声称个体存在者是"重建社会的中心"观点一样,米德也表示"个体决不是社会的奴隶。个体构成社会恰如社会构成个体一样实在"①。米德指出,倘若"客我"是中规中矩、安分守己的有机体,同时所有活动参与者或共同体成员都有这样的习惯的话,那么,"主我"则是冲动的原则和动作的原则以及创造性的原则。"主我"会回应共同体的态度,并改变它,所以,"主我"的所有动作,不管是在语言的交流水平之上还是非语言的,都在一定程度上改变着社会结构。对米德而言,人类不像昆虫那般依靠生理分化来担负固定的职责,更非单凭姿态就能对他人施加影响,而是依靠一同参与活动的其他人的角色来调整他在社会行动中的作用。所以,人类社会多了一种新的社会组织原则或调控方法,即借助某共同方式来敦促个体调整自己的行为。但是,自我时常作为所隶属的共同体的"客我"现身,这并不是说取消了自我之间的差异性,也不是说扼杀了自我的创造性,恰好相反,共同体中的每个自我总会从特殊的立场与视角出发,以表现自我的特殊方式回应共同体。这样一来,"主我"既能够借助对"客我"的反应来彰显自己,又能产生新的重建因素。原因在于"他的反应即'主我'是他采取的动作的方式。如果他那样动作了,可以说,便是在给群体增加某些东西,是在改变该群体"②。这样"主我"的行为就会影响到共同体或社群,因此,"'主我'与'客我'这两个侧面对于充分表现自我都是必不可少的。为了归属一个共同体,某人必须采取一个群体中他人的态度;为了进行思考,他必须利用纳入他自身的那个外界社会。由于他与该共同体中他人的关系,由于在该共同体中获得的

---

① [美]乔治·米德:《心灵、自我与社会》,第19页。
② [美]乔治·米德:《心灵、自我与社会》,第292页。

合理社会过程，他才成为一个公民。另一方面，个体不断对社会态度作出反应，并在这一合作过程中改变了他所属的这个共同体"①。简言之，在主我和客我的交互作用下，逐渐使社会经验中的有机体愈加丰富和充实。可以说，米德关于自我基本结构的上述讨论集中体现了社会和个体、主体和客体之间的交互作用，也体现了他排斥那种单纯回归到将个体寓居于自我意识领域的做法。

毫无疑问，米德是基于复杂的社会群体的活动来阐述自我的个体行动的，而非着眼于群体内部单个个体的行动来论述社会群体的活动的。"对于社会心理学来说，整体（社会）先于部分（个体），而不是部分先于整体；是用整体解释部分，而不是用一个部分或几个部分解释整体。不是用刺激反应来构成解释社会动作；它必须被看作一个能动的整体，看作某种进行中的东西，它的任何部分都不能单独地予以考虑或理解，它是一个复杂的有机过程，蕴含在它所涉及的每一个个体的刺激与反应里。"②也就是说，假如米德将个体的行为放在社会过程的背景下研究时，自我的生成与存在的社会因素一般只触及两个方面：语言的普遍性与"泛化的他人"。在这里，普遍性已非狭隘的哲学问题了，而是牵涉了共相理论以及怎样正确地掌握与实用主义相关的普遍性问题。有时人们将实用主义唤作"唯名论"，认为它只关切特殊和具体的事实，可是，看过上文米德关于表意符号的论述，与其将实用主义的符号定成唯名论，倒不如说它更接近中世纪的概念论。原因在于"事实上，表意的符号，作为一种姿态，不是任意的，而始终是某一动作的一个阶段，并因而分有该动作所具有的任何普遍性。……普遍性因而不是一种实体，而是一系列姿态和物体之间的符号化的作用关系，其中的个体成员是这个共相的'实例'"③。如此这般，凭借将动作和普遍性连接在一起，批判的标靶仅仅指向了传统哲学关于共享的实体化，而搭建起来的则是经验科学的世界，哲学的领域。就"泛化的他人"而言，这牵涉角色扮演过程的普遍化。假如说

---

① ［美］乔治·米德：《心灵、自我与社会》，第 177—178 页。
② ［美］乔治·米德：《心灵、自我与社会》，第 6 页。
③ ［美］乔治·米德：《心灵、自我与社会》，第 21—22 页。

"泛化的他人"可以指称任何人,那么他有可能成为殊相,与同一活动中的角色扮演态度相冲突。基于动作观点来审视,泛化的他人是一般意义上的扮演动作。由于个体可以扮演他人的角色,在此过程中他的经验与他人的经验都获得了普遍性和客观性,也因此突破了个体的有限性。在此处,世界具有了同一面貌,经验是共同的、社会的、分享的,而个体的经验只有在与共同的世界相对时才能凸显其特色。总而言之,米德以社会心理学分析为着眼点,阐明了动作领域、话语领域与经验世界的关系结构所彰显的普遍性,让人看到:实用主义立场的暂时性和有限性并不相悖于经验世界具有的恒定性和普遍性。这一观点在于:"它劝告人们明智地对待存在和生成的共同原则,指出,从经验上说,普遍性是事物相对于动作的特性,不管这一动作是个体的,抑或是社会的。普遍性本身是多与少的问题,而不是全与无的问题。"① 针对这一点,诚如莫里斯所评价的那样,"虽然米德本人没有详细地论述他偶然提及的逻辑,他的说明蕴含着一种逻辑理论和一种数学哲学的萌芽"②。这颗"萌芽"不仅对于研讨与批评实用主义没有给予充分讨论的那些问题提供了契机,而且在某种意义上也使米德获得了后达尔文主义的亚里士多德的地位。

三 语言交流塑造社会共同体

纵然自我不能脱离社会过程这个客观前提,但是,自我却建构了一个别样的人类社会。与昆虫社会的生理分化原则不同,也有别于畜群"本能的联系"原则,人类社会的组织原则是他人一同参与其中的语言交流原则。语言交流活动一方面可以营造经济观、道德观和宗教观等得以形成的一般情境,另一方面也是扩充社会共同体、引领社会成员走进民主理想社会的路径。因此,"人类社会自身特有的组织形式以语言的发展为基础"③。

---

① [美] 乔治·米德:《心灵、自我与社会》,第24页。
② [美] 乔治·米德:《心灵、自我与社会》,第23—24页。
③ [美] 乔治·米德:《心灵、自我与社会》,第209页。

除了能够生成自我和心灵之外,语言交流也孕育了特色独具的人类社会。米德认为,基本的社会性普遍存在于各种各样的生物有机体中,但是,样态不一的社会行为得以产生的基础则源于生物有机体的生理需求和生命冲动,也就是说源于饱食和饥饿、繁殖和性欲的需求与冲动。无论单个有机体的行为有目的、有针对性的还是原始的、下意识的,无论它是复杂高级的还是简单初级的,与之相关的需求和愿望的满足都处于特定的社会情境中,都与社会有着千丝万缕的联系。对此,米德指出:"一切生物有机体都在一个总的社会环境或情境中,在一个社会联系和相互作用的联合体中结合起来,它们的继续生存有赖于此。"① 假如说生理需求和生命冲动是所有生物的社会组织与社会行为的基础的话,那么,蚂蚁、蜜蜂等遵从其生理分化特性组成了昆虫的生活社会,羊、鸡等畜群顺从其本能需求组成了松散、简单的集合体。依此类推,人的生殖冲动催生了人类社会的最小构成性元素——家庭,家庭则进一步衍生或泛化为氏族、部落、国家等体系化的社会组织,换言之,各种不同的社会组织都是在"生理—社会"的模式下渐渐发展起来的。尽管人类社会在很多方面与昆虫社会、畜群社会等有共同之处,但是其生存原则并非昆虫的生理分化原则,更非畜群的本能联系原则,而是语言交流原则。人们之间的交流和动物之间的交流有着本质的不同。不管是低等的动物,还是相对更为高级的畜群动物,无意识主导和控制着它们所有的交流以及所有姿态的对话。相比之下,语言交流"作为人类社会组织基础的原则,是包括他人参与在内的交流原则。这一原则要求他人在自我中出现,他人参与自我,通过他人而达到自我意识。这种参与通过人类所能实现的交流而成为可能。这种交流有别于其他动物之间发生的交流,其他动物社会中没有这一原则"② 。需要注意的是:语言交流并非人与人之间的生理分化,却是人类在正常发展的情况下所独具的一种生理机能。在人类中枢神经系统的主导作用下,作为个体的人不仅能够作用于他人,还能够对自身产生作用力,这种作用的合力塑造了具有自我意识的人类有

---

① [美] 乔治·米德:《心灵、自我与社会》,第 203 页。
② [美] 乔治·米德:《心灵、自我与社会》,第 223 页。

机体。因而，具备和应用这种能力的单个的人是社会的一分子，是社会成员之一。原因在于：不是个体凭一己之力培育并创获了这种能力，然后借此融入社会的，而是在社会他者存在的前提下，他感知到了来自其他社会成员的各种信息反馈，使他以自身作为关照和意识的对象，识得自己的潜力和局限性。根据上述看法，社会契约论遭到了米德的批评并被贬低为"陈旧的理论"。理由是社会契约论认为有理性的个体的存在在先，有组织的社会在后，后者是前者的聚集。在米德看来，"如果个体只有通过与他人的交流，只有通过精致的社会过程、借助表意的交流才能达到他的自我，那么自我便不可能发生在社会有机体之前。社会有机体必须首先存在"①。也就是说，社会整体中的自我是一个有别于自然个体的新型个体。这种个体除了具有维护自我权利的意识之外，还形成了对共同体的认同感，这就为以自我意识为基础的社会的形成与发展提供了先决条件，也进而和昆虫社会、畜群社会等区别开来。人类社会的诞生、演进是人与人之间交流使然，而非个体有机体之间达成契约的结果。

作为最基本的社会组织原则，语言交流一方面使个体在与其他社会个体、与各种社会共同体打交道的过程中涵养了人性，另一方面也促使个体在换位思考、扮演他者的角色时保有了"泛化的社会态度"。在这里，所谓"泛化的社会态度"主要是指个体在他者处激起或引发某种反应，同时还能够转化成他者的视角来感知这种反应，而后自己积极调整行为模式去适应它。有鉴于此，倘若社会共同体早已形成这种体系化的集体反应，那么，此类共同的或集体的反应就是"社会制度"。可以说，"社会制度"凸显了共同体内大部分社会成员对某种个别行为的一致反应，是社会活动或群体性实践活动的组织形式之一。"这些形式经过组织，使得社会的个体成员能够通过采取他人对待这些活动的态度而恰当地合群地动作。……至少，没有某种社会制度，没有构成社会制度的有组织的社会态度和社会活动，就根本不可能有充分成熟的个体自我或人格；因为社会制度是一般社会活动有组织的表现形式，而只有当参与该过程的个体各自分别在其个体经验中反映

---

① ［美］乔治·米德：《心灵、自我与社会》，第207页。

或理解这些由社会制度所体现或代表的有组织的社会态度和社会活动时,才能发展和拥有充分成熟的自我或人格。"① 值得注意的是,虽然共同体在个体自我发展进程中作用重大,即制度化或组织化的群体反应直接决定个体对他者的反馈信息的感知与处理,但是,社会成员的个性并不一定会被社会制度所削平或抹去。因为社会制度是随着人类自身的进化而不断演进的,并非固定不变、持久永恒的,它不会因循守旧地对某个特殊行为做出非常狭隘的反应。恰好相反,无论在哪种社会情境下,它展现出来都是一种合理的、负责的群体反应,而这些反应则源于该共同体中大多数有智识、有担当的个体的综合考量,所以,它没有全盘、细致地规定了所有行为的界限,而是在一般和相当宽泛的意义上界定这种反应。这就意味着个性空间并没有被强占,个体行动依然具有灵活性、创造性与多样性。所以,表征自我冲动、自我情绪的"个体极"与表征自我理性、自我结构的"制度极",存在并贯穿于社会演进与发展的各个阶段。个体极的行为通常带有情绪化的色彩,时常需要来自制度极的限制和规约。因此在个体显露出任何制度极的看法或反应时,他在一定程度上就推动了整个行为过程的制度化。进而言之,单个社会成员的自我越是健全,他的社会组织化程度也就相应越高。由此来看,"整个社会过程的统一便是个体的统一,而社会对个体的控制在于这个正在进行的共同过程,这个过程根据个体的特殊作用把他区分出来,同时又控制他的反作用"②。所以,倘若个体能稳定持续地将社会群体反应融入自己的应急反应模式或行为特征中,这就形同他在社会共同体处获得了一套广为认可的心灵内部结构,也由此具备了成为社会一分子的资格与身份。

语言交流一方面塑造了一种截然有别的社会原则,另一方面又扩展了社会共同体的覆盖范围,为融入更宽泛的共同体打开了门径。社会之所以能彰显对个体在特殊情境下的个别行为的一整套有组织的反应,个体之所以能将这一整套有组织的反应融入自己的思想和行为中,主要是因为"语言"或符号发挥着不可或缺的作用。由于"思维正是

---

① [美]乔治·米德:《心灵、自我与社会》,第230—231页。
② [美]乔治·米德:《心灵、自我与社会》,第238页。

第四章 米德的"符号互动论"

借助于这一普遍机制(即普遍表意姿态和符号)才得以进行,并使人类个体超越他直接所属的局部的社会群体,因而使那个社会群体通过其个体成员而超越它自身,把它自身同它周围的以及它仅仅是其一个部分的整个有组织的社会联系和相互作用的更大环境联系起来"①。所以,不能将语言交流仅仅看作单纯的抽象语词的言说,它也内蕴着一套完整的反应机制,可以说,在一定意义上承载着社会成员的背景信息。基普林(Kipling)曾言称:"东方是东方,西方是西方,两者永不相遇。"② 然而,在米德看来,其实语言交流早就让东西方相遇了,而且还促使它们彼此扮演对方的角色。在语词的"话域"里,西方世界的共同体和其他民族、国家的社会成员都能竞相展现自己,也能互为感知到其他共同体在面对特定行为时的群体反应和基本态度,增进彼此之间的理解与认同,进而为创造包容性更强、范围更大的共同体提供可能性。对此,米德明确表示:"如果社会关系可以推进到越来越多的方面,我们无疑可以在自己的集团、自己的共同体、在世界上成为一切人的邻居,因为,当我们在自身唤起他人的态度时,我们便更加接近于这一态度。必不可少的是社会关系整个机制的发展,它使我们走到一起,使我们能在各种不同的生活过程中采取他人的态度。"③ 因而,不管是基于经济交换的考量、宗教层面的慈悲,还是从逻辑视角分析,人类共同体在多种社会实践中都开启通向更广阔领域的大门。恰恰依据上述主张,米德评述柏拉图与亚里士多德的不足之处在于:他们没有发现自我反应如何转变为社会共同体有组织的反应,没有察觉社会的群体反应怎样融入个体的识见中,也因此没有找到有效的促进社会融合的基本原则。所以,柏拉图勾勒出的理想国蓝图只能是一个与世隔绝的存在。尽管亚里士多德承认在各城邦之间建立联系是有必要的,可是,他没有找到一个这样的原则,即以它为指导,既能够不危及本城邦的政治结构,又可以增强本邦与外邦之间的社会联系。因此,如同柏拉图一般,他没办法将希腊城邦相对成熟的社会

---

① [美]乔治·米德:《心灵、自我与社会》,第237页。
② [美]乔治·米德:《心灵、自我与社会》,第239页。
③ [美]乔治·米德:《心灵、自我与社会》,第239—240页。

政治组织形式大范围推广开来，特别是不能因地制宜地应用于后来的国度中。单就理论倾向而言，米德推崇的是国际联盟，企盼所有国家都能主动提升社会认同感，积极投身于国际活动，将那些身处不同国家、异质文化圈中的人拉入到一个更为宽泛的社会关系网络中。照此来看，米德应当是一位"国际主义者"。

尽管"语言提供了一种普遍的共同体"，但是人类社会是一个组织庞大、关系纷杂的存在，个体在其中就是各种关系勾连、转合的节点，所以，个体之间不但能够开展社会合作，对他人展示温情、友好，而且难免滋生龃龉、矛盾，甚至演变为兵戎相见的敌对关系。若要冰释前嫌，化干戈为玉帛，让个体之间的关系回归睦邻友好，那就需要着手调整他们之间的社会关系，营造更加和谐的社会情境，让个体积极参与到修缮与他人关系的活动中，不断优化和改良社会共同体的态度。在此处，米德和杜威不谋而合，在改革社会秩序的问题上，二人都倡导"理智的重建"。"理智的重建"蕴含着"自我或人格的重建"与"社会的重建"两层含义。这两种重建方式从差异化的视角、多元的途径、不同的维度呈现了人类的社会关系及社会演变的历程，所以，这两类重建在彼此之间就存续着互动关系。出于避免、弱化甚至消除社会个体之间的对立的需要，既需要对立的双方从自身寻找问题的症结所在并参与理智重建，又需要完善对立双方的自我人格。想要完成这两项任务，则更需要关注心灵。因为只有具备健全和良善的心灵，个体才能在不同的社会境遇中面对各种困难时游刃有余地予以克服或化解；唯有借助心灵的力量，个体才能以更为客观、辩证和批判的目光审视有待更改的社会秩序和结构，从而形成一个组织化程度更高、关系更和谐的社会共同体。所以，米德声称："人类社会的理想，人类社会进步的理想或最终目标，是达到一个普遍的人类社会，使得所有人类个体都具有完善的社会智能，以至所有社会意义都同样反映在他们各自的个体意识中，以至任何一个个体的动作或姿态的意义（凭借他采取其他个体的社会态度对待自身并对待他们共同的社会目标或意图的能力，由他实现并表达在他的自我结构中的意义），对于对它

第四章 米德的"符号互动论"

们作出反应的任何一个个体来说都一样。"①

为了更好地调整社会关系，使社会共同体更加和谐，米德主张应当以谋求共同利益为前提，运用科学的方法。一般认为，通过詹姆斯对实用主义原则的阐释以及推广，后续的实用主义哲学家大多抱有崇尚利益的价值观，也就是说，所谓的有价值主要在于可以满足人们的利益诉求。价值通常是一物所具有的、可以满足他物特定需求的一些基本属性，它一方面不会独存于交往主体的私人、主观的特定需求中，另一方面也不会仅存身于交往对象中，而是介于两者的互动关系中。因为主体需求的迫切性和利益自身的稀缺性，导致衡量价值的标准常常处于热议之中。米德对此问题的看法较为直白，主张但凡交往实践活动能够提高共同体的利益或至少不侵害它，那么，这些活动就是善的，换言之，保护和谋求共同体的利益就是衡量价值的标准。米德曾多次论述利益的重要性，他说："一个人由他自己的利益构成""我们的社会是由我们的社会利益建成的""一个人应当考虑到所有有关的利益来行动，我们可称之为'绝对命令'""要问什么是最好的假说，我们能作的唯一回答是，它必须考虑到所有相关的利益""把那些一方面构成社会一方面构成个体的所有利益都考虑进去的方法是伦理学的方法"②。人们开展的一切促进社会与共同体变革的举措必须尊重和维护共同利益，让每一位成员都能从中获益，不然，就很难激励共同体成员加入社会改良计划与实践。在此处，应当注意个人利益与共同利益的协调一致，不能以共同利益的名义侵害个人利益，恰如米勒（Miller）所言："虽然每个个体的自我存在都依赖于他人的态度，但这并不能被理解为像黑格尔所说的那样，个体应该把自身附属于一种共同利益之上，除非那种共同利益包含了个体的利益。"③ 换个角度看，共同体成员也会从更理想的应然状态来反观当今共同体和自我的关系。在米德看来，所谓的自私就是当作为个体的小我与作为共同体的大我发生对立冲突时主动维护小我利益的表现。平衡两者关系的难

---

① ［美］乔治·米德：《心灵、自我与社会》，第271页。
② Mead G. H., *Mind, Self, and Society: From the Standpoint of a Social Behaviorist*, pp. 386–389.
③ David Miller, George Herbert Mead, *Self, Language and the World*, p. 6.

点在于能够从长远的、全局的角度认清共同利益的重要性以及它对个人利益的诸多益处，然后切实将个人的、小我的利益与共同利益融为一体。若要达成这种和谐统一的状态，关键在于每个共同体成员摆正自己的态度。只要态度发生变化，就会引起自我与其他交往对象关系的变化，如果每个交往主体都能主动改变，那么，他们置身于其中的共同体也会相应改变。当某个交往主体鼓起勇气迈出改变的这一步时，他就形同拥抱了一个全新的自我，成为新生交往关系和社会关系的代表之一。他能将更符合共同体利益、社会未来发展方向的价值观彰显出来，为他人重新审视当前的社会现状提供一个新颖的视角。待到每个社会成员都转变为新的个体时，就意味着新社会的出现，旧社会的终结，此时的共同体已然面貌一新。

　　米德认为，尊重和维护共同利益是改良社会关系的前提，如果落实到方法论层面的话，他建议使用科学的方法。按照他的理解，社会改良、共同体完善是永无止境、不断上升的发展历程，人们根本无从断定哪种社会秩序或社会关系才是最好的，哪种交往关系才是最和谐的，因为社会与共同体的发展始终是向未来和明天敞开的，成功和失败都有可能，机遇和挑战并存，人们只能回过头来判断现在与过往相比是前进了还是后退了。在如何看待进步的问题上，米德与杜威等人的观点相似，将其看作在社会实践与交往活动中查找问题并逐个解决问题的历程。因为社会与共同体是一个异常庞杂的系统，各种问题接连不断，但是人们的经历、才智以及应对问题的举措是相对有限的，所有问题也不可能一下子全盘解决，所以，社会改良与共同体完善之路是永远向前的，一直会有问题与困难在等候。米德表示，科学探索活动在本质上就是解决问题的尝试和努力，与之相应，科学方法也是推动社会改良和共同体完善的有效途径。理由在于：首先，开放性是科学探索活动的本质特征，它会持续地向新领域挺进，接触不同的研究对象，尝试提出各种解释现象、解读事物的新理论。这种开放性决定科学基于经验资料的积累来凝练知识，依据环境和研究对象的改变而进行自我调整，以便高效、持续地积累新经验。为此，米德明确指出："科学方法是这样一种方法——个体可以运用它陈述其评论、提

第四章 米德的"符号互动论"

出其结论并且使之接受共同体的检验。"[1] 从前那种低效的、以试错为主的自然选择被科学方法取而代之，共同体成员可以有意识、有针对性地拣选科学方法来指导社会实践和交往活动。其次，科学排斥毫无根据的抽象玄思，注重经验观察与积累，这给予人们一种有真实经验依据的、可检验与证实的认识社会与共同体的方法。他曾说："科学由于其各种公设的成功而得到检验，它使各种假设接受经验本身的检验。如果这种检验得到满足，那么这种学说就是可以接受的，直到在其中又发现某种缺陷，直到又产生某种新的难解之题。"[2] 经由科学方法得出的认识是非定论的、尚有修正余地的假设性认识，它立足相关经验观察，而且要接收未来新经验观察的检验，它所提供的是一种相对为真，在某些条件下可证实的主张。将其运用于社会改良与共同体完善只是更改了观察的经验对象，即由自然物或现象转变为了社会关系、秩序或共同体等，其尊重经验事实的内核没变，这有助于社会改良扎扎实实地向前推进。最后，社会秩序的维持和改变有赖于科学的方法。科学可以相对客观、真实地呈现社会关系调整的规律与范式，为剖析难题和提供应对策略提供方法论支持，为人们提供可证实的检验实践活动的新方法。米德深信，依据社会关系和共同体中各种团体或群体的基本功能，选择和应用科学的方法，人们就能卓有成效地发掘出社会潜藏的各种问题，进而改良社会关系与完善共同体。

自我的生成、本质、特点和发展等问题是米德社会理论的关注要点，它们也一并为其伦理学奠定了理论基础。在伦理道德方面，如同詹姆斯、杜威等人的伦理站位一样，米德也坚持一种利益价值论，即但凡能满足某种利益或冲动的需要，它就是善的。可是，米德在运用社会心理学阐述自我时又赋予这个概念一些新的意义。因为在语言的助力下，自我才能及时转换立场和角色，以他人的态度重新审视问题，所以，在某种意义上讲，他人的态度、社会共同体的态度与自我的态度实现了有机统一。就此而言，米德和康德观点相近，都强调道德内

---

[1] Merritt H. Mooreed, *Movemengts of Thought in the Nineteenth Century*, Chicago: University of Chicago Press, 1936, p. 415.

[2] Merritt H. Mooreed, *Movemengts of Thought in the Nineteenth Century*, p. 258.

含普遍性,即作为一个有理性的个体,整个共同体的态度就是自己"应当"采取的态度。然而,有别于康德的地方在于:米德更看重德行目的的普遍化。按照他的理解,社会的道德目的与自我的目的是一致的,即道德的任务就是周全地考量实际生活中所关涉的所有利益,必须恪守各种社会情境里的一切价值准则。思量和考察这些准则,力图最大限度地满足自身的冲动和需求,同时也要兼顾和平衡他者与社会共同体的需求,从而实现最大化的社会和谐。从这个角度看,道德行动体现了社会活动的理性化和全局化。在此类社会实践中,自我与他人的利益需求都应当仔细考量,尽量做到"两全其美"。这意味着,道德行动不光谋求从利益到理性的升华,而且也追求从个体的利益向兼顾个体利益在内的社会整体利益的转变。

由于社会共同体是由这样的自我所组成的,所以,米德看到了社会的理想。这种社会并非"奥古斯丁式的历史哲学",即维持与达成任何一套现存或权威规定的价值标准,而是既服膺于社会目的,又能激发自我创造力的严肃而又充满朝气的社会。就像莫里斯所评价的那样:"这样一种道德的人的社会看起来是米德式的民主理想。虽然一个自然发生的宇宙不能保证将来,米德确实相信,人类生活的媒介和制度(语言、宗教、经济过程)事实上的确扩展着它们所包含的角色扮演过程。以家庭关系中的互助式为基础的宗教态度,以及为了本人所需要的物品而向他人提供某些盈余产品的经济态度,实际上是普遍的,而语言能够随着共同活动的扩展而扩展。在这个意义上,越来越多的人更大程度地扮演他人角色的能力看来是朝着民主理想的方向发展的,条件即是这些自我成为道德的自我。这样一种民主,正如米德清楚地看到的,没有那种令人讨厌的拉平趋势,不奖励平庸无能的人。相反,它与能力和贡献上的巨大差异和谐共存。民主的真正含义是,每个人都能通过对一个过程的道德参与而实现他自己。合乎理想的是,'个体作出他自己特有的贡献,从而在他人中实现他自己'。民主社会并不崇尚阶级、财产或权力本身的优势,它必定极其珍视由履行种种社会职能的优势而产生的优越感和自豪感。"① 应当说,这种社会理想一方面展现了米德尝试消解自我中心

---

① [美]乔治·米德:《心灵、自我与社会》,第27—28页。

论的认识论倾向，另一方面也揭显了实用主义伦理学的核心。与此同时，米德在价值领域的探索和努力也明晰地回答了社会公共事务和个人的努力之间、利他主义还是利己主义、社会主义原则抑或个人主义原则之间的很多冲突、对立的难题。此类问题是后冷战时代的产物，不仅是理论性的，而且还是实践性的。诚然"无论民主理想的命运如何，乔治·H. 米德异常丰富的思想，不仅使他在社会心理学的创立者中间占有牢固的地位，导致各种具有内在价值的社会学说和伦理学说，以'动作哲学'的形式为实用主义的重大发展提供了基地，而且处处表明它们自身具有丰富社会科学各种概念的力量，为经验研究指出了新途径，并为哲学家解释打开了新的视野"①。恰好是因为这一点，米德不同于杜威而被尊称为思想王国中的沃尔特·惠特曼。

综上所述，心灵、自我和社会是支撑米德思想的重要基石和支点，通过详尽的阐述这些基本概念，揭露了哲学所依赖的科学基础，以及由之引发的各种社会和伦理难题。在他的思想体系中，哲学和社会心理学相辅相成，这无异于表明具有科学家身份的米德还是出色的哲学家、社会心理学家。他所做的贡献没有体现在科学数据和图表方面，而展现在对问题的洞察上。他开创了一种导源于社会秩序的方法，较为出色地解析了语言的机制，而且着重阐释了在个体自我和人类社会发展过程中符号发挥着怎样的积极作用。他梳理了角色、自我、人类经验和社会群体进化之间的内在关系，不断向"泛化的他人"靠拢，塑造了更一般、更普遍、更理性和更宽容的自我，还进一步充实和丰富了自己的伦理学说。不管他的心灵、自我和社会学说能否得到后人的广泛认可，但是它针对人类的知识、本性、心灵和道德怎样在社会中互相影响的论述，则涉及了实用主义者有待解决的中心问题。米德在这些问题上做出了富有创见的处理，既推动了实用主义的新发展，又对哲学、社会心理学做出了显著贡献，由此，"他成为在有社会学背景的社会心理学家的传统中被引证最多的核心人物，被奉为著名的'符号互动学派'的创始人，与弗洛伊德、勒温、斯金纳并称为当代社会心理学大师"②。

---

① ［美］乔治·米德：《心灵、自我与社会》，第29页。
② ［美］乔治·米德：《心灵、自我与社会》，第6页。

下篇

新实用主义的交往哲学

第五章
罗蒂的对话哲学

作为新实用主义的主要代表,罗蒂比古典实用主义哲学家更加拒斥传统的镜式哲学,而且在杜威等美国老左派哲学家的影响下,也颇为注重当今时代的社会问题。他对时代问题的关照和思考是以全球化背景下不同文化之间的对话为着眼点的,从而以零敲碎打的方式演绎出了一套对话哲学。

对镜式哲学的批判是对话的前提之一。罗蒂因循"反本质主义→反表象主义→反基础主义"的解构路径,间接表明人类无时无刻不处于特定的历史与社会背景中,包括对话在内的活动都是完全情景化的。罗蒂的种族中心论对这种完全情景化的状况予以理论支撑,可被视为对话的第二个前提。所谓的种族中心论是指人们难以祛除在社会生活里潜移默化习得的不同种族特性,只能从目前已获取的见识出发,代表自己的社群、民族或国家与其他人开展对话活动。对话的开展离不开途径的沟通与衔接。对话的宏观途径是文学,因为文学能够帮助读者拓展对自我的描述,塑造更优秀的对话主体;文学还能够帮助读者感知残酷,有利于实现对话目标。更进一步讲,对话的中观途径是小说和诗歌。原则的存在能在一定程度上保证对话正常有序地进行。罗蒂认为,说服是对话的原则。较弱的理性为说服提供了哲学依据。与充当自然科学理论衡量标准的较强的理性不同,较弱的理性只意味着合情理的、清醒的、有教养的等道德美德。说服原则的基本内容包括对异议的存在怀有心理预期、对他人的看法始终抱有好奇心、有足够的耐心倾听他人的述说或论证、乐于接受更合理的见解并及时修正自己的认识，以及不采取武力压服的手段。

一 对话的前提

罗蒂是在兼顾"破"和"立"、解构与建构的前提下，一脚踏在对传统哲学及当代西方哲学的批判之上，一脚踏在种族中心论之上，进而筑就起他的对话理论的。简言之，对传统及当代西方哲学的批判和种族中心论是对话的两个必要前提。首先，罗蒂主要是因循"反本质主义→反表象主义→反基础主义"的路径，以逐步递进的方式来深化对传统及当代西方哲学的批判。其次，罗蒂论域中的种族中心论与常识意义上的种族中心论有着根本的区别。它的理论基石大抵有两块：伽达默尔的有效历史意识理论和塞拉斯对所予神话的批判理论。它意在表明，人们难以祛除在社会生活里潜移默化习得的不同种族特性，难以运用完全理性的人的身份进行对话，只能从以目前已获取的见识为出发点，代表自己的社群、民族或国家与其他人开展对话活动。罗蒂认为，种族中心论的开放性、约定性和宽容性能够促进对话活动的开展。

纵然罗蒂持反本质主义的哲学立场，但是他也承认：本质主义在诸多领域都发挥了积极作用，"最备受瞩目的是能够助益人们透过纷繁复杂的运动现象而把握内在的各种精微细致的关系，窥穿鳞次栉比的宏观结构而把握内在清楚明辨的微观结构"①。然而，当本质主义被应用于社会学、历史学、人类学，尤其是哲学等与人类事务相关的研究领域时，它所体现的正向价值是微乎其微的。换言之，本质主义的思维模式犹如自然科学研究的催化剂，能够产生良性的推动作用，可是，在思考社会政治、伦理道德等问题时，它的作用十分有限。

他还指出，由于受到卓有成效的自然科学研究范式的影响，很多西方的哲学家、社会学家和伦理学家在从事跨文化比较研究时，总会

---

① Richard Rorty, *Essays on Heidegger and Others: Philosophical Papers II*, Cambridge: Cambridge University Press, 1991, p. 66.

第五章 罗蒂的对话哲学

自觉或不自觉地透露出本质主义的倾向，突出表现为：他们认为西方文化具有一个优越的、先在的本质，揭示这个本质并夸示于世是他们的责任。但是，罗蒂并不同意上述看法，认为承认"西方文化内在本质"存在会诱发一系列的问题与麻烦，得不偿失。他建议不要抱有"西方文化内在本质"尚待被发现的想法，然而这并非表明，他业已发现西方文化没有内在本质。这只是说为了有利于社会实践和创造美好生活，我们最好不要企图把握这种本质，也无须将其视为跨文化研究的关注点，毋宁只是关注西方文化并将其视为我们积极参与其中并主动创造的一种社会活动。以对"西方文化内在本质"的看法为圆点向外拓展，罗蒂进一步认为，"事物自身存在"这种说法是可疑的，我们也没有必要纠结于"从内在本质上看，人类跟哪种自然物更相近"此类的问题，倘若"没有了'实在的固有本质'这一概念，我们反而能过得更加逍遥自在些，没有了形而上学反而会更好"①。尽管某些本质主义者或实在论者言称触及了实在的本质，但是，罗蒂建议我们淡漠处之，做冷处理，不去考虑他们是对是错的问题，这才是上佳之选。同时，他还主张，当今时代思想进步的主要标志之一，就是人们不再主动参加肇始于柏拉图的"我们真正地像什么"的争论，也渐渐地看轻"我们的本质是什么"等问题，认为在这类问题上选择何种立场是无足轻重的。人们更感兴趣的是，我们想成为什么样的人？我们怎样才能成为这样的人？我们如何才能使自己与社会的未来更美好？究竟如何才能创造美好的明天等。

针对罗蒂的上述批判，本质主义者提出了如下两种观点做辩护：第一，数字与以其为始基演绎而成的数学是有本质的，数字和数学凭借内在明晰性、精确性成为众多自然科学学科的基础，帮助自然科学家取得了辉煌的成就，并将自然科学研究范式打造为哲学等学科竞相效仿和学习的典型。第二，人是有本质的，其中，理性是人的重要内在本质之一。它是人类特有但其他自然物所欠缺的一种本质，是在人类和非人类之间建立联系的桥梁，是人类进一步认识和把握本质世界的必要

---

① ［美］海尔曼·J. 萨特康普：《罗蒂和实用主义——哲学家对批评家的回应》，张国清译，商务印书馆2003年版，第51页。

工具。

对于观点一，罗蒂做出了如下反驳："试问何谓数字 17 的本质，即如果切断了它和其余数字之间的关系，它的自在存在究竟指什么。基于以下描述可以得知，我们可以列出多种不同的关于数字 17 的描述：小于 22，大于 8，是 6 和 11 之和，是 289 的平方根，是 4.123105 的平方，是 1678922 和 1678905 之差。以上描述不尽如人意的地方是：没有哪种描述比其他的任何一种描述更接近于数字 17 本身。"① 可见，如果愿意的话，我们可以将这种描述无限地推演下去，但是，很难从这些描述中发现一种叫作"十七性"的内在本质，我们所能提供的都是外在的、偶然的、处于关系之中而非自在存在的描述，难以分辨哪一种描述或界定是更根本的。至于人们为何选择这一种描述而非另外一种描述，则与人们所处的语境或意欲达成的目标有关。既然单一的数字都不能确定内在本质，数学的本质也就无从谈起了。由上可证，观点一不成立。

对于观点二，罗蒂引用了达尔文（Darwin）的相关研究成果做了批驳。达尔文认为，动物界和人类的进化是连续的，进化链条不存在根本的断裂，动物的能力和人的能力之间也没有本质的差别或飞跃，人并没有先天禀赋或自身独有但动物缺乏的特殊能力，人类充其量只是比其他动物更加复杂的动物而已。达尔文的这个主张基本上浇灭了本质主义者将"理性""智力"或"心灵"强行灌注到人类身上的希望。可是，本质主义者会质疑：如何解释人类比其他动物聪明得多的现象？作为回应，达尔文表示，在低级类人猿的身上也发现了一些较为聪明的行为活动，所以，人和动物没有本质的差别，只有程度的不同。罗蒂接受了达尔文的上述看法，他指出："达尔文使哲学家们认识到，他们将不得不以不需要在进化发展中突然中断的方式去重新描述人类。这意味着，重新描述生物和文化之间的进化模糊了精神和自然之间的差异。"② 人类不具有一种能够使之与超越的、永恒的本质世

---

① Richard Rorty, *Philosophy and Social Hope*, New York: Penguin Books, 1999, pp. 52 - 53.
② ［美］海尔曼·J. 萨特康普：《罗蒂和实用主义——哲学家对批评家的回应》，第 265 页。

界建立关系的能力。人不应该追求形而上的本质世界,相反,应当立足当前的生活世界,努力使现在较过去相比有更大的进步,使未来较现在相比有更大的进步。与本质主义者将理性视为人类具有的把握本质世界的特殊官能相比,罗蒂更倾向从两个角度入手对理性做更细致的界定。首先,它可以扮演自然科学理论判准的角色,用来考察自然科学理论预测事物发展趋势以及控制事物发展进程的能力。其次,它还指某类"合乎情理的""清醒的"东西,进而言之,是指人类应当具有的某些道德品质,例如,宽容、尊重他人的意见、耐心听取他人的表达、推崇说服而非强迫他人接受自己的主张等。从这个角度看,它与"有教养"相类似,这表明,无论是探究科学问题,还是辨明社会政治问题,抑或解决宗教纷争,应当抛弃自我中心论,控制自己的情感,摈除教条主义。不难看出,罗蒂是在对话、沟通和交流的背景中看待理性的,将它等同为一种向往良性沟通、自由对话、达成共识的意愿。为此,他也曾明确表示:"对我们来说,成为理性的,也就是成为可以对话的,而不是成为愿意服从的。"① 综上所述,由于理性并非人类特有的认识本质世界的内在本质,所以,观点二也不成立。

通过和本质主义者的理论交锋,罗蒂逐渐厘清了反本质主义的基本含义,他明确写道:"放弃内在与外在、X 的内在核心与边缘领域之间的区别,我称放弃这种区别的企图为反本质主义。"② 反本质主义鼓励人们从关系论的层面认识世界,即将对事物的思考定位于彼此的联系之中。至此,罗蒂说:本质主义是我们当下正在攀爬的梯子上的能够安全地加以卸掉的阶梯。其实,这个梯子上卸掉的不仅有本质主义,而且还应包括表象主义。理由在于,既然"内在本质"无法成立,那么,内在和外在、本质和表象,乃至主观和客观、心灵与肉体等方面的一一对应并相符合的关系也就砰然倒塌,表象主义也就无从谈起。易言之,反表象主义是罗蒂反本质主义立场的一个合乎逻辑推论的必然结果,是其实在论立场在认识论领域的应然反映。

---

① [美]理查德·罗蒂:《后形而上学希望》,张国清译,上海译文出版社2009年版,第114页。

② [美]理查德·罗蒂:《后哲学文化》,黄勇译,上海译文出版社2009年版,第134页。

下篇　新实用主义的交往哲学

　　罗蒂认为，自表象主义诞生以来就遭受了来自众多论敌的批判和攻伐。尽管表象主义是一个历史悠久的思想传统，它的理论源头可以上溯至笛卡儿，此后康德对其做了更精致的演绎和修正，令其发扬光大，但是，它也如同其他哲学理论一样没有成功摆脱被批判的命运。例如，斯宾诺莎（Spinoza）的一系列主张逐步瓦解了"自然秩序"的存在，销蚀了表象予以符合的外在对象，也进而抽掉了符合论的真理得以成立的重要前提。尼采则公开且明确地宣称，人们应当放下"认识真理"的念头，他将真理称作"隐喻的机动部队"，即一系列伴随社会和历史发展而持续演变的隐喻。这表明，表象抑或语言都不可能一劳永逸地"再现真理"，真理也是变动不居的。杜威根据实用主义的立场表示，人类没有肩负一种"追求真理"的独特使命，所谓探求坚实可靠的真理充其量只是谋求一种应付社会生活的有效工具而已。对表象主义抨击最强烈的，应属实用主义的另一个重要代表人物——詹姆斯。他指出，使表象和实在、本质相符合的观点十分荒谬，二者的符合也不能凸显真理。真理只是对我们的生活实践可以产生实效的众多信念的一种性质。某个词汇或描述的真正价值不在于它准确无误地映现了实在或本质，主要在于它能帮助我们获得自己可欲的东西。他还进一步指出，"真"是一个表示称赞或表扬的词汇，主要用它称颂某个句子或描述，并没有意指这个句子或描述何以会带来良好的实效。他也曾表示，人们理应将"真"视为由我们的思维而观之，只是方便且有实效的东西。表象主义者对此会驳斥道，真理不是因为可以发挥实效才称其为真的，相反，因为是真的，所以才能够发挥实效。作为回应，詹姆斯表示，表象主义者在此歪曲了"真"的含义，它只是一个称赞词，绝非指代某种已存的性质，这种性质为那些寻求或把握住它的人带来了有益的实效。他指出，哲学家无法洞识表象和本质之间细微精准的相符关系，声称世界的内在或背后不存在有待发现的本质，"我们不可以将真理视为某种说明性的概念"①。不难看出，詹姆斯旨在表明，真理是人们送给那些已产生有益实效的各种描述的美

---

① Richard Rorty, *Objectivity, Relativism and Truth: Philosophical Papers I*, Cambridge: Cambridge University Press, 1991, p. 127.

第五章 罗蒂的对话哲学

誉,这些描述有益于人们的社会生活,值得拥有这些赞誉。从这个角度看,真理与人们的社会实践紧密勾连在一起。此外,后现代主义也站在了表象主义的对立面,该思想流派也否认一个普遍自然秩序的存在,倡导人类和这种自然秩序相一致或符合乃是一种思想的堕落和蜕变,是当代人理应剪除的不合理观念。

在上述批判性观点的基础上,罗蒂对表象主义提出了三个方面的有力反驳:

反驳一:表象和本质的二元区分和对立不能成立。

反驳二:要判定表象和本质的相符关系,就应当站在第三方或一个中立的立场上,这无异于要求人类具有神目观。显而易见,人类并不具有这种超越的视角,不可能从上帝的视角来权衡表象和本质是否相符以及在多大程度上相符。依照罗蒂的理解,从某种意义上说,世界是人类的世界,人类对世界做出的宏观审视或微观解读都基于自身的判断,一切认识对象的确立都以人类的思考为前提,没有哪种认识对象不沾染"人类的足迹"。换言之,没有一个天钩能够将人类吊离自己创造的表象世界,从而升至一个超越的、非人的立场来断定表象和本质的相符关系。所以,表象和本质的相符也不能成立。

反驳三:要确定符合关系,须当先拣选并认定本质,然后再定夺表象能否与其符合,可是,认定本质是不成立的。理由在于:第一,表象主义所谓的本质是一种客观的存在,是完全外在于或独立于人类的表象或认识的。然而,人类在拣选并认定某个本质时将不可避免地使用各种表象以及构建表象的语言,从这个角度看,本质可被视为人类语言的创造物。这显然有悖于表象主义对本质的认识。罗蒂还主张,人类语言缺少超验的属性,运用语言及其构建的表象来认定客观的本质,是对语言功能过于乐观的和过高的估量。第二,退一步讲,假设第一个环节——认定本质的活动——成功完成,那就意味着人的表象已经与其相符,不然怎么能确定它是本质而另一个东西不是呢?如果再进行第二个环节——定夺表象和本质的相符关系,这好似同义反复,多此一举。可见,确定符合关系的两个环节设定是不合理的。对此,表象主义者会辩称,尽管第二个环节是多余的,但是第一个环节依然证明了表象和本质的符合关系。罗蒂会继续反驳道,注意,是"假设",因为依据反驳二的论证,在拣选过程中,根本无从认定二者是否符合。由上可证,认定本质也是不能成立的。

综上所述,表象主义者坚持认为,非人的、外在的、客观的本质是存在的,人类有义务运用心灵实现表象与本质的符合。但是,罗蒂分别以表象和本质的区分、表象和本质的符合、拣选并认定本质为着眼点对表象主义做了细致的批驳,同时还利用实用主义提供的多种关于真理的可替代描述,打消了表象主义者的疑虑,成功实现了对表象主义的证伪,维护了反表象主义的哲学立场。

既然本质主义和表象主义都不能成立,传统意义上的本质与真理不能得到充分辩护,那么,在罗蒂看来,人们难以在认识论方面找到能够依靠的基础。认识论不能享有"第一哲学"的赞誉,不能提供所谓的基础性,而企图以把握认识之名而获得学科优越性,并力求作为其他学科基础的欲望也就不是正当的,这就是反本质主义经由反表象主义抵达的另一个逻辑推演的必然环节——反基础主义。

美国学者苏珊·哈克(Susan Haack)曾撰文指出,罗蒂在不同的论述语境中对基础主义做出过不尽相同的阐释,对这个概念的运用也并不十分严谨。在某些情况下,他用这个概念指代"证明理论之基础主义风格的经验主义式;他有时用来表示这样一种观点:知识论是一个先验的事业,其目标在于合法化给予我们知识的科学的断言;有时它意指'知识的客观主义',其论题是证明的标准需要客观的基础"①。概而论之,罗蒂对基础主义的界定主要有三种:第一,经验主义的基础主义。这种基础主义将隶属于表象范畴的人类观念划分成了基本观念和推论性观念两个大类。其中,基本观念是指能够脱离其他观念的支撑而凭借经验获得证明的观念,推论性观念是指凭借基本观念而获得证明的观念。易言之,这种基础主义将基本观念视作认识论的基础。第二,小写的基础主义。这种基础主义旨在寻求一种先验的认识论,主要致力于揭示一种完美和纯粹的证明标准,能够经受住这个证明标准考验的认识相当于取得了真理性,具备了先验的、不可辩驳的前提。

---

① [美]海尔曼·J. 萨特康普:《罗蒂和实用主义——哲学家对批评家的回应》,第174—175页。

易言之，这种基础主义将先验认识论视作各个学科或研究领域的基础。第三，大写的基础主义。这种基础主义倡导证明标准理应具有一个客观的基础，并非社群内通过沟通和对话约定而成的，真理性就是证明标准的前提与基础。这种基础主义主张：恰恰因为自身与真理的内在关联才揭示了具有真理性的证明标准。

罗蒂在不同论文和著作的相关表述中对上述三种基础主义也做出了犀利地反驳：

反驳一：经验主义的基础主义具有明显的还原论的痕迹，基本观念完全依赖经验的证实。但是，在罗蒂看来，奎因在"经验主义的两个教条"中，对经验主义还原论的批判揭示了这种经验证实的不合理性。奎因认为，经验主义者大多都持有还原论的立场，即"每一个有意义的命题都可以被翻译为一个或者正确或者错误的关于直接经验的命题"①。不能再被进一步还原的直接经验能够论述或说明命题，这无异说所有有意义的命题都是由数个和直接经验相关的语词通过一定的逻辑关系而构成的。但是，他主张，我们不可能将某个陈述中的语词单独抽离出来，独立地、逐个地进行经验层面的证实或证伪，相反，这需要运用我们的整个经验体系或语句体系来做出判定。由此说明经验主义的基础主义是不能成立的。

反驳二：小写的基础主义所声称的先验的证明标准是不可能的。联系上文的相关论证，依照罗蒂的理解，在揭示所谓先验的证明标准时将不可避免地使用各种表象以及构建表象的语言，这个证明标准将会沾染后天的、经验的内容，从而丧失其先验性，使其变得并不纯粹。另外，既然"先验的证明标准"是人类的认识对象，那么它就注定是人类表象的建构物，是依托语言被人类创造出来的。由此说明，小写的基础主义是不能成立的。

反驳三：大写的基础主义意欲和真理建立内在关联的企图是虚幻的。联系上文的相关论证，本质主义和表象主义的失败就表明独立的、外在的和客观的真理是不能证实的。罗蒂认为，真理是人类的创造物，更具体地讲，是人们通过自由的对话和交流而达成的一种普遍共识，

---

① 涂纪亮：《美国哲学史》第三卷，河北教育出版社2000年版，第15页。

真理性其实就是有用性。大写的基础主义所言称的与真理建立的内在关联从根本上说是人类表象与表象之间、观念与观念之间的一种联系。由此可证,大写的基础主义是不能成立的。

通过上述逐步递进、环环相扣的推演,不难看出,本质主义的失败导致表象不能相符于本质,推翻了符合论的真理观,宣告了表象主义的失败。这进而取消了认识论的基础地位,一并解构了哲学作为其他学科基础的特殊地位,体现了基础主义的失败。简言之,罗蒂对传统及当代西方哲学的批判是对形而上学发起的又一次猛烈进攻,使非人的、超越的、永恒的、独立的存在变为不可能。这间接表明,人类无时无刻不处于特定的历史与社会背景中,人类的所思所想、所作所为都是完全情景化的活动。对话活动也不例外,同样是以某个历史和社会坐标为出发点的,这就是种族中心论。

一般而言,"种族中心论"又被称作"伦理中心主义""人类中心主义"或"我源中心论"等。美国知名社会学家——威廉·萨姆纳(William Sumner)于20世纪初首次完整地阐述了此概念,时至今日,无论在人类学、社会学,还是哲学与心理学等学术研究中都频繁运用这一概念。回溯这个术语的词源,指代"人种"或"种族"的"ethno"与指代中心的"centr"一并组成了这个术语,意谓把某个种类的文化摆在中心位置,并把它视为评判其他文化形态的参照物。"萨姆纳也曾明确指出,种族中心论主要指称某个民族自诩具备一定的优越感,将其自身文化提升到绝对优先的地位,其他民族的文化应当以此作为范本或参照物。"[①] 应当说,它不仅在抬高自身而贬损他者的过程中人为地造成了文化形态间的优劣对比,而且还自诩能够扮演文化判准的角色。换句话说,这种理论是罔顾社群、民族和国家文化间彼此平等的对位关系,主观故意地尊己卑人,继而保证自身在文化领域中处于优势或主导地位的学说。

按照传统哲学的理解,对话活动是由人类基于自身最根本的规定性即理性而发起并实施的一种社会实践活动,其中,理性超越了自然地理、文化传统、社群民族等方面的限制成为人类共同具有的特性,

---

① 王振林、梅涛:《论罗蒂的对话哲学》,《理论探讨》2017年第4期。

第五章 罗蒂的对话哲学

也是让形态各异的文化具有可公度性的一种客观存在。恰恰依托人类的理性，肤色不同、地域有别、隶属不同民族和国家的人们才有可能集聚在一起进行沟通与对话。换言之，人类的对话是以理性作为必不可少的重要前提的。但是，在罗蒂眼中，难以拿出足够的证据证实理性的存在，对话活动不能以这种尚待论证的、模糊不清的范畴作为基础，它不能充当对话活动的出发点，为此，"我们就必须从我们自己出发，从我们自己的种族出发……成为种族中心的，就是把人类划分成一个人必须证明自己的信念对之是合理的人群与其他人群，而构成第一个人群的人们，即他自己种族的人，与他们分享足够多的信念，从而使有成效的谈话成为可能"①。也就是说，人们不可避免地带有既定的文化传统、地区影响与民族风情等多种因素，均以某个种族的成员身份参与到对话活动中，不是能够彻底摆脱种族规定性的普遍的人或一般的人。人们难以祛除在社会生活里潜移默化习得的不同种族特性，难以运用完全理性的人的身份进行对话。唯有以目前已获取的见识为出发点，代表自己的社群、民族或国家与其他人开展对话活动。

不难看出，表面上罗蒂沿用了萨姆纳的种族中心论这个术语，然而，却阐发了一种新的内涵。饶有意味的是，罗蒂上述基于特定历史语境考量对话活动的研究路数得到了许多现当代哲学家的积极回应与共鸣。当代知名政治哲学家——查特尔·墨菲（Chantal Mouffe）同样立足在语境主义之上研究民主政治问题。在她看来，那些宣称为自由、平等、博爱、民主、人权等观念探得其始源性普遍根基的哲学家的种种所为无一例外地深嵌于特定的历史语境中。如此一来，"无论是罗尔斯设计的'无知之幕'抑或是哈贝马斯设想的'理想语言环境'，毫无疑问皆为伪中立方案，因为从来就没有规则或原则可以独立于文化实践之外，超出语境的判断是不存在的"②。另外，实验哲学的诞生以及近年来所创获的一系列研究成果也证明：直觉"受种族、性别、性格、年龄、所受的教育、社会经济地位……因素的影响，具有不恰

---

① ［美］理查德·罗蒂：《后哲学文化》，译者序，第38页
② 黄玮杰：《语言哲学的激进潜能——当代左派哲学语境下的维特根斯坦》，《哲学研究》2017年第12期。

当的语境敏感性"①。依照演绎推理的路数,既然作为理解、反思等思维活动重要基础的直觉都蕴含语境敏感性,那么,基于直觉衍申、推论出的信念和见识等极易受到种族等因素规约的情况也将在所难免。这也为罗蒂的种族中心论贡献了一个强有力的论证。

应当承认,在常识的干扰下,罗蒂的种族中心论难免会遭到人们的曲解,把它与萨姆纳的术语相混淆。有鉴于此,罗蒂频繁地强调,种族中心论并非为现实生活中的文化霸权主义行径做辩护,也不是让某一文化形态优于或主宰其他文化形态。它所意谓的是,处于对话中的人们自始至终都会受到"前见"的约束,唯有实现对这些"前见"的文化自觉才能更好地参与到文化对话之中,更加有效地与其他文化形成宝贵的共识。这表明,罗蒂的种族中心论并非在诸多文化形态中判定哪个是主导的、先进的,哪个是被宰制的、蒙昧的,而是根据对话实践的具体情况以及哲学的反思来声明,在对话活动中,种族规定性和前见等不仅是事实在先,而且也是逻辑在先的。如此这般,单从表面看,罗蒂的种族中心论站在了"反种族中心论"的阵营中。可是,罗蒂并不完全认同常识中的"反种族中心论"。依他之见,"反种族中心论"会被冠以相对主义的名头,不能抹去这种嫌疑,即"当涉及某个或一切问题时,某个信念和其他所有信念一样好"②。他颇具启发性地指出,这种相对主义和充当萨姆纳"种族中心论"理论基础的绝对主义如出一辙。原因在于它也潜藏了一个理论预设,即神目观。只有借助这个超越的视角才能游离于各种对立的主张以外,才能居于中立的、第三方的立场断定所有主张是否都是真的或者都是假的。不难看出,这和绝对主义没有本质的不同,后者也强调,类似于上帝这样的非人存在才拥有决断哪个主张绝对为真,而其他主张绝对为假的终极话语权。所以,"反种族中心主义的一种通常形式便是绝对主义"③。作为反本质主义者,罗蒂势必不愿和上述"反种族中心论"为伍,甚至对其抱有批判的态度。他的"种族中心论"由此也被戏称为

---

① 曹剑波:《哲学直觉方法的合理性之争》,《世界哲学》2017 年第 6 期。

② Richard Rorty, *Consequences of Pragmatism*, Minneapolis: University of Minnesota Press, 1982, p. 166.

③ [美] 理查德·罗蒂:《实用主义哲学》,代总序,第 11 页。

第五章　罗蒂的对话哲学

"反反种族中心论"。

按照罗蒂的理解，种族中心论具有开放性、约定性和宽容性三种属性，它们在促进对话活动的开展方面都能发挥不同程度的积极作用。与萨姆纳相关理论相比，罗蒂种族中心论的开放性是有益于对话的。另外，潜在的约定性共识是我们开展对话的前提之一，如果坚守非约定性的立场，就会阻碍对话，所以，约定性在对话活动中能发挥积极作用。鉴于西方文化向东方世界输出的社会实践，宽容性对于对话活动具有促进和帮助作用。

从某种程度上讲，罗蒂对开放性的认识依然受到了伽达默尔的启迪，后者主张"我们的理解永远面向新经验，经验的辩证法的完成不在于确定的知识，而在于由经验本身激起的对新经验的开放性"①，罗蒂将这种开放性合理地对接到了自己的种族中心论中。他的种族中心论直接表明，处于社会生活情境中的人们给出的判断无不带有某种相对性或有限性，这反而有助于避免在对话活动中形成中心与边缘的分化，是和文化的封闭性背道而驰的。罗蒂认为，虽然种族中心论揭露了个人判断与见识的有限性，但是这也表明对这种有限性的觉知将赋予人们以开放性，毕竟完满的存在杜绝了交流的可能，有限的存在才欲求通过对话突破自我，走向开放。对此，他写道："当我们忠于自身的传统时，也以开放的姿态对待其他传统；当我们对自身抱有浓厚兴趣时，也同样会对其他新鲜且别样的事物兴趣盎然，愿意接受并向之学习"②，继而"令越来越多的人融进我们的行列，兼顾到越来越多的人的差别化需求、利益与主张"③。显而易见，按照罗蒂的理解，不同社群、民族的成员及其负载的文化形态绝非割裂的、自我封闭的社会存在，相反，乃是具有开放性并且可以参与对话活动的存在。每个人以自我的种族规定性为出发点参与对话并不代表他们将偏激地以自我为中心，也会在对话中吸取其他文化的合理内容并融入自身的观念体系中，这好比在持续借用新材料编织一张信念之网。这个博采众长

---

① ［美］理查德·罗蒂：《实用主义哲学》，译者序，第41页。
② Robert B. Brandom, ed., *Rorty and His Critics*, Malden: Blackwell Publishers, 2000, p. 224.
③ Richard Rorty, *Philosophy and Social Hope*, p. 82.

且为我所用的过程并非由自我主导或宰制其他文化，倒不如说自身也会淘汰一些旧观念，其他文化也会从中获得启迪，彼此都在对话中造就新认识与新观念。这恰恰证明，各个种族成员的信念之网尚待编织，眼界有待拓展，认识尚需纠正和丰富，罗蒂的种族中心论是开放的，鼓励对话的。更直观地讲，种族中心论排斥关闭门户，竭力倡导持续地延伸"我们"这个词汇的涵盖范围，使我们能够将更多的人唤作"我们"，而非"他们"。

  罗蒂种族中心论的开放性和萨姆纳种族中心论的封闭性形成了鲜明的对比，具体来说，萨姆纳种族中心论体现了某种文化上的骄傲自大和唯我独尊，偏执地认为本文化传统中的观念或知识才是具有真理性的，其他文化都是谬见或错论，没有理由也没有必要同其进行平等的对话。然而，依据罗蒂种族中心论的立场，认同该理论也就意味着我们的理解和认识活动是以自身有限的识见为起点的，以开放性的态度来看待我们和他人的活动可以填补彼此认知上的空白，在相互对照中减少谬误。可见，萨姆纳种族中心论是封闭的、拒绝对话的，而罗蒂的种族中心论是开放的、助益对话的。反对者可能依据事实提出质疑：如今世界上确实有一些种族是封闭的、几乎与当代文明隔绝的，罗蒂的上述理论不能解释这种独特现象。作为回应，罗蒂指出，这充其量是反对者的一种错觉或毫无意义的虚构，他乐观地坚信，在现实生活中，"不同传统与文化的代表终会找到超越隔阂并开展对话的途径"①。

  如果说开放性打通了不同种族的人们进行对话的隔障，那么，约定性则为人们在对话中达成共识提供了学理基础。依据罗蒂的认识，约定性是种族中心论的应有之义。既没有完全客观的、非人的参照系存在，人们也不能在任何情况下彻底摆脱自身的"前见"，人们只能从现实的、当下的即自己种族的立场出发来从事一切活动，而且只能遵循一个种族内部或几个种族之间约定俗成的、暂时的标准来判定自己的活动进程合理与否，进而对活动的结果做出大致的评估。也就是说，约定性贯穿于人们活动的始终，即便是衡量的标杆和准则也附带

---

① Robert B. Brandom, ed., *Rorty and His Critics*, p. 12.

着约定性，该属性是基于种族立场并通过合理推定而得出的结果。罗蒂还引用了美国认知科学家丹尼尔·丹尼特（Daniel Dennett）与英国生物学家理查德·道金斯（Richard Dawkins）的关于"文化基因"的研究成果来佐证种族中心论的约定性。两位学者认为，"文化基因是类似于言语转换、美学或道德称赞概念、政治标语、格言警句、音乐语句、模式化的肖像等的事物"①。众所周知，为了获得更佳的生长条件，生物基因之间存在激烈的竞争关系，文化基因与此类似，也在激烈的竞争中谋求更大的文化空间。然而，不管是生物基因还是文化基因，没有哪个基因比余下的基因更相符于生物进化或人类本性的目标，理由在于生物进化具有偶然性、随机性和非线性，人类本性也缺少客观性，只是特定社群的人们达成的一种共识。以此推论，伦理领域中没有永恒的善和永恒的恶，有的只是被不同历史条件下的不同社群所认定的善和恶。简言之，对文化基因的判断和认识是立足于特定的文化基因群体的。这项研究成果也证实了在社会文化领域客观性、必然性和独立性是没有存在空间的，到处留下的都是约定性的足迹，与文化基因群体相似的种族则是这种约定性的创造者。

约定性之于对话活动具有正向的促进作用，理由在于：首先，潜在的约定性共识是我们开展对话的前提之一。在罗蒂看来，没有什么外在的、非人的存在可以限制不同社群、种族与文化之间的对话，也没有任何先验的要素能够绝对地割裂这种沟通和对话。为此，他明确写道："我们与其他共同体和文化的交流，不应当被看作是在来自不可比较的第一前提和不可调和的思想体系之间的冲突。不能像看待其他几何学那样看待其他文化。"② 正好相反，某些潜在的、隐晦的约定性共识是我们开展对话的重要前提之一，正是因为我们对话的双方一并分有了某些不自明的约定性的共识，对话才能得以开始和继续。举例来说，这些约定性的共识包括："他是正常人""他是可交谈和沟通的对象""他具有成为我们中一员的潜质""虽然他的某些主张有点儿

---

① Richard Rorty, *Truth and Progress: Philosophical Papers III*, Cambridge: Cambridge University Press, 1998, p.206.
② ［美］理查德·罗蒂：《后哲学文化》，第79页。

另类，但总体上还是较为理性的"等。其次，如果坚守非约定性的立场，就会阻碍对话，这将间接反证：约定性是有益于对话的。罗蒂表示，回顾人类文化发展史，在特殊历史时期的特定社群内，某些特权阶层宣称掌握了"必然真理"，获得了不容辩驳和挑战的"客观真理"。由于这种声称的必然性、客观性即真理性，致使人们围绕这些真理进行对话在理论层面上变得毫无必要，消解了对话的必要性。当然，并非所有人都天真地、毫不怀疑地认可这些真理，为了回击和控制反对者的质疑，特权阶层只能运用武力手段，动用暴力机关进行压服，这就在实践层面上彻底切断了对话的通道，社群内部或者种族之间的正常对话将会消失。罗蒂的反对者对此可能提出一个反驳：罗蒂的上述内容只是人类文化史上的个案现象或特例，不具有普遍性，没有足够的说服力。对此，罗蒂会驳斥道："真理与权力确实是紧密相连的，并且二者一直联系在一起。"① 一旦某个阶层或社群自诩握有"真理"，武力压服和对话通道的关闭将在所难免。由上可见，罗蒂以反证法表明：约定性是有益于对话的。综上所述，罗蒂认为，人们应当放弃这种观念：必然性是对话的先验基础，控制和主导着对话活动，同时也是衡量对话的客观标准。其实，所谓的客观标准都是不同种族的人们以约定性的方式在对话中主观设定的。在人们论及文化对话、种族对话的某个标准时，主要是指在对话境遇中获得部分认可的历时性的标准，是随着对话活动可以适时修正的。总而言之，种族之间、文化之间的对话是具有约定性并受其推动的。

宽容性是罗蒂的种族中心论所寄寓的除了开放性与约定性之外的第三种基本属性。从某种程度上讲，萨姆纳种族中心论是狭隘的、苛刻的，因为依据这种立场，某个种族会深信真理站在自己一边，他们的认识都是合乎理性的，也应当成为普世标准，其他种族理应无条件接受这套价值观或知识体系，遇到持异议者，他们通常会苛刻地逼迫对方认同自己。与之形成强烈反差的是，罗蒂的种族中心论持更加温和的立场，体现了宽容性，这具体表现在两个方面：一是不偏执地认

---

① Richard Rorty, "What Can You Expect from Anti-Foundationalist Philosophers? A Reply to Lynn Baker", *Virginia Law Review*, March, 1992, p.723.

第五章 罗蒂的对话哲学

为本种族的观念和为其所做的辩护具有优越性和真理性。说某个观点具有真理性只是表明在既定的社群或种族范围内它获得了较为充分的辩护，辩护所依赖的论据都是有限的，因此，与其他种族的观念和认识相比，我们没有充足的理由抬高自己而贬低他人。我们既要宽容地看待自身的不足，也应该宽容地对待他人的缺陷。简言之，罗蒂种族中心论看待其他种族文化的态度体现了宽容性。二是不通过武力压服而是秉持说服的原则，通过正常的沟通与对话来开展种族文化交往。既然没有哪个种族的观念或认识更具有优越性和真理性，那么以武力压服的方式所做的强制推广就是不正当的。正当的做法是：在地位平等的前提下，遵循说服的原则，做耐心、良性的沟通和对话，极力避免使用武力压服。简言之，罗蒂种族中心论的说服原则体现了宽容性。有鉴于此，美国学者基尼翁（Guignon）和希利（Hiley）评价道："他是一位宽容的种族中心主义者，但并不持有教条主义。"[1]

作为一名实践特色极为鲜明的哲学家，罗蒂联系西方文化向东方世界输出的社会实践来论证宽容性对于对话活动的促进和帮助作用。他毫不避讳地指出，长久以来，西方国家都以非宽容的，即武力压服的方式向东方国家输出自己的文化。在早期阶段，西方人以上帝的名义入侵东方国家并输出文化。工业革命的完成与自然科学的飞跃式发展提升了西方人的文化自信心，深以为西方文化就是理性的代名词，笃信按照西方文化的模式改造其他民族和国家的文化，以普遍主义取代文化多元化就能使落后的民族和国家摆脱愚昧，迈向文明。所以，他们或者是动用强大的战争机器推广西方文化，或者是采取严苛的文化同化政策谋求西方化或白人化。那么，关于上述种种非宽容性的举措是否对文化对话产生了积极作用的问题，罗蒂的回答是：NO。如下事实支撑了他的回答：当今东方文化尤其是伊斯兰文化和西方文化的龃龉在不断加深，美国、澳大利亚、新西兰等国家内部的文化同化政策纷纷以失败而告终。当然，西方人遭受了的这种重创并非表明东方文化比西方文化更合理。其实，东方文化的某些局限性应当在借鉴西

---

[1] ［美］查尔斯·基尼翁、［美］大卫·希利：《理查德·罗蒂》，朱新民译，复旦大学出版社 2011 年版，第 32 页。

方文化的前提下加以修正，比如，将女性排除在受教育的对象行列之外、实施严酷的宗教政策、禁止族外通婚、反对和敌视同性恋等。在这些方面，罗蒂认为，西方人应当立足于种族中心论在文化对话中推广一些较为合理的观念，也有义务将更多的人笼络进"我们"的范畴。他十分认同罗尔斯的这个主张："对于那些被视为合乎理性的事物，对于那些被视为合乎理性的社会，我们西方人应该把它们接受为一个全球道德共同体的成员。"① 罗蒂建议，假如我们以宽容性的态度来处理文化交流问题，那么，文化对话应该可以从中受益。例如，西方人可以谦虚地、平和地向东方人表示，过去我们也曾禁止女性受教育，也曾敌视同性恋，也曾实行严厉的宗教政策等，但是在我们转变了对这些事物的根本看法之后，社会生活没有变得比从前更糟糕，反而和过去相比有了更大的进步。你们的现在就是我们的过去，我们的现在就是你们的明天，所以，何不尝试做出一些改变。总而言之，罗蒂主张，倘若西方人以种族中心论为立场，放弃从前的普遍主义立场，更加宽容地对待其他文化，那么，文化对话将更加趋于顺利和通畅。

综上所述，依据罗蒂的认识，对西方哲学的批判与种族中心论构成了对话的两个必要前提。其中，反本质主义、反表象主义和反基础主义思想拒绝将形而上的存在视为人类活动的前提，特定的历史与社会背景才是人类一切活动的先决条件，包括对话在内的人类所有活动都是完全情景化的，是以某个历史和社会坐标为出发点的。这样一来，对西方哲学的批判从内在逻辑上就导向了种族中心论。作为对话的前提之一，种族中心论既是一个逻辑起点，又是一个历史的、具体的点。说它是逻辑原点，是因为种族中心论是按照"反本质主义→反表象主义→反基础主义"的路线进行推演的应得理论结果之一，对话应当以此为逻辑起点，不然就有违于罗蒂的基本哲学立场，使理论前后出现不自洽的现象。说它是历史的、具体的点，是因为种族中心论较好地描述了社会实践中对话活动的发起机制，将对话活动的历史性、情境性和社会性展现出来，它是来源于并贴近生活现实的。总而言之，罗

---

① ［美］理查德·罗蒂：《文化政治哲学》，张国清译，北京大学出版社2011年版，第63页。

蒂在一"反"一"正"、既否定又肯定的辩证思维的演绎中阐述了其对话的前提。

二 对话的途径

对西方哲学的批判以及种族中心论在一定程度上弱化了哲学在罗蒂眼中的地位与作用，他进而将研究重心转向了文学、政治学等领域，将大量的精力用于撰写文学评论、文学理论以及社会或政治哲学论文。他的对话思想主要是在这一时期萌芽并逐步形成的，所以，罗蒂关于对话途径的思考主要局限于文学领域。在罗蒂看来，宏观的途径是文学，微观的途径是小说与诗歌。

文学可以充当对话的宏观途径，因为通过文学能够帮助读者拓展对自我的描述，进而有利于塑造更优秀的对话主体；通过文学能够帮助读者感知残酷，从而有利于实现对话的目标。罗蒂不曾针对性地撰文界定"文学"的概念，而且也是在较为宽泛的意义上使用"文学"这个词汇的，他在《偶然、反讽与团结》一书中写道："'文学'一词现在所涵盖的书籍几乎无所不包，只要一本书有可能具备道德相关性……便是文学的书。"[①] 他并没有利用约定俗成的"文学性质"一词来衡量一本书究竟属不属于文学书，而是将"伦理道德"和文学书勾连在一起。任何一本书但凡与伦理道德相关，一概可划入文学书的范畴。与此同时，罗蒂还建议同时代的文学评论家无须再执着于求索和揭示"文学性质"，应当重点关注当前社会生活中的伦理道德难题，为人们解决各种实际、具体的道德两难困境提供具有可操作性的合理化建议；应当凭借自己的研究成果来加速社会成员的道德自觉与进步。鉴于此，艾琳·丹尼尔森（Elin Danielsen）指出，罗蒂赋予了文学评论这种开放和综合的体裁以特权，理由在于，"为了表达和改变世界上人类的生存体验，我们需要这种类型的对话"[②]。肯尼斯·布鲁菲

---

① ［美］理查德·罗蒂：《偶然、反讽与团结》，徐文瑞译，商务印书馆2005年版，第117页。
② Elin Danielsen, Consequences of Pragmatism for Literary Studies, Ph. D. dissertation, The University of Bergen, 2013.

（Kenneth A. Bruffee）进而表示，罗蒂认为，文学评论应当居于这样的位置，"即从社会建构论者的视角来看待文学，它将打开许多有趣的、智慧的和有益于审美的对话"①。按照罗蒂的理解，中世纪至今的西方文化主要经历了三个发展阶段："第一阶段是宗教阶段，希望从上帝那里得到救赎；第二阶段是哲学、科学阶段，希望通过理性获得救赎；第三个阶段是文学阶段。"② 其中，在文学阶段，人们重点考虑的问题是如何增强或丰富自己的想象力，如何更高效地接触并认识生活中层出不穷的新事物。当前的西方世界就处于文学阶段，人们不再矢志追求真理或上帝，而是展露了对新事物的浓厚兴趣，各种新观念或新思想萦绕在人们头脑中，"真理是什么""上帝存在吗"等老生常谈的问题被普罗大众所疏远。越来越多的社会成员利用小说、诗歌与戏剧等文学作品来丰富和拓展想象力，在文学作品中意会各种截然有别的人生角色，攫取前所未有的全新体验，而非一头扎进泛黄的宗教书籍中或者迷失在针对实在的思考中。毫不夸张地讲，处于文学阶段的人们冷落了从前推崇备至的科学理性与光芒万丈的上帝，企图凭借自身的想象力求得自我救赎。

罗蒂之所以将文学视为对话途径，原因之一在于：通过文学能够帮助读者拓展对自我的描述，进而有利于塑造更优秀的对话主体。在20世纪早期，文化领域出现了一个新变化，即"科学家们正像神学家们一样远远离开了大多数知识分子。诗人和小说家取代了牧师和哲学家，成为青年的道德导师"③。究其原因，是因为文学知识分子在自己创作的各种体裁的作品中为人们呈现出了无数个生动鲜活、个性突出、观念迥异、追求不同、生活轨迹无比丰富多样的人物形象或生命经历，破除了青年人对自身的狭隘认识，使他们看到了对自我进行不同描述的可能性，拓宽了他们的人生发展路径。简言之，令青年人将过去的

---

① Kenneth A. Bruffee, "Social Construction, Language, and the Authority of Knowledge", *College English*, August, 1986, p. 783.
② 《著名哲学家理查德·罗蒂来山西大学访问》，《科学技术与辩证法》2004年第5期。
③ ［美］理查德·罗蒂：《哲学和自然之镜》，李幼蒸译，商务印书馆2004年版，导论，第2页。

第五章 罗蒂的对话哲学

不可能视为了可能,培养了强大的心灵。时至今日,文学文化依然风头正劲,大批处于人生十字路口的青年人通常会优先选择阅读小说、诗歌与戏剧等文学作品来求取精神安慰与心灵救赎。正如美国学者哈罗德·布鲁姆(Harold Bloom)所言,"年轻人的精神教育最好由虚构文学来完成,而不是由学习宗教传统或道德哲学来完成"①。应当说,当前最受欢迎的创作者不是书写恢宏大论、晦涩艰深的哲学专著的学者,也不是撰写千篇一律、永恒正确的布道文章的神学家,而是善于构思和编撰新奇故事的文学知识分子。尽管人类历史上杰出人物的生活经历、价值选择、气质性格等带有很大的启发性,但是文学知识分子建议人们不要一叶障目,应当看到更多、更有趣或相对较好的可能性。大众纷纷效仿少数精英分子的生活模式也是不妥帖的,人们理应寻求更多样的可能性,而且也确实有无限多种例子可供人们借鉴与参考,只要多接触这些不同的生活经历,对自我心灵的滋养和塑造就更有利。文学知识分子还表示,要而论之,青年人在小说、诗歌与戏剧等文学作品中激发了想象力并突破了旧有的想象力边界,使更多的可能性向自己敞开,从而获取了更积极和强大的精神动力。诚然,每个人的想象力都是有限的,然而,它具有不断被突破和重新界定的空间,文学恰恰凭借创作者对生活、对社群成员、对种族等的持续重新描述,使想象力犹如水中的波纹一般向外围逐渐发散。在罗蒂看来,文学知识分子甚至将能否丰富想象力等同于生活的价值。苏格拉底(Socrates)有句名言:未曾被检视的生活是不值得过的。文学知识分子也喊出了类似的口号:想象力受到局限的生活是不值得过的。因为如果缺少想象力,人们就不能再对自己和生活进行重新描述;如果缺少重新描述,自我将被规约在现实性之下,突破自我、提升自我将化为泡影。相反,人们阅读的文学书越多,想象力活动的空间就越大,接触到的重新描述就越多,对生命多样性的感知就越丰富,对个人身份多重性的认知就越深刻,才会塑造出无数特色鲜明的生命个体,也进而才能扮演好强健的对话主体的角色。罗伯特·丹尼斯(Robert Danisch)在

---

① [美]理查德·罗蒂:《哲学、文学和政治》,黄宗英等译,上海译文出版社2009年版,第82页。

此基础上指出,"罗蒂主张,通过保持持续的对话和阅读伟大和富有想象力的艺术作品,我们更容易获得所追求的东西"①。

通过文学不仅能够帮助读者拓展对自我的描述,而且还能够帮助读者感知残酷。从这个角度看,它有利于实现对话的目标。这也是罗蒂将文学视为对话途径的另一个重要缘由。在罗蒂看来,对话的重要目标之一就是减少残酷,促进道德进步。可是,无数社会现实表明,很多人对残酷产生了一定的免疫力,在痛苦、欺凌、侮辱等残酷行为面前表现得麻木不仁或漠不关心。正如苏格拉底曾指出的,人们不为善,是因为不知道真正的善是什么。罗蒂认为,人们对残酷无动于衷,是因为他们还没有对残酷形成更直观与深刻的感受。要想纠正这种弊端,则要在对比描述的情况下,反衬出令人发指和无法容忍的残酷。例如,让残酷的受害者更直观地体会到他们的悲惨境地与正常人生活之间的巨大差距,激励他们发起由下而上的革命;让社会精英阶层更直观地体会到上述差距,激励他们发起由上而下的改革。如此这般,可以在很大程度上减少残酷。然而,由于残酷的受害者要么处于社会底层没有发出自己声音的媒体渠道,要么受限于教育水平无法用富有感染力的语言表达自己的悲惨处境,要么被直接剥夺了人身自由和政治权利而只能被迫默不作声。针对上述情况,应当有个群体站出来为大众提供这些有关残酷的对比性的描述,文学知识分子无疑是最佳的选择,尤其是站在反讽主义立场上的小说家、新闻记者和诗人等极其擅长从事这项工作的。他们和人类学家、剧作家、社会学家等携手合作,主要通过文学的途径源源不断地将有关残酷的对比性描述呈现出来。罗蒂称赞这是自由社会最可贵之处。他说:"让我们考虑一下这些图书:《汤姆叔叔的小屋》与《悲惨世界》,狄更斯与左拉的一系列小说,《一个非洲庄园的故事》《西线无战事》《寂寞之井》《深渊里的人们》《黑男孩》和《动物农场》。这些小说与《德雷皮尔的信》《桑切斯的孩子们》《通往威根码头之路》和《古拉格群岛》等纪实文学文学联系在一起;也与揭露黑暗面的记者与社会科学家撰写的报

---

① Robert Danisch, The Absence of Rhetorical Theory in Richard Rorty's Linguistic Pragmatism, *Philosophy and Rhetoric*, Feburary, 2013, p.179.

第五章　罗蒂的对话哲学

刊文章和专栏文章联系在一起；也与脱离实际的社会改革委员会或官僚机构创作的报告联系在一起。"① 这些提供了差异巨大的对比性描述的文学作品既能够号召受害者群体自发、主动地对抗残酷，又可以在一定程度上让施暴者群体感到羞耻和汗颜，还可以鼓励其他富有良知和正义感的人加入对抗残酷的战线。通过这种方式可以在很大程度上减少残酷，推动道德进步，帮助达成了对话的目标。反对者一方面质疑罗蒂似乎片面夸大了文学在减少残酷方面的重要性，同时还有选择性地忽略了法律规范、政府行政、教育等在这个方面的积极作用；另一方面还进一步批评，罗蒂人为地束缚了文学的功能，将其局限在为人类自身、社会生活提供再描述，局限在减少残酷和促进道德进步这两个方面。实际上，罗蒂在肯定文学途径的同时，没有公开且明确地否定法律规范、政府行政、教育等也是可以减少残酷，推动道德进步的重要途径，也承认这几种途径的积极作用，只不过他在这些领域知之甚少，并不像在文学领域里一般能够收放自如地展开论述。同时，他也意识到，文学的功能无疑是多元化的，除了上文提到的两种功能外，它还具有帮助人们休闲娱乐的功能，还可以帮助人们塑造更健全的世界观等。

由上可见，通过文学可以拓展人们的自我描述，从中也能体认社会生活中的残酷，这表明，通过文学有利于塑造更优秀的对话主体，从而更易于实现对话目标。因此，文学是一条可靠的对话途径。由于"文学"本身就是一个异常宏阔的领域，加之罗蒂通常在宽泛的意义上讨论文学，这就使他关于文学是对话的宏观途径的论述极易流于泛化。为了更深入地探讨对话途径问题，罗蒂进一步聚合了自己的视角，在中观的层面上细化了对话的途径，即小说与诗歌。

通过小说能够帮助读者弱化自我中心主义的消极影响，从而有助于为对话奠定良好的心理基础；通过小说自身所具备的惟妙惟肖的描述功能可以帮助读者了解残酷，有助于增强对话者的共通感；通过小说能够帮助读者提升道德品质，有利于夯实对话活动的伦理基础；通

---

① Richard Rorty, Habermas, Derrida and the Functions of Philosophy, *Revue Internationale de Philosophie*, April, 1995, p. 455.

过小说能够弘扬自由与平等的思想，有助于为对话提供价值观保证。基于上述理由，罗蒂将小说视为对话的主要途径之一。

前文"宏观途径"小节已经说明，在罗蒂看来，文学是如今身处文学阶段的人们所依赖的重要对话途径。古今中外，文学作品汗牛充栋、灿若星辰，文学体裁也五花八门，例如，小说、杂文、诗歌、游记、新闻报道、语言和剧本等。择要者而论之，罗蒂认为，小说可以担当文化对话的重要桥梁。为此，他写道："承担（对话）这项任务的，不是理论，而是民俗学、记者的报道、漫画书、纪录片，尤其是小说。"①

罗蒂将小说看作对话的途径，其主要的考量之一是：通过小说能够帮助读者弱化自我中心主义的消极影响，从而有助于为对话奠定良好的心理基础。在欣赏小说的整个流程里，凭借追寻不同人物形象的生活发展道路，大部分的读者可以体味到一切人物形象都置身于一个相对平等的情境里，为此，罗蒂一度把小说赞誉为"民主的乌托邦"。某个人物形象所表征的现实社会里的某个群体都是体系庞杂的生活世界的组成元素，每个形象的人生道路都有特殊性，都是无法替代的。不存在哪个人物形象可以凭借卓越独立的单一性将其他人物形象的多样性取而代之，也不存在某个人物独具神目观，可以扮演绝对真理代言人的角色。这无疑能够弱化或去除读者头脑中的自我中心主义。在这里，自我中心主义并不仅指一般意义上的损人利己，而且还指代认识领域的盲目自信，"盲目笃信业已掌握慎思明辨所要求的一切知识，可以掌控沉思行动所造成的一切后果。它自以为倘若掌握了所有知识，就可以在处境最好的情形下做出恰当的选择"②。罗蒂认为，传统形而上学是造成上述目空一切的罪魁祸首，它宣称致力于谋求真理，自诩触及或掌握了部分真理，极易令其追随者滋生妄自尊大的自满心绪。更进一步讲，传统形而上学一直鼓励人们将普遍性或一般性视为特殊性或个别性的衡量标尺，继而掩盖了具体情境里的文本的真正含义，

---

① ［美］理查德·罗蒂：《偶然、反讽与团结》，第7页。
② Christopher J. Voparil and Richard J. Bernstein, *The Rorty Reader*, Hoboken: Wiley-Blackwell, 2010, pp. 394–395.

第五章 罗蒂的对话哲学

特别影响对反讽文学作品的理解和认识，令读者很难体会反讽描述所承载的内在意味。在此基础上，他表示，小说是表现反讽的最好文学体裁，会把特殊的意蕴融入人物形象的音容笑貌的描绘中，整合到故事情节的发展演绎中。读者应当以虚怀若谷的姿态，暂时放弃心中奉为金科玉律的见识，细细品读，反复玩味，才能把小说作品中的反讽情趣挖掘出来，真切体会到社会生活的多姿多彩与变化万千。罗蒂主张，小说的广泛流行使文学知识分子群体确信：出于促成良性对话的考量，在人们评估自身行为给他人带来的诸多后果时，无须事先考虑以前人们是如何处理此类问题的，真正应该做的是，基于对他人形成的综合认识来权衡自己是否采取行动以及采取何种行动。同时，还要换位于对方立场反思对自身及行为的认识，也就是说，人们的行为合理与否、可行与否，很大程度上有赖于自我对他人的描述和他人对自我的描述。小说恰恰迎合了人们的这种现实需求，它使人们直观地认识到其他处境、社群、种族的人们是怎样描述自身的，他们是出于怎样的考虑而做出一些在我们看来是违背常理或人伦的行为的，他们怎样在自己的生活中寻求生命的价值与意义……。这样一来，我们怎样行事、怎样维系对话的问题就转化为怎样协调自身需求和他人需求的问题，怎样协调我们自身的描述和他人自身描述的问题。罗蒂也承认，除了小说之外，还有其他的文学体裁能帮助人们达成以上的目标，"人种学、历史编纂学和新闻学不断扩充人们对向人类敞开着的可能性的认识。但小说这种体裁给予了我们最大的帮助，它帮助我们理解人类生活的多样性和我们自身道德词汇的偶然性"[①]。依照上述观点推论，当读者在小说作品中接触到针对社会生活与个人命运的繁多描述时，会自然而然地反省自我中心主义的各种弊端，意识到个人眼界的局限性与不同文化传统的或然性。此类心理变化将蕴生尊重他人或其他文化形态的谦善心态，为彼此进行平等的对话奠定心理基础。

小说在描述人物形象以及他们所处的不同社会生活境遇时，也将不可避免地触及现实生活的黑暗面。换言之，通过小说自身所具备的惟妙惟肖的描述功能，可以帮助读者了解残酷，有助于增强对话者的

---

① ［美］理查德·罗蒂：《哲学、文学和政治》，第78页。

下篇　新实用主义的交往哲学

共通感，这也为罗蒂将小说看作对话的途径提供了辩护。在罗蒂看来，目前，"自由主义者相信残酷乃是我们所为最恶劣之事"①。小说创作者凭借对人物遭受的各种凌暴、欺侮、灾难等悲惨经历的惟妙惟肖的刻画，能使读者在意象世界中展示出私人或社会强加在受害者身上的不忍目睹的残酷景象。在这种情况下，读者借助移情作用能够在小说人物和自身之间实现虚拟角色与现实自我的融合，不同程度地感受到主人公正在承受的残酷，好似亲身处在那种悲苦的情境中。譬如，"狄更斯、施赖纳或赖特等作家的小说，把我们向来没有注意到的人们所受的各种苦难，巨细靡遗地呈现在我们面前。拉克洛、亨利·詹姆斯或纳博科夫等作家的小说，把我们自己所可能犯下的种种残酷，巨细靡遗地告诉我们，从而让我们进行自我的重新描述"②。不可否认，要想减少或杜绝残酷，理应感知并意识到残酷究竟是怎样一种状况，明确了这个对象才能有的放矢。罗蒂指出，在风格不同的小说作品中，读者能体验到不同时期、不同职业、不同社会阶层人物展现出来的伪善做作、冷若冰霜、卑躬屈膝、见风使舵等人格缺陷以及由此造成的百般残酷，这样读者才能在实际生活中以身作则地避免或减少类似残酷。与之形成强烈反差的是，通过阅读哲学书籍反而会加剧人们对残酷的漠不关心，也使哲学家沦为小说家嘲讽的对象，"小说家将我们和如下一系列滑稽可笑的形象相提并论，如，伏尔泰眼中的莱布尼茨，斯威夫特著作中拉普他岛上的科学家以及奥尔为作品中的马克思主义理论家"③。这主要在于哲学家及其创作的书籍忽视了人们平时极为关注的问题，如哪些事物减少了生活中的残酷，哪些事物令残酷越发严重等，哲学书籍一般会向读者传递这样一种信息：这些不公、磨难、暴虐等都只是表面现象，让我们关注它的本质吧。总而言之，通过阅读小说，读者对残酷形成了更形象的画面感，增强了自我与他人的共通感，更倾向于站在对方的立场上看待问题，对他人处境的感受与理解也将更加全面。

---

① ［美］理查德·罗蒂：《偶然、反讽与团结》，第 207 页。
② ［美］理查德·罗蒂：《偶然、反讽与团结》，第 7—8 页。
③ Richard Rorty, *Essays on Heidegger and Others: Philosophical Papers II*, p. 74.

第五章　罗蒂的对话哲学

既然小说能够描写与呈现残酷,那么,很可能会引起人们对残酷等不义之举的反思,让人心与良知接受拷问与责难。从这个角度看,通过小说能够帮助读者提升道德品质,有利于夯实对话活动的伦理基础。这也是小说可以充当对话途径的理由之一。怜悯和残酷、道德高尚和惨无人道是此消彼长、此进彼退的遥相呼应的范畴。小说作品在鼓励读者感受残酷、避免残酷的同时,也相应会培养读者的怜悯之情,提升读者的道德品质。进而言之,首先,它能让读者体验迥然不同的各色道德困境。在罗蒂看来,小说创作者取材于现实生活为主人公创设了形态各异的社会场景,使人物处于生活矛盾的旋涡中,难以拔身的道德困境中。在阅读小说过程中,读者一方面可以融入故事情节与主人公一同感受道德两难,另一方面又能够游离在作品之外,以第三者的视角评估主人公的道德行为是否妥当。通过身处不同的小说情境,体验主人公的道德困惑,读者会从中获取灵感思考如何才能进行道德实践、如何在现实生活中避免类似事件的重演、如何做好自己的道德修养等。就像罗蒂所指出的,小说几乎不创造如同神一样十全十美的人物形象,它通常会向我们揭示其他人在铸成大错之后是怎样看待自己的,怎样想方设法地为自己的错误进行辩护,怎样赋予他们自己平庸或悲苦的生活以意义。"怎样协调我们与他们的需求就是怎样将他们对自身的各种描述和我们过去对自身的描述协调在一起。道德养成就是锤炼这种协调的能力。"① 不难看出,在小说作品设置的种种虚拟道德场景中,读者可以学习如何巧妙地化解类型不一的道德困境,进而提高自身的道德修养。其次,它能使道德规范形象化、直观化。罗蒂以狄更斯(Dickens)的小说为例明确指出,他所塑造的人物形象都是惟妙惟肖、跃然纸上的,使抽象的道德规范、概念化的高尚与丑恶转变成了小说人物的一系列具体的内心抉择和实际行动,令伦理学家、神学家口中的形而上的道德原则落到实实在在、形象直观的活动中。依罗蒂之见,通过小说来形象、直观地把握道德规范,可以避免人们逃离社会生活而沉浸于虚幻的形而上的追求中,它会引导人们去询问这类贴近生活实践的问题。例如,做什么能有益于我们和他人的对话

---

① Christopher J. Voparil and Richard J. Bernstein, *The Rorty Reader*, p. 393.

与相处、怎么帮助他人改善朋友关系、怎样完善体制从而确保所有人都能可被理解等,而非"用人的本性、人类生存的意义、生命的意义等问题来诘难自己"①。除此之外,小说促成的这种道德规范的形象化、直观化还体现在回答某些伦理道德问题方面。罗蒂认为,人们通常会反躬自问:我为何要帮助一位陌生人、我为何要对自己所厌恶的人施以援手、我为何要援助那些和我没有血缘关系的人……。此类问题较好的答案是,"由于她身处的境遇比较凄惨——远离故土、人地生疏,或者由于她可能会成为你的爱人,或者由于她的母亲会为她感伤落泪"②。最糟糕的答案是:人的本性要求我这么做,我的所作所为是上帝的命令或者我遵循的是心中永恒的道德律等。也就是说,通过阅读小说促成的道德规范形象化、直观化能强化人们对道德情境性的感知,更易作用于人们的道德情感,敦促人们付诸有道德的行为,进而提升道德品质。由上不难看出,经由小说这个途径能够使读者体验多样的道德困境、使道德规范形象化、直观化,既促成了良好道德品质的养成,又夯实了对话活动的伦理基础。

　　残酷大抵是不自由、不平等的制度与现实所酿成的苦果,对残酷的反思也注定内蕴着对自由与平等的畅想与渴望。由此观之,通过小说能够弘扬自由与平等的思想,有助于为对话提供价值观保证,进而从另一个维度论证了小说作为对话途径的正当性。罗蒂认为,社群内部、种族之间、文化之间的对话应当是自由的,即除了对话活动之外,没有任何外在的、客观的限制;也应当是平等的,即没有核心与边缘、主导与被引导等差别,对话的参与者是对等互动的。不容否认,让自由与平等思想深入人心的途径有很多,在罗蒂看来,阅读小说就是其中之一。他非常认同著名小说家——米兰·昆德拉(Milan Kundera)的一个观点:"小说是弘扬民主思想的极具代表性的文学体裁,因为它总是和谋求自由与平等的斗争活动关系最密切。"③ 罗蒂还以狄更斯的小说来为此做论证,他表示,狄更斯采用新颖的创作方式将深刻的

---

① Richard Rorty, *Essays on Heidegger and Others*: *Philosophical Papers II*, p. 78.

② Richard Rorty, *Truth and Progress*: *Philosophical Papers III*, Cambridge: Cambridge University Press, 1998, p. 185.

③ Richard Rorty, *Essays on Heidegger and Others*: *Philosophical Papers II*, p. 68.

第五章 罗蒂的对话哲学

道德反抗融入了小说作品中，里面有对封建专制的抨击、有对神权统治的批判、有对贵族阶层盘剥和压榨普通民众的罪恶行径的揭露等。通过阅读此类小说，自由和平等思想能以通俗化的、浅显易懂的方式在底层民众间传播，而不是将自由和平等思想的传播途径局限在高等学府的课堂上，严肃的政治类或哲学类书籍中。更进一步讲，依据罗蒂的理解，小说之所以能卓有成效地宣扬自由和平等思想，关键在于它准确地把握住了人们的同情心和移情作用。在移情作用下，人们将自己等同于失去自由并被剥夺了平等权利的小说人物形象，在身临其境的幻觉中感受了各种残酷，唤起了内心对这些人物的同情，也潜移默化地将追求自由与平等的信念植根于内心。他还夸赞道："《汤姆叔叔的小屋》就做得相当漂亮，艾伦·佩顿的故事和阿索尔·富加德讲述黑人在南非种族隔离政策下的生活的那些戏剧也是如此"①，即便是最滴水不漏、最严谨细致的哲学论证也都难以企及小说所收获的这种实效。概而论之，凭借小说这个基本途径，对话参与者完成了自由与平等的思想启蒙，为对话活动提供了价值观保证。

由上可见，通过小说对人物形象的塑造，弱化了自我中心主义的消极影响，在这种描述中难免会触及社会生活的残酷一面，而对残酷的描述注定会引起人们的反思与自识，也会激起人们对自由与平等的向往。这个环环相扣的逻辑链条逐步阐明：通过小说能够为对话奠定良好的心理基础、增强对话者的共通感、夯实对话活动的伦理基础、为对话提供价值观保证。所以，在罗蒂看来，小说是能够被视为对话的途径。除了小说这种文学体裁之外，诗歌也是罗蒂关注的对话途径之一。

通过诗歌所蕴含的用之不竭、始终常新的丰富语汇能够为对话提供含义准确或用途明确的语汇，可以增添对话的语言工具箱；通过诗歌蕴含的新语汇和新用法能够帮助人们持续更新看待他人或事物的方式，可以增强对话的开放性。鉴于此，罗蒂也将诗歌看作对话的另一个重要途径。

罗蒂将诗歌看作对话的途径是双重因素共同作用的使然。一方面，

---

① [美] 理查德·罗蒂：《实用主义哲学》，第 323 页。

下篇　新实用主义的交往哲学

他明见到，通过诗歌所蕴含的用之不竭、始终常新的丰富语汇能够为对话提供含义准确或用途明确的语汇，有利于增添对话的语言工具箱。基于此，诗歌作为对话的途径是正当的。在前文"反表象主义"小节中，罗蒂曾论及，真理有赖于语句，语句有赖于语汇。依此类推，其实，何止真理有赖于语汇，对话同样也离不开语汇的支持。问题是语汇有赖于何物，罗蒂给出的答案是，语汇有赖于人的创造，有赖于诗人的创造，主要来源于诗人创造的诗歌。从自然属性方面分析，诗人同其他事物别无二致，都是自然界中因果关系的产物，然而，"他们（作为产物）有能力使用前所未用的文字，来诉说他们自己的传记。因此，弱与强的分野就是使用惯常而普遍的语言，与制造新的语言"①，他们创作的诗歌通常融合了新语汇和旧语汇、本义和隐喻。起初新语汇只是他们的私人创造物，含义隐晦、模糊、一语多关，随着该语汇被更广泛地在对话活动中运用，含义渐渐被确定下来，其所指也逐渐明晰，这时新语汇就变成了旧语汇，隐喻变成了本义。在罗蒂看来，这就是语汇在诗歌平台上的主要产生和演变机制。当人们在对话中想要表达准确的意图时，可以使用大量的旧语汇，充分利用其本义作用；当人们在对话中想要取得一语双关的绝妙效果时，可以使用新语汇，充分利用其隐喻作用。总之，诗人在诗歌中表达了无尽的新语汇，通过诗歌蕴含的丰富语汇，我们才能选择恰到好处的语汇来进行对话。另一方面，他意识到，通过诗歌蕴含的新语汇和新用法能够帮助人们持续更新看待他人或事物的方式，有利于增强对话的开放性，使对话始终向新事物、新描述或新经验敞开大门。鉴于此，诗歌作为对话的途径也是具有一定的合理性的。在他看来，诗歌除了能提供新语汇之外，还能提供旧语汇的新用法、新语汇的新用法、新旧语汇混同的新用法，可以说，新语汇和新用法的产生和使用为人们重新描述个人、自然物以及社会提供了无限的可能性，使对话的内容和对象发生了新变化。例如，在中世纪赞美上帝的诗歌中，人被描述为卑微的、跪倒在上帝面前的尘埃。而在文艺复兴的诗篇中，人又被描述为高贵的、有理性的、世间最可爱的精灵。对此，他曾明确写道："对话、

---

① ［美］理查德·罗蒂：《偶然、反讽与团结》，第44—45页。

第五章　罗蒂的对话哲学

小说或诗歌中短语的变化——表达事物的新方式、新的隐喻或明喻——会使我们看待所有事物的方式发生彻底的改变。遇到一个从没见过的陌生人，无论是在现实生活中还是在小说、戏剧中，也会导致这样的改变。"① 这赋予人们对自身和其他事物的再描述以长久如新的特征，使对话者始终能够在对话内容、对象等方面找到新颖性、新奇性，激发对话者的好奇心和参与对话的积极性，使他们内心和对话活动一直向新事物、新经验开放。

然而，上述为诗歌充当对话途径所做的论证仍需解决一个问题，即诗人是如何创造出诗歌中的新语汇和新用法的。罗蒂的回答是，运用想象力。在此，他提出了一个富有"想象力"的论断："想象力确立了思想的边界。"② 无论是很久以前诗学和哲学之间的竞争，还是近代以来人文和科学之间的竞争，都可以归结到一个点，即想象力能否在这些貌似不相干的领域内同时存在并发挥作用，过往的文化发展史在这个问题上给了肯定的答案。剖析其原因，关键在于想象力是语言的根源，不管哪个研究领域或学科门类，一旦缺少了语言，还怎么表达观点、立场、主张或思想？当然，某些具有形而上学倾向的本质主义者或实在论者不愿认同这一点，他们"设法取得抵达实在的某个路径，那个路径不以语言的使用为中介，且先于语言的使用"③。可是，千百年来他们不曾取得成功。在此，罗蒂提醒人们注意一种误解，即人们利用语言首先描述了所见所感，而后凭借激发想象力做更富有创新性的再描述，进而突破从前的语言界限或思想界限。这完全是一种想当然的、通俗的误解。在他看来，想象力伴随人类整个思维活动和言语行为的全过程。这意味着"上帝"这个语汇和"白色""方形""热""相对论"等语汇一样，都是想象力的产物，都带有新颖性。令"白色"这个语汇在日常生活中广泛使用与爱因斯坦（Einstein）启迪人们在语言中应用"相对论"这个语汇一般都是伟大的创举。原因在于远古时期的人们在没有商讨颜色区别以前，谁也不清楚"白色"是

---

① ［美］理查德·罗蒂：《哲学、文学和政治》，第75页。
② ［美］理查德·罗蒂：《文化政治哲学》，第120页。
③ ［美］理查德·罗蒂：《文化政治哲学》，第120页。

什么，这好比爱因斯坦在没有正式提出相对性原理和光速不变原理等内容以前，谁也不知道"相对论"是什么。这些语汇的创造和运用有赖于少数天才天赋异禀的想象力，尽管从前的人们在看到天空飘荡的白云、覆盖整个世界的白雪时都会喊出类似的声音，但是唯有在这些天才运用想象力将事物之间的共性叫作"白色"并被其他人广为使用之后，人们才开始留意不同颜色之间的差别。简言之，人们运用想象力创造新语汇来指代生活中的新事物，再一并使用新旧语汇来描述生活中的新发现，进而使这种描述不断趋进周延和完善，这就形成了新思想。从这个角度看，想象力为理性和思想划定了边界。

综上所述，通过诗歌人们能获得新语汇，而新语汇和新用法承载着人们看待他人或事物的新视角，这表明，通过诗歌能够丰富对话的语言工具箱，而对话工具箱的充实又能够增强对话的开放性。因此，诗歌也是对话的一条重要途径。

三 对话的原则

研究罗蒂的对话思想不仅要厘清对话途径的问题，还应当关注对话的原则问题。在罗蒂看来，对话的原则就是说服。说服原则有现实来源和理论来源两个维度，自然科学家群体是其现实来源，哈贝马斯关于"说服"的相关论述是其理论来源。如果要上溯说服原则的哲学依据，那么，它就是较弱的理性。说服原则并非一个极端抽象的范畴，可拓展为五个方面的主要内容，即对异议的存在怀有心理预期、对他人的看法始终抱有好奇心、有足够的耐心倾听他人的述说或论证、乐于接受更合理的见解并及时修正自己的认识、不采取武力压服的手段。

说服原则有现实来源与理论来源之分。就前者而言，它是指自然科学家群体；就后者而言，它是指哈贝马斯关于"说服"的相关论述。

尽管自然科学归根结底也是一种专家文化，每个专家或学者都擅长提出自己的独立见解与看法，针对某些问题时常爆发旷日持久的、来回频繁的、火药味十足的论争，但是总体来说他们很少像中世纪时期的宗教人员那样采用残酷迫害的方式逼迫争论的另一方接纳自己的

第五章　罗蒂的对话哲学

观点，他们更习惯于用一系列较为合理的论辩和具体的实验数据来说服对方。对此，诚如罗蒂所言："依靠说服而非压服、尊重同事的见解、抱有对新材料与新观念的好奇与渴望等习惯，乃是科学家唯独理应具备的德性。"① 值得更深入思考的是，缘何是自然科学家群体而不是哲学家群体、社会学家群体、文学家群体等更好地坚持了说服原则。在罗蒂看来，这主要得益于由自然科学家在千百年来的研究活动中逐步创立并修正的一种工作制度。正是在这种制度化的限制和约束下，说服原则成了自然科学家群体心中最高的"道德律"。由此可见，并不是该群体的知识分子与生俱来就具有比他人"更客观"或"更理性"的先天属性，从而使他们更好地坚持说服原则，毋宁说是通过长期规范化训练与工作实践而习得的一种道德品质。反过来，在说服原则的指导下，自然科学家群体在本领域研究中形成了大量的共识，取得了卓越的研究成果，使社会生活发生了翻天覆地的变化。有鉴于说服原则在自然科学领域的巨大成功，罗蒂主张将自然科学家群体内的正常沟通、良性互动、对话与交流视为说服的典范，将该原则向包括政治对话在内的活动领域推广。不过，在美国学者约瑟夫·劳斯（Joseph Rose）看来，罗蒂并非这种提议或倡导的始作俑者。在他之前，已经有多位学者在自己的著述中做过类似的呼吁，例如"缪藤（《科学社会学：理论和经验的研究》）……波普尔（《假设和驳斥：科学知识的成长》）……康安特（《论理解科学：一种历史性的途径》）"② 等。为了避免对科学赞誉过高而使人们倒向本质主义、表象主义和基础主义，罗蒂提醒，自然科学家群体在贡献了说服原则的同时，并没有为人们提供形而上的理性、真理、本质等，犹如神学家在贡献了对爱的教化的同时，并没有为人们带来上帝。把自然科学研究视作融贯着说服原则的对话活动，类似于把神职人员的布道看作宣传伦理道德的教化活动。至于为什么自然科学家群体创建了蕴含说服原则因素的工作制度而其他知识分子群体没有做到这一点，罗蒂表示，这只是一种偶然的巧合，而不是说该群体更接近真理或本质，"就像在当前的

---

① Richard Rorty, *Objectivity, Relativism and Truth: Philosophical Papers I*, p.39.
② ［美］查尔斯·基尼翁、［美］大卫·希利：《理查德·罗蒂》，第104页。

下篇 新实用主义的交往哲学

俄国与波兰,诗人与小说家能够成为伦理道德的最佳典型也是历史的偶然巧合一样"①。

如果说自然科学家群体是说服原则的现实来源的话,那么,哈贝马斯关于"说服"的相关论述则是该原则的理论来源。依哈贝马斯之见,在处理政治事务过程中,应当主要采用话语沟通的方式,即主要依靠参与者之间的公开讨论,自由辩论,努力说服对方,要杜绝武力威胁或压服的现象。以西方民主制度中的定期选举活动为例,定期选举能促成多数人的统治,避免国家政治驶入寡头政治、独裁专制的错车道。而且,它还为政治活动带来更为宝贵的东西,即"多数用来成为多数的那种方式才是更重要的事情:先行的争论、为适应少数人意见而进行的观点修正。……换句话说,关键的需要在于改善进行争论、讨论和说服的方法和条件"②。从中可见,说服是政治活动正常运行的重要条件。此外,对哈贝马斯来说,法律的制定与出台也离不开说服,"法律的合法性必须从形成意见和意志的话语实践中产生出来"③。换言之,法律人士、政府人员和普通民众围绕相关法律草案进行充分的讨论、交流、说服与被说服之后才能正式颁布。为了保证说服不被武力压服所取代,哈贝马斯还提倡以出台法律并形成程序正义的方式来维护它。罗蒂从两个方面继承了哈贝马斯的上述观点。一方面,他深化了哈贝马斯对于自由讨论与交流的强调,在"对他人的看法始终抱有好奇心"和"有足够的耐心倾听他人的述说或论证"等说服原则内容中做了进一步的演绎和扩展。另一方面,他直接承袭了哈贝马斯杜绝武力威胁或压服的主张,将其视为说服原则的基本内容之一。用他自己的话说:"哈贝马斯关注说服力和武力的差异,而不像柏拉图和康德那样关注人类不同部分之间的差异,优秀的理性部分和卑劣的情感部分或感觉部分的差异。"④ 他接受了上述主张并且将其整合到关于

---

① Richard Rorty, *Objectivity, Relativism and Truth: Philosophical Papers I*, p. 62.
② [德] 尤尔根·哈贝马斯:《在事实与规范之间》,童世骏译,生活·读书·新知三联书店2011年版,第377页。
③ [德] 尤尔根·哈贝马斯:《后民族结构》,曹卫东译,上海人民出版社2002年版,第245页。
④ [美] 理查德·罗蒂:《文化政治哲学》,第59页。

第五章 罗蒂的对话哲学

说服原则与民主政治的相关认识中，比如，在论及民主政治社会的最根本理念时，假如只依靠说服的途径而非武力的途径，假如只付诸商讨、沟通和对话而非具体的行动，那么，所有的活动都是被允许的。不过，György Pápay 提醒道，由于"共识"和"对话"等概念频繁地在罗蒂的作品中出现，一些解读者时常将它们与哈贝马斯的民主概念相提并论，然而，"罗蒂对理论与实践的关系、对民主理论的需求等方面的认识与哈贝马斯的观点有着显著的差别"[①]。

总而言之，自然科学家群体以具体的实验数据、合理的论辩来说服他人的习惯赢得了罗蒂的肯定，也因此成为说服原则的现实来源。与此同时，罗蒂承纳了哈贝马斯在政治活动中强调话语沟通和杜绝压服的主张，将其融入说服原则中。应当注意，罗蒂之所以接受说服原则，还在于该原则与他的对话思想体系是相容的、自洽的。在该体系中能够为说服原则找到哲学依据，那就是较弱的理性。

罗蒂更倾向于从自然科学理论判准与道德美德的视角看待理性，这造就了其论域中较强的理性与较弱的理性的区分。其中，较弱的理性所负载的道德美德具体展开的话就表现为依赖说服而非强力、乐于倾听等，由此，较弱的理性就是说服的哲学依据。

罗蒂将理性一分为二，即较强的理性和较弱的理性，前者是指可以充当自然科学理论判准的理性，是可以用来考察自然科学理论、预测事物发展趋势以及控制事物发展进程的理性，简言之，它相当于"拥有事先制定的成功标准"[②]。它类似于传统哲学视域中的理性，即理性是人们用以触及客观实在的重要工具，是处于主观认识和客观实在之间的中介物，是绝对实在指示人类把握事物本质的必要路径。更进一步讲，较强的理性约束人们必须遵守外在的、永恒的先天律令，消解主观偏见或偶然因素对认识活动的滋扰，帮助认识活动渐渐接近真理。长久以来，自然科学研究活动就充分表征了较强的理性，它遵守不断改进并日趋成熟的研究模式，依据清楚明晰的逻辑推理扮演人

---

① György Pápay, "A Liberal Who Is Unwilling to Be an Ironist—Rorty's Relation to Habermas", *Pragmatism Today*, Feburary, 2011, p. 121.

② Richard Rorty, *Objectivity, Relativism and Truth: Philosophical Papers I*, p. 36.

类认识领域的拓荒者与深耕者。依据罗蒂的理解,除了自然科学之外,法律事务与经济活动也体现了较强的理性。具体来说,法官在着手处理各种诉讼案件之前已经在心中掌握了判定的标准和依据,余下的就是根据每个诉讼案的实际情况和心中已有标准进行比对,然后决定正义的天平偏向哪一方。经济活动中的商人也有着既定的、预期的盈利目标和衡量标准,从而能够高效地组织和掌控商业活动的进程,并对最终的结果做出综合评估。可见,无论是自然科学家,还是法官与商人都握有一个标准,借此实现对相关活动的精准预测和有力控制,犹如透过现象握住了本质。

相对而言,较弱的理性"只意味着合情理的、清醒的、有教养的等道德美德,它要求人们逃避教条主义、固执和义愤,代之于容忍、尊重他人意见、乐于倾听、依赖说服而不是强力"①。它提倡,人们在对话活动中应该抛弃猜忌与怀疑的心理,坦然真诚地对待其他参与者,既不要曲解他人的主张,也不要强求他人必须同意自己的主张。倘若在对话中运用较强的理性,那么,"每一种独特的文化都配有某种不容挑战的公理,某些'必然真理',而这些东西阻碍了文化之间的交流。因此文化之间似乎不可能有对话,而只能靠武力来征服"②。倘若运用较弱的理性,一方面能避免上述对话难题和困境,另一方面还有助于放弃一些虚假的难题。溯其原因,主要是因为,首先,人们在当前依然没办法证实本质是先于人类并且客观存在的,自古至今,一代代的哲学家尝试破解此难题,然而没有取得理想的结果;其次,即使这个预设成立,真的有本质存在,那么,单凭人类有限的认识能力也没有办法证明现有的认识和客观本质的相符程度,原因在于人类没有能力摆脱自身局限性而具有普特南所说的神目观,因此,没有哪个文化形态可以自我标榜触及了绝对真理,没有理由逼迫其他文化接受自己的认识。这意味着,所有文化形态都应该做到对自身局限性的高度自觉,以包容的心态看待其他文化及它们的局限性。在参与文化对话

---

① 陈亚军:《西方哲学病的诊治者——罗蒂反基础主义理论释解》,《厦门大学学报》1997年第2期。

② [美]理查德·罗蒂:《后哲学文化》,第79页。

第五章 罗蒂的对话哲学

时,应当主动地认识其他文化,宽容地对待文化的异质性或多样性,切勿采用暴力途径树立文化霸权,相反,应当借助说服来维持良性、平等、自由的文化对话。

由上可见,罗蒂反本质主义、反表象主义的哲学立场已经内蕴了较弱的理性,如果把较弱的理性置于对话思想的体系中,它可演绎为说服原则。如是观之,较弱的理性是说服原则的哲学依据。诚然,按照罗蒂的理解,说服原则并非一个高度抽象的范畴,它也有着丰富的内容。

罗蒂并没有对说服做过系统化阐释,仅仅在不同的著述中做过零敲碎打式的描述和论证,这些碎片化的论述概括出了说服原则的主要内容,即对异议的存在怀有心理预期、对他人的看法始终抱有好奇心、有足够的耐心倾听他人的述说或论证、乐于接受更合理的见解并及时修正自己的认识、不采取武力压服的手段。

在罗蒂眼中,对异议的存在怀有心理预期是说服原则的重要潜在命题之一,也是说服活动的先决条件之一。前文"种族中心论"小节业已论及,在参与种族之间的对话时,每个参与者都以本种族成员的身份,基于本种族文化传统赋予自身的或是潜移默化或是显而易见的各种影响为出发点的;在参与种族内部或社群之内的对话时,参与者是以独立个体的身份,基于学校教育、家庭熏染等施加于自身的教化为出发点。这表明对话的参与者都是有着不同的文化传统、教育经历、种族或家庭背景、成长历程等属性的,都是多样化、个性化的存在,所以,他们会根据自身承载的种族规定性来分析问题,做出判断,形成自己的意见。不难推断,即便是针对同一个问题,由不同的人来回答,他们观察的切入点、思考问题的方式以及最终给出的答案也会各有差异。传统形而上学家孜孜以求的普遍同意是极难兑现的,可以说,持有异议是常态,达成共识是非常态,后者通常意味着要付出艰卓的共同努力才能实现。由上观之,说服原则的一个重要内容就是对异议的存在怀有心理预期,要意识到这是由人们的社会属性所决定的,每个人都不能摆脱的历史性。正是这种观点和意见上的相左为对话活动乃至说服的存在提供了必要性。一般而言,A 和 A 具有同一性,二者之间对话的必要性微乎其微;A 和 B 具有差异性,在对话中更易碰撞出火花，互相启迪、彼此借鉴、共同提高、一并发展。如果参与对话的全是 A，或者全是 B、C……那么对话就很难继续下去，说服也不会出现。正所谓：皮之不存毛将焉附。或许反对者会提出质疑，有人会惊奇地发现，对方的观点跟我不谋而合，上述种族中心论不能解释这种现象。既然如此，"对异议的存在怀有心理预期"这个命题就不能成立。对此，依照罗蒂的见解，首先，这里的"合"有可能是表面的、假象的"合"，或许你根本没有留意到其他一些细微的差别。其次，退一步讲，即便是丝毫不差的"合"，这也是偶然的巧合，实属个案，不具有普遍意义。最后，这个不谋而合仅代表在此问题上你们观点趋同，并不代表在彼问题上你们依然观点一致。可见，这个反例不会动摇种族中心论，也不会危及"对异议的存在怀有心理预期"这个命题的合理性。

既然异议的存在是历史的、前定的，那么，好奇心的蕴生也将在所难免，因为人们通常会对异己的观点或事物产生浓厚兴趣。所以，说服原则主要内容的另一个内在向度则是：对他人的看法始终抱有好奇心。罗蒂明确表示："求知若渴……就是好奇心。我借这一概念描述的是迫切地突破人们当前的探索边界……便于接受新材料、新设想、新概念等等。"① 也就是说，好奇心是人们意图接触新事物、新观念，即想要获取新知识的一种心理表现，是引导人们参与对话、丰富知识的一种内心原动力，同样也是说服赖以存在的必备心理前提。按照罗蒂的理解，以种族中心论为出发点而参与对话的人们都是有限的、偶然的，当人们意识到这种局限性，就会产生弥补短板、填补空白、拓展眼界的心理欲求，不仅激发自己主动介入各种对话活动，而且对于偶然被"抛置"入对话的人或事物也表现出浓厚的认识兴趣。唯有在这样的前提下，人们才能确定对话的对象，聚焦他人的新立场、新观点和新看法，继而后续的说服才可顺理成章。如果缺少好奇心，说服只会转变为无对象的自言自语。简言之，对他人的看法抱有好奇心能够帮助人们留意说服的对象，拣选并确定说服所围绕的核心议题。

仅抱有好奇心是不够的，因为全面、准确地认知他人的看法是说

---

① Robert B. Brandom, *Rorty and His Critics*, p. 17.

服得以成功的重要基础。这就涉及说服原则的另一个主要内容,即有足够的耐心倾听他人的述说或论证。在罗蒂看来,说服是凭借合理的论证,使他人淘汰旧观念,确立新认识的一种活动。如果要动摇、推翻他人的旧观念,就应当找准这种观念难以自圆其说之处,找出它潜藏的各种内在矛盾。通过揭示它的不合理性、荒谬性,或者表明遵循它会带来怎样严重的不良后果,引导人们更新观念,转变思想,从而完成说服的流程。不难发现,其中的关键之处在于精确定位他人旧观念的理论缺陷,然后施以有针对性的反驳,而做到这一点是需要有足够的耐心倾听他人的述说或论证。假如迫不及待地中途打断他人的论述,一方面这种粗鲁和不礼貌的行为会引起对方的反感,丧失继续对话的兴趣,另一方面也不能正确把握他人的观点或论证的思路,单纯依靠对方提供的有限的述说而做出的反驳可能是片面的、缺乏说服力的。罗蒂曾表示,许多所谓的哲学问题都是由于人们对他人理论或观点断章取义的曲解而造成的。例如,在谈到杜威的语言观时,他特别强调:"我们应当严谨细致,不可断章取义地认为某人可以将工具、语言和使用者隔离起来,进而研究它对于我们实现目标的'适当性'。"① 可以说,能否耐心倾听对方的述说直接关系到说服能否圆满达成。

除了耐心倾听他人的述说和论证之外,乐于接受更合理的见解并及时修正自己的认识,同样是说服原则主要内容的构成要件之一。按照罗蒂的见解,说服不是单向的我让他人信服的过程,也是一个包含着自己被说服的可能性的双向交流的过程。正如上文所述,因为人们不满足于自身知识的寡陋和肤浅,所以在好奇心的驱使下主动参与对话,不但要在对话中增长见识,而且还要改正错误的认识。求知是人们参与对话的重要诉求,而非为了说服他人才参与对话。这就意味着自己被他人说服也是可能的,拥有强烈求知欲的人们也欢迎这种被说服,毕竟有利于提高自身的认识水平。当然,罗蒂也承认社会生活中确实存在以说服他人为旨归的对话活动。例如,法庭上的辩护,商业领域的谈判等,它们服务于特定的实用目标。另外,罗蒂的这一主张

---

① Richard Rorty, *Consequences of Pragmatism*, p. xix.

也是接受皮尔士可错论的必然结果。皮尔士认为，人们的信念或认识不可避免地带有主观的偏见或者其他方面的局限性，都有被修正的余地和空间，即便当下看似获得充分论证的观点，也会随着认识活动的推进而被暴露出内含的各种不周延的地方，面临被修正或被淘汰的处境。人们的认识活动无限地趋进某个理想的终点，在未抵达这个点之前，一切信念与认识都是可错的、可修正的。罗蒂除了不认同皮尔士关于"理想的终点"这个形而上的设定之外，基本上接受了可错论。以此推论，在对话活动中，被说服即接受更合理的见解并及时修正自己的认识是再正常不过的事情了。

假如认为对方的见解不合理且不愿修正自己的认识，那么，对方也不能用武力压服我们。这就是说服原则的最后一个主要内容：不采取武力压服的手段。在罗蒂看来，武力压服是说服的对立面，是对话参与者应当竭力避免的一种非正当行为。之所以拒斥这种手段，是因为如下两个理由，首先，武力压服缺少合理的哲学依据做支撑。前文"对传统及现代西方哲学的批判"小节表明，反本质主义、反表象主义和反基础主义已经宣告了"必然真理"的破灭，也不存在被所有人都肯定和承认的普遍概念，换言之，没有哪个种族、特权阶层或伟人因为掌握了"必然真理"而具有高人一等的优越性，也不能强迫其他种族、阶层或公民必须认同某种观念或理论。罗蒂认为，偏爱武力压服的人群正是这些自视甚高、自诩握有真理、骄傲自大、以自我为中心的人。他们以自己的判断为最高标准，对异议不感兴趣并且不容许它存在，一味地要求他人无条件地支持自己的主张，没有耐心说服他人，只求利用直接、粗暴的武力压服迫使他人屈服和顺从。鉴于本质主义、表象主义和基础主义的崩塌，武力压服也失去了支持它得以成立的哲学依据。其次，武力压服将造成残酷。它往往带有强制性、逼迫性、破坏性和危害性，要么摧残人们的精神世界，要么无情地折磨人们的肉体，让社会生活充斥着无尽的残酷。对罗蒂而言，这是当代自由主义者最难以容忍的，务必要除尽的现象。纳博科夫（Nabokov）、奥威尔（Orwell）和普鲁斯特（Proust）等人的小说描绘并批判这种残酷，揭露社会黑暗面的新闻记者也意在消灭这种残酷，民俗学和纪录片等则提醒人们不要重蹈覆辙……应当说，武力压服造成的残

第五章 罗蒂的对话哲学

酷是相悖于民主社会的基本理念的。恰如大卫·麦克林（David McClean）所评论的，在罗蒂看来，通过持续的对话，我们能够解决怎样在未来和平相处的问题，"所有文化都应当是'种族中心主义的'，团体之间的分歧与龃龉应当通过对话和共同商议来解决，而非通过暴力"①。

需要注意的是，罗蒂不是绝对地、完全地否定武力压服。因为他正确地观察到了这种情况，在某些特殊的对话情境中，面对冥顽不灵、抱残守缺的对话者，说服很难奏效。此时，他建议我们可以付诸"一个权宜之计，它可能包含着武力威胁甚至武力使用"②。具体来说，说服一般遇到两种情况，首先，我们和对话者在认识方面有很多的交集，这些共识为对话提供了可行性，为说服奠定了基本的前提。即便在某些问题上各执一词，但是本着求同存异的原则，对话仍能继续，说服尚有可能。在这种情况下，说服是首选项。其次，某些对话者跟我们一同分享的观念和认识少之又少，或者几乎看不到交集，他们头脑中有一张不可公度或通约的信念之网，他们会被视为不可理喻的或不可救药的。与之进行对话的可能性微乎其微，更遑论说服对方。在这种情况下，只能勉为其难地采用武力压服。

依据上述说服原则的主要内容，对罗蒂而言，在说服其他民族和国家接受西方自由主义民主文化方面，哲学家能够承担起这项重任。尽管民主制度在西方许多国家取得了成功，自由、民主、平等、博爱等理念获得广泛认可，但是毋庸置疑，西方国家内部以及世界其他地区和国家依然有不同的、漠视这种民主文化的声音传出，例如，"美国白人对于黑—白通婚思想的反感几乎没有受到民权运动的影响……白人—黑人的对立在我的国家的幻想中赫然增大，大过任何其他区分人类的方式"③。这表明，依然需要通过和平的说服来宣扬和推广民主文化。在罗蒂看来，此种情形下的说服应当是循序渐进的、平和舒缓

---

① Davide E. McClean, Richard Rorty and Cosmopolitan Hope, A Critical Analysis of Rorty'sIronism and Antifoundationalism and Consideration of Their Uses in Forging Cosmopolitan Sensibilities, Ph. D. dissertation, The New School, 2009.
② ［美］理查德·罗蒂：《文化政治哲学》，第62页。
③ ［美］理查德·罗蒂：《哲学、文学和政治》，第161页。

的、循循善诱的，而非短暂剧烈的、激进革命的。他对说服的结果抱有积极乐观的态度。纵然当前民主文化在西方世界较为盛行，但是以此为标杆，其他文化可以找出和它的差距；以此为镜子，其他文化能够照出自身在哪些方面有缺陷，没有理由质疑人们不欢迎一种推崇自由、平等、博爱和民主的制度与文化。在其他文化传统中，越是缺少这些进步因素，社会成员对它们的渴望就越强烈，因为他们是受到不公正对待的悲惨群体，是被剥夺了基本人权的群体，是特权阶层实施的各种残酷行为的受害者。即便他们身处的文化传统迥然有别于西方文化，但是出于急欲摆脱残酷的考虑，是可以通过说服来促成对他们的政治启蒙的。在此前提下，联系如今哲学研究越来越边缘化和哲学家群体日益被其他知识分子孤立的现实状况，用他自己的话说，"如果我们哲学家还有什么职责的话，那么就是这种说服的职责"①。过去的很长一段时间里，哲学家醉心于理论的沉思，执着于对永恒性的把握，将自己高估为真理的仆人，与此同时，对现实生活关注不够，认为自己的研究活动和成果是超拔于现实之上的。然而，近些年来，这种状况有所改善，哲学家的目光由形而上转向了形而下，不愿再关注大叙事，而宁愿选择小叙事，对真理的研究趋于冷淡，对政治与社会文化的讨论逐渐升温。关于罗蒂笔下哲学家职责的这种改变，在贾维尔·托罗（Javier Toro）看来，促使人们开展有趣的对话恰好凸显了当今时代哲学问题的重要性，并且，这种对话理应聚焦于人们的社会生活。"哲学家的工作是改变对话的主题以及在对话中所使用的术语"②。罗蒂还进一步建议，哲学家可以脱离从前的认识论道路，更多关注以实践为导向的政治和社会文化领域，可以利用在长期学术训练过程中习得的论证和辩护技巧，来说服他人或其他种族的成员接受民主文化。如同劳伦蒂·斯戴库（Laurentiu Staicu）的评论，罗蒂的"无镜"哲学启迪人们不再究于世界只有唯一本质的假设，建议哲学实现由纯粹理性向人的世界的跃迁。"哲学已经成为关于世界的、属于所有人的

---

① ［美］海尔曼·J. 萨特康普：《罗蒂和实用主义——哲学家对批评家的回应》，第271页。

② Javier Toro, The Philosopher as a Child of His Own Time: Rorty on Irony and Creativity, *European Journal of Pragmatism and American Philosophy*, January, 2013, p. 51.

民主对话"①。真理固然具有吸引力,但我们无从断定何时能把握住它。相对而言,自由、平等、博爱和民主则表现得更为直观和具体。例如,对自由而言,人们可以不做自己不愿做的事;对平等而言,女性可以像男性一样享有受教育的权利;对于博爱而言,人们可以对异乡人报以怜悯和同情;对民主而言,人们在选举中可以投出属于自己的神圣的一票……。罗蒂笃信,通过说服,哲学家能够帮助社会实现上述种种诉求;通过说服,哲学家可以成为民主或自由的仆人。

总之,说服是人们参与对话时应当恪守的基本原则。这里仍有一个问题需要回答,即人们的对话活动以种族中心论为出发点,通过文学的途径,遵守说服的原则,究竟想达到何种目标的问题。

---

① Laurentiu Staicu, Natural Science and the Evolution of Categorial Discourse, *Philosophy Study*, March, 2013, p. 139.

第六章
普特南的意义论

　　普特南的哲学思想涵盖范围很广，曾发生过多次重要的思想转折，在实用主义、科学哲学、分析哲学等领域都颇有建树，他与罗蒂也曾围绕实在论进行过数次理论交锋。如果说罗蒂是在分析哲学的论域之外研究和探讨交往问题的话，那么，普特南则是借助分析哲学的范式，以意义论为切入点来论及交往问题。他意识到共同体的交往活动须以语言为中介，而语言以语词为最小的构成要素，这样一来，语词是否具有意义以及如何确定它就成了关乎交往活动的重要问题，也正因为此，普特南的意义论与交往实践活动建立了紧密的联系。

一　流变的意义

　　人类的交往需要借助语言，而语词则是构成语言的最小单元，因此，从语词的意义为着眼点来探究交往实践活动也是一个新颖的研究视角。普特南就是这样做的。在他看来，语句及其承载的意义构成了人类交往的沟通桥梁，但是，语词是组建完整语句的基本元素，对语词意义的研究应当优先于对语句意义的研究。所以，语词的意义而非语句的意义成为普特南研究的重心所在。按照以往的研究模式，探讨语词意义通常将人的内在心理状态作为着眼点，认为语词指称对象的诸多性质的综合揭显了语词的意义，与此同时，它的外延也一并被划

第六章　普特南的意义论

定。对此，普特南表示："传统的意义理论都是吞噬意义的神话。"[①] 普特南构思了"孪生地球""钼和铝"和"榆树和山毛榉"等思想实验来诠释他对语词意义的认识，详细地阐明了个人乃至集体的心理状态在确定语词意义的问题上并没有发挥决定性的作用。而且借助语言劳动分工论、因果指称论、环境因果作用论来表明社会实践与客观环境决定了语词意义，语词的意义会随着社会实践与客观环境的改变而改变。换言之，随着人类交往实践活动的变化，语词的意义也会发生流变的。

　　长久以来，人们普遍主张概念与心理因素息息相关，基本认同"语词的意义（内涵层面的）就是概念"的原则。由此推论，意义应当是一种心理实体，也正因为此，对某个语词的理解或掌握其内涵就是处于某种心理状态里。这种主张的重要代表就是洛克关于意义的认识。在洛克看来，"人的器官组织，天然造得易于发出音节分明的声音，这种声音就是所谓的语词"[②]，不过，仅靠这一点尚不能产生语言，唯有等到人们的内在观念与这些声音建立起相互对应的关系时，唯有等到它们能够代表人们的内在观念时，真正意义上的语言才会诞生。语词一方面标明和记录了观念，另一方面这种标明和记录还应具有高度的概括性。倘若各个具体的东西都要用一个具体的语词来标记的话，那么，标记的效率也就太低了，基本失去了实用价值和意义。按照洛克的理解，语词所代表的观念决定了这个词语本身是概括性更强，还是特殊性更突出，换言之，如果观念的概括性比较突出，那么语词的概括性也就相应地更加明显；反之亦然。人们头脑中的想法变化万千，而且大多与自身的利益、幸福等密切相关，可是，这些想法甚至思想具有一定的封闭性和内在性，别人不能像观察自然物那样真切地看到我们头脑中的思想，与此同时，假如主体自我没有刻意地、有目的地进行表达，思想也是不会自动显现的。"思想如果不能传达，则社会便不能给人以安慰和利益，因此，人们必须找寻一些外界的明

---

① Hilary Putnam, Mind, Language and Reality, *Philosophical Papers*, Vol. 2, Cambridge: Cambridge University Press, 1975, p. 216.
② ［英］约翰·洛克：《人类理解论》，关文运译，商务印书馆2009年版，第413页。

显标记,把自己思想中所含的不可见的观念表示于他人。"① 不难看出,语言就充当了所谓的"外界的明显标记",然而,追根究底并非观念之间有先天或内在的关联而发挥了语言的媒介作用。倘若如此的话,不管人们身处何地、来自哪个种族,大家所使用的语言都会沦为某种单一的、缺少多样性的语言。用洛克的话来讲,"语词所以有标示作用,乃是由于人们随意赋予它们一种意义,乃是由于人们随便来把一个字当作一个观念的标记。因此,语词的功用就在于能明显的标示出各种观念,而且它们的固有的、直接的意义,就在于它们所标记的那些观念"②。此外,他还进一步表示:"语词所标记的就是说话人心中的观念,而且应用那些语词当作标记使用的人,也只能使它们直接来标记他心中所有的观念。"③ 换言之,人们自我头脑里所含有的观念为语词标识活动划定了范围,不可能用语词标识一个自己脑海中没有浮现过的观念。假如语词在标示一个人内心中某个特定观念的同时,又被用来标记其他的观念,这就容易造成自相矛盾,因为某个语词既标识了某个人的某个观念,又没有做到这一点。以洛克论及的"黄金"一词为例,某位儿童仅晓得黄金是黄颜色的,没有其实物也是黄色的概念,因此当他们看到孔雀黄色的羽毛时会将它唤作"黄金"。另一位儿童在认真观看后得知:黄金除了具有黄颜色之外,它拿起来还沉甸甸的,因此,他脑海中的黄金一词代表着颜色的简单观念与重量的简单观念的复合。第三位儿童除了发现黄金的上述外在的物理性质以外,他还得知这种东西较为稀缺,是很多人争相占为己有的东西,能够用来换取其他物品。因此,他对黄金一词的掌握既涉及物理属性,还关联到了抽象的价值观念。由上可知,所有的交往主体只能使用语词来标示头脑中已有的内在观念,不可以标示在脑海中并不"在场"的一切观念。

标示人们内在的各种观念就是语词的重要意义所在,这种意义是由人们给予的,从另一个角度讲,它具有一定的流动性,能够随着人

---

① [英]约翰·洛克:《人类理解论》,第416页。
② [英]约翰·洛克:《人类理解论》,第416页。
③ [英]约翰·洛克:《人类理解论》,第417页。

们内在观念的变化而一同变化。所有人都有使用语词来标示内心观念的权利,然而,众人在交往活动中使用同一个语词并不必然保证这个语词分别标示了他们内心中的同一个观念。也可以说,一个语词在不同人的内心里意义也不尽相同,这无疑会为交往主体之间的沟通起到阻碍作用。洛克也考虑到了此问题,他提供的解决方案是"即使具有统治世界权力的奥古士都(Angust)也承认自己不能创造一个新的拉丁文字,也就是说,在普通语言中和人民大众口中他不能任意地使某个声音指定的标示某个观念。事实上,在所有语言中,借助一种默然同意达成的普遍习惯可以使某些声音专门标示某些观念;因此,那些声音的意义便会大受限制,并且人们在交谈时,如果不用它们来表示那些观念,他们的话就是不恰当的。不仅如此,在听者心中某人的语词所刺激起的观念,如果不是他用这些语词所表示的那些观念的话,则他说的话会完全没有意义。因此,一个人在运用语词时,他的意义如果与普通的意义有别,如果与和他交谈的那个人的特殊意义有别,他一定会有不利的结果。可是无论如何,我们仍然看到,在他运用那些语词时,那些语词的意义仍然限于他自己的观念,并不能标记别的事物。"① 简言之,观念被语词所标示,语词的本真意义就是人们内心里的观念。因为观念具有流动性和内在性,语词意义也就相应沾染了这两种属性。不管什么东西或神圣的存在都不能消解人们观念的流动性,更不可以保证同一个声音能在所有人内心中唤起同样的观念。可是,此处的流动性并非绝对的,不然每个声音、语词和观念都没有稳定的对应关系,语言也就无法起到交往媒介的作用,也不能解释现实交往活动中各种顺利、有序的沟通。其实,语词及其标示还具有约定性,交往主体在频繁、大量的沟通中渐渐形成了一些相对稳定的语词和观念的对应关系,进而演变成广泛认可的语用规则。只要在同一个语言文化圈或社会共同体中,当某个交往主体说出一个语词,他人就能使用恒常的语用规则想起与之相应的内心观念。因此,历史传统、习惯风俗、社会制度等都会影响到"声音—语词—观念"之间的对应关系。正因为此,洛克的"语言意义的约定论即语言是某一特定社会

---

① [英]约翰·洛克:《人类理解论》,第420页。

下篇　新实用主义的交往哲学

群体约定俗成的表情达意的工具"①。

针对上述以洛克为代表的"语词的意义就是概念"的论断，普特南表示："传统的考察提出找出有人有一个概念，就是找出他有特殊的心理表象，而发现两个人有相同的概念，就是发现他们有等同的心理表象。"② 另外，过往的研究认为，所谓某个语词的概念其实就是它指称的对象的诸多性质的综合，所以，关于某个语词的概念也就形同提供了识别某个物体是否处在这个语词的外延覆盖之下的充要条件。针对这种情况，普特南分析出过往的意义理论所依赖的两个假设条件：掌握某个语词的意义，就是处在某个心理状态之中，此其一；某个语词的意义，也就是内涵层面的规定性划定或框定了它的外延，此其二。

普特南首先表明，在探讨"意义"这个概念时，过往的意义理论主要是在内涵层面来运用它的。为了论证内涵问题，他列举了"有肾脏的动物"和"有心脏的动物"两个语词的案例。倘若一切有心脏的动物都有一个肾脏，而且一切有肾脏的动物都有一个心脏，这样一来，这两个语词的外延就相同了，即当我们提到有肾脏的动物时，也指有一个心脏的那些动物；反之亦然。可是，这两个语词的意义明显截然有别。普特南就此指出："如果'意义'这个词的涵义之一是意义等于外延，那么'意义'这个词一定还有另外一种涵义，其中词项的意义并不是该词项的外延，而是某种别的东西，比如与该词项相联系的'概念'。"③ 此处的所谓"别的东西"其实就是语词的内涵。科学研究和常识告诉我们"有肾脏的动物"和"有心脏的动物"是明显有别的两个概念，它们的内涵也具有差异性。所以，当人们讨论语词的意义问题时，主要是在内涵层面展开探讨，而没有涉及外延，不然的话，就会出现上述的矛盾状况。从这种意义上看，意义相当于内涵。

在此基础上，普特南进一步梳理了内涵和外延的辩证关系。在他看来，两者之间存在一定的错位现象，不是严格意义上的一一对应关

---

① 李国山：《洛克的意义理论及其内在困难》，《中州学刊》2006 年第 11 期。
② [美] 希拉里·普特南：《普特南文选》，李真编译，社会科学文献出版社 2009 年版，第 107 页。
③ 陈波、韩林合：《逻辑与语言——分析哲学经典文选》，东方出版社 2005 年版，第 452 页。

第六章 普特南的意义论

系。不仅存在两个语词有相同外延而没有相同内涵的情况，而且也存在单个语词具有多重内涵甚至内涵数量难以计数的情况。就前者而言，上文提到的"有肾脏的动物"和"有心脏的动物"的案例就是明证。就后者而言，譬如"张三"这个语词，它既指一位"医生"，又指一名"身高一米八、体重一百五十斤的中年男性"，还指一位"孩子的父亲"等。在这种情况下，普特南指出："对于一个词项往往具有多种涵义的情况，标准的处理方法是，我们可以把每个涵义都当作不同的词来处理，就好像每个涵义都带有隐含的下标一样。"① 例如："寄生虫1"指寄居在宿主体内或体外并靠宿主提供养料而维持生存、繁衍的一切低等真核生物，"寄生虫2"还可以指称当今时代中不愿自食其力，只会从亲人或国家那里"等靠要"的一类人。很显然，"寄生虫1"和"寄生虫2"是两个内涵有区别的语词。在普特南看来，将此类语词分属不同的类别看待貌似有道理，但是，这种做法不能兼顾两种较为极端的情形：语词的内涵是确定无疑的、不会发生变化的；语词的多种内涵之间没有任何关联，是相对孤立的。不难看出，这种处理内涵的做法与自然语言的实际使用情形不相吻合。再看普特南对语词外延问题的探索。他借助了数学和逻辑学中的"集合"概念。在数学领域中，"属于或不属于，二者必居其一"是集合的突出特点，通俗地讲，某个未知要素 X，要么在 S 这个集合之内，要么在 S 集合之外，可是，在日常交往实践活动中所运用的自然语言的语词通常没有这种"非此即彼"的特点。例如，就"寄生虫"这个语词而言，人们或许能够较为明确地断定它的外延涵盖了哪些事物或对象，哪些事物在这个集合之外。然而，人们很难判明某些处于"边缘地带"的事物或对象。为了解决这种难题，数学家们提出了一个新概念，即"模糊集合"，用来指称"那些其分子在一定的概率或者程度上属于它，而不是'或是或非'地属于它的集合"②。普特南认同这种解决途径，在他看来，我们应该将"模糊集合"的概念灵活地运用到交往实践中的语词外延问题的研究上，而不能单靠一般意义上的"集合"概念。

---

① Hilary Putnam, Mind, Language and Reality, *Philosophical Papers*, Vol. 2, p. 217.
② 陈波、韩林合：《逻辑与语言——分析哲学经典文选》，第 452 页。

除此之外，不得不考虑的一种情况是：两个语词具有相同的内涵，但外延有所差异。针对这种情况，普特南独创了"孪生地球"的思想实验来论证这种可能的情形。

明确了内涵与外延的关系之后，普特南进一步表示，过往的意义理论所论及的"心理状态"是狭义的心理状态。通常而言，某种状态至少都暗含了某物与时间两个方面的规定性。譬如，"有 4 磅重"可以解读为"在某个时间点上某物的重量为 4 磅"，"非常高兴"就意味着"在某个时间点上 X 感觉很高兴"。此类心理状态通常都内蕴了个体的存在。在科学研究领域和实践中，人们通常借助某些参数来界定或衡量个体的状态。在寻常意义上，心理学中论及的"状态"都是指广义的心理状态。比如，"甲嫉妒乙"这种心理状态就暗指了乙的存在。不过，与心理学家不同，以往的哲学家在探讨"心理状态"问题时，大多是指狭义的心理状态，即除了心理状态的具有者之外，它没有预设了其他主体的存在。依据这种理解方式，哲学家们"会把嫉妒解释成这样的意思：我可以嫉妒我的幻觉，或者我想象的东西。"① 不难看出，广义和狭义的心理状态泾渭分明，不可混为一谈。

以上述三个环节的分析为前提，普特南批判了过往的意义理论所依赖的两个假设条件。我们假定甲和乙两个语词具有截然不同的外延，那么，依据假设条件二，我们可以反推出这两者的内涵也有差异。接着利用假设条件一来推论，明确甲的意义和明确乙的意义属于两种不同的心理状态。而不同的心理状态又推论出甲和乙的内涵也相异，相异的内涵又推演出相异的外延。因此，参照这两个假设条件，我们又得出一个结论，即除了内涵可以决定语词的外延之外，心理状态也能做到这一点。为此，普特南说："任何概念都无法同时满足这两个假定，意义这个概念更不可能满足。"② 因此，这两个假设条件作为意义理论的前提或基础是有待商榷的。

坦白地讲，尽管在普特南看来为了更好地确定语词的意义，应当保留和改良第二个假设条件并且放弃第一个假定条件，但是他既怀疑

---

① 陈波、韩林合：《逻辑与语言——分析哲学经典文选》，第 456 页。
② Hilary Putnam, Mind, Language and Reality, *Philosophical Papers*, Vol. 2, p. 219.

第六章　普特南的意义论

上述两个假设条件作为意义理论基础的合理性，又怀疑这两个假设条件本身。原因在于，他所肯认的第二个假设条件里的"意义"一词与过往意义理论所提及的"意义"一词并不相同，它主要指称围绕意义所做的各种规范描述。它也涵盖了对外延的描述，因此，相较于"意义决定外延"的论断，毋宁说意义囊括或涵盖了外延。人们习惯将普特南的意义理论唤作语义外在论，原因就是它没有将内在心理状态看作研究的侧重点，而是更为看重对语词外延的解读和认识，也凸显了外延在衡量和厘清语词意义过程中的重要作用。

现在问题的关键是哪些因素决定了语词的外延。这就进一步衍生出两个问题：一个是怎样辨明语词的外延，另一个是怎样看待和描述个人的能力。普特南的意义理论主要就是围绕这两个问题而展开的，它们的答案则勾勒出其意义理论的主要轮廓。以往的意义理论专注于研究"意义是什么"的问题，而普特南放弃了这种研究思路，尝试借助更加规范地描述语词意义的方式来回答"什么是知道一个语词的意义"和"什么情况下两个词的意义相同"的问题，也正因为此，他提供了一种和过往意义理论大为不同的学说。在普特南看来，过往意义理论所主张的凭借两个假设条件来确定语词意义的做法即内在心理状态决定语词外延的做法是很难经得起推敲的。为了更加有力地反驳这种观点，他颇具新意地构思了"榆树和山毛榉""孪生地球""钼和铝"三个思想实验，以逐步递进地方式阐述了语词外延和个人内在心理状态、集体心理状态之间的微妙关系，表明语词的意义是独立于心理状态的，语词的意义是流变的。

具体说来，普特南以"榆树和山毛榉"为例，来说明在确定语词外延的过程中个人内在心理状态的作用并非决定性或主导性的。我们暂且设定甲这个人不懂得如何辨别山毛榉和榆树这两种植物，他经常将二者混为一谈，或者将山毛榉错认为是榆树，或者把榆树误认为是山毛榉。假设上述情况成立，那么，在甲的内心中榆树和山毛榉这两种植物就形同具有了同一性。对此，我们可以推论，榆树和山毛榉在甲的内在心理状态中基本上是一致的。此时，我们设定乙这个人能够严格且准确地区分出山毛榉和榆树，榆树就是榆树，而山毛榉则是一种异于榆树的植物，可以说，这两个语词在乙的内在心理状态中是截然有别的。明确了这两个前提条件之后，我们依据过往的意义理论进行推断和分析，既然甲对山毛榉和榆树的关系混沌未分，二者的内在心理状态是相同的，那么，当乙和他提及山毛榉这个语词时，乙对山毛榉这个语词所具有的心理状态就和甲对榆树这个语词所具有的心理状态是一致的。参照内在心理状态决定语词外延的论断，那么，乙所提及的山毛榉和甲所认为的榆树就应该指称同一类事物。在此，普特南表示，尽管榆树和山毛榉的区别被甲模糊掉了，但是甲言称的榆树和其所在的交往共同体言称的榆树具有相同的外延，指称的都是榆树；甲所谓的山毛榉也和其交往共同体所谓的山毛榉具有一致的外延，指称的都是山毛榉。这表明，一旦某个语词的外延在交往共同体中被划定后，那么，在交往活动中，不管交往对象如何使用这个词，它的外延都是相对稳定的。然而，事实上，在上面的案例中，乙言称的山毛榉就是真正的山毛榉，而甲所谓的榆树就是榆树，两者指称的现实对象是相异的。可是，按照过往的意义理论来推断，二者本应该指称的是同一类现实对象。这就造成了一种自相矛盾、难以自圆其说的情况。对于这种情况，普特南表示，乙言称的山毛榉和甲所谓的榆树在外延上的差别不能归因于他们的内在心理状态中二者是有差别的，恰好相反，上面的案例表明这两个语词的内在心理状态是相同的。由此可见，过往意义理论所坚持的语词外延由内在心理状态所决定的看法是不能获得充分辩护的。有鉴于此，普特南主张，语词外延的划定与人们的内在心理状态关联不大，而交往实践活动和客观社会环境才是真正的决定性要素。

  由于上面案例中的甲和乙归根到底是个体性存在，那么，反对者会辩解道：诚然，个人的内在心理状态无法决定语词的外延，但是集体的内在心理状态能够做到这一点。为了驳斥这种论调，普特南提出"孪生地球"的案例来解构集体的内在心理状态在划定语词外延上的决定性作用。他假定在宇宙的某个地方存在着一个星球，名为"孪生地球"。顾名思义，这个星球基本上是我们所在的地球的模仿品。暂且假定我们的地球与孪生地球别无二致，孪生地球上的山川草木相同于地球上的山川草木，孪生地球上的人们也使用着与地球上一模一样的语言。如果将我们的地球比作柏拉图的"理念世界"的话，那么，

第六章 普特南的意义论

孪生地球就形同柏拉图笔下的"可感世界"。但是，普特南指出，两者的一个重要差异就是：孪生地球上所谓的"水"是一种内在结构异常复杂的东西，而非我们一般言称的 H_2O，普特南姑且将这种与"水"的形态相同但结构不同的存在称作 XYZ。在标准温度、标准气压的条件下，无论颜色、味道还是所发挥的功用，水与 XYZ 都完全相同，乃至于两个星球上的人们都不能准确地区分两者。同时，普特南还假定孪生地球上的降水是 XYZ 而非我们言称的水，该星球上溪流中奔腾的是 XYZ 而非我们所谓的水。倘若某一天我们的宇航员成功飞抵孪生地球，起初他们认为该星球上的这种液体与地球上的水是同一种物质，不过，当他们探明这种液体的内在化学结构并非 H_2O 而是 XYZ 时，他们在回传给地球的报告中会写道：孪生地球上的"水"这个语词指称的是具有复杂的 XYZ 结构的那种事物。与此相仿，倘若孪生地球的宇航员也成功发现并降落在我们的地球上，他们同样也会误将地球上的水与自己星球上水混为一谈。可是，当他们同样探明地球上的这种液体的内在化学结构是 H_2O 而非 XYZ 时，那么，他们在回传给孪生地球的报告中会写道：地球上的"水"这个语词的指称的是具有 H_2O 化学结构的那种事物。现在让我们将时光倒流到1750年之前的那个尚未发现水的内在化学本质的年代，那时的地球和孪生地球上还没有正规、科学、标准的化学研究，不仅地球人不清楚水是由 H_2O 组成的，而且，孪生地球上的人也尚未查明"水"的内在化学结构是 XYZ。在这种情况下，出现了两个分别代表各自群体的人，即典型的地球人奥斯卡1与典型的孪生地球人奥斯卡2。二者是模仿与被模仿的关系，他们在身体与心理方面都完全一致，因此，两人关于水的内在心理状态也没有差别。然而，在地球上，不管是1750年还是现在，无论人们是否明白其内在结构，"水"这个语词的外延本质上始终指的是 H_2O。与此相同，在孪生地球上，不论人们是否弄清"水"的复杂结构，这个语词的外延本质上始终指的是 XYZ。不难发现，虽然奥斯卡1和奥斯卡2关于水的内在心理状态是相同的，但并没有推论出两者在地球和孪生地球上的外延也是相同的，正好相反，两者在两个星球上的外延是有差异的，一个指的是具有 H_2O 化学结构的事物，另一个指的是具有 XYZ 化学结构的东西。由于这两人是各自群体的典型代表，代表了集体的内在心理状态，因此推论出集体的内在心理状态也不能决定语言外延的结论。

为了彻底驳倒语词的外延取决于集体的内在心理状态的观点，普特南结合"钼和铝"的案例做了进一步的论证。他假设：除了少数专家之外，不仅地球交往共同体中的一般人不能区分钼和铝这两种金属，而且孪生地球交往共同体中的一般人也难以识辨出两者的差异。众所周知，钼在我们地球上属于稀有金属，而铝则较为普及，司空见惯。鉴于这种状况，普特南假设铝在孪生星球上属于较为稀缺的金属，而钼较为普遍。他还进一步假设，钼和铝这两个语词所指称的对象在孪生星球上互换了位置，也就是说，孪生星球上的钼其实等同于地球上的铝，铝则等同于地球上的钼。当地球人的宇宙飞船成功抵达孪生星球后，为数不多的冶金领域的专家发现孪生地球上所谓的铝制物品实际上是钼制品，而他们言称的钼制品实际上是铝制品。除了这些专家之外，其他地球人根本没有察觉这种不同。换言之，除了小众的专家以外，交往共同体的大部分人在孪生星球上一直混淆了钼和铝的关系。依此类推，孪生地球人在飞抵地球之后也会遇到相同的、两种金属混淆的状况。在此基础上，假定奥斯卡1和奥斯卡2再次分别是各自交往共同体的典型成员，代表了集体的内在心理状态，那么两人关于铝或钼这两个语词的心理状态应该是相同的。可是，地球人奥斯卡1提及的铝指称的就是铝，而孪生地球人奥斯卡2言称的铝其实指称的是钼。对此，普特南说道："这样，我们再一次看到，说话者的心理状态并不决定语词的外延（或者，如果不加分析的话，'意义'）。"①

由上得知，普特南使用"榆树和山毛榉"的案例论述了个人内在心理状态并不能决定语词的外延。在此基础上，凭借"孪生地球"和"钼和铝"的案例阐述了集体的内在心理状态也不能左右或主导语词外延的观点。一言以蔽之，交往活动主体的心理状态在确定语词外延的过程中没有决定性的影响。所以，过往的意义理论所秉持的心理状态决定语词外延的主张就有失偏颇了，他进而表示语词意义的流变与人们的交往实践密切相关。

---

① 陈波、韩林合：《逻辑与语言——分析哲学经典文选》，第463页。

二　交往实践与意义

普特南在意义研究领域中踏出了一条不同于过往意义理论的路径，他摒弃了依靠心理状态来探究"意义是什么"的旧思路，延续了借助交往实践来"追问：什么是知道一个语词的意义"①的探讨路线。在他看来，一种因果关系内蕴在语词和它所指称的事物之间，交往实践活动其实是决定语词外延的主要因素之一。可以说，语词的指称受这种因果作用的约束，这种从语词之外、依托交往实践活动来寻求决定性要素的理论就是普特南的语义外在论。普特南在这一理论中重点探讨了语词意义的环境性与群体性，梳理了交往实践活动与意义之间的决定与被决定的关系。

普特南并非第一个从交往实践的角度来探讨意义的哲学家，杜威曾在这个方面卓有建树。杜威曾重点关注过被人为创造的语言符号，主张它在传递和转达意义方面发挥着不可忽视的影响。"语言"这个范畴在他的论域中并非狭义的，标识、言语、符号或各种各样的文字等被囊括其中，用他的话说："所谓语言，除了口说的和写的以外，还包括许多别的东西。姿势、图画、纪念碑、视像、手势任何有意用来做符号的东西，从逻辑上来说，都是语言。"② 原因在于不论是平日里脱口而出的话语，或是在十分正式严肃的场合出具的书面文字材料，抑或一切用来旨在传递讯息的各种符号等，从根本上讲都是承载和传递意义的存在。意义是一种不具物理属性的精神性的存在，无法通过人的感觉器官直接来把握，需要以特定的具体事物为载体和前提。人们出于表情达意的需要而创造了文字、言谈和以上种种符号。杜威进一步探究了缘何语言具有重要的传达或彰显意义的功能，答案是语言具有社会性，在社会交往实践中，它是人们沟通观点、传达讯息的重要途径。人们参与其中并不断创造的社会存在是语言诞生的基础。倘

---

① Andrew Pessin and Sanford Goldberg, *The Twin Earth Chronicles*, *Twenty Years of Reflection on Hilary Putnam's "The Meaning of 'Meaning'"*, Armonk: M. E. Sharpe Inc., 1996, p. xix.
② ［美］约翰·杜威：《思想方法论》，邱瑾璋译，世界书局1939年版，第161页。

下篇　新实用主义的交往哲学

若人们之间没有任何联系,缺少大家一并参加的交往活动,没有交往对象一并组建的社会,语言也就不会出现。换言之,语言是交往对象彼此影响、互为作用的一种方式,而大家都在其中习得一定的语言能力,在其中获得归属感的社会共同体则是它的必要条件之一。他曾说:"语言表达意义,意义植根于人的行为之中。如果我们认识不到意义的这种根源,我们就会忽视语言与社会(它由人们的创造性活动所组成)之间的固有联系。"① 理由在于所谓的"私人语言"即超脱于任何社会实践生活的语言是不存在的,缺少社会性的语言是无内容的,更不能在交往活动中有效地传达意义。

杜威一再表示,语言的意义不是先天具有的,也不是上帝赐予的,而是交往主体在沟通、交流的实际运用中逐步累积的。在他看来,意义不仅是交往主体自身行为的一种属性,而且也是对象的属性之一。前者是指社会交流行为所呈现的一种属性,后者不单纯指代事物的自然属性,而且也包含它们在人化的社会环境中所特有的一些属性。所以,他坚称意义是在特定的社会交往境遇中渐渐生成的,一方面彰显了交往主体之间的联系,另一方面也反映了人和物之间的内在关联。归根到底,语言的意义是交往主体、对象等一道参与其中并创造出来的社会关系。只有作为交往主体的人参与其中了,社会活动以及牵涉其中的各种事物才具有意义。对此,他言称:"当我们把意义说成是言者所具有的属性,而把它当作他的意旨时,我们就把共同执行这个意旨的另一个人以及这个意旨所由实现的、独立于有关的人以外的那些东西都视为理所当然。人和事物必须同样成为在一个共享的后果中的手段。这种共同的参与就是意义。"② 他进一步指出,客观性与普遍性是意义的两个本质特征。他说道:"每一个意义都是共同的或普遍的。它是在言者、听者以及言语所涉及的事物之间共同的一个东西。作为一个概括的手段而言,它也是普遍的。"③ 也就是说,可以从行动方法的层面来看待意义,把它理解为将自然物或符号用作实现某一目

---

① John Dewey, *Logic: The Theory of Inquiry*, New York: Saerchinger Press, 2007, p. 48.
② [美] 约翰·杜威:《经验与自然》,第120页。
③ [美] 约翰·杜威:《经验与自然》,第121页。

的或诉求的手段的应用方式,尽管每次使用所涉及的自然物各不相同,但是其应用方式通常是普遍的。"意义是客观的,因为它们是自然交相作用的一些样式;是这样的一种交相作用,即虽然基本上是有机物之间的交相作用,但是也包括有机物以外的事物和能在内。"① 譬如,教师对学生做出"禁声"的手势,这个动作本身发挥的功用就是作为命令,且在场的学生应当遵守,它彰显了教师教学这种社会活动的应有规则。它所传达出来的意义就是学生听从教师的指挥保持安静而产生的总体实效,从更宏阔的视角来看,它对于不同地域的教师维持良好的课堂秩序都有一定的实效。可见,诸如"禁声"手势这样行为的意义是具有客观性的,不论是男教师、女教师、年轻教师、年长教师,还是国内教师、国外教师,也不论他们的主观意愿如何,通常只要做出这个手势,就能传达出同一种意义。

  以上述杜威的社会交往意义理论为基础,普特南首先分析了社会实践活动中最为常见的劳动分工的案例。在他看来,人们所处的社会共同体好似一个分工明确、职责细分的大"工厂"。其中,一部社会成员的任务是售卖金戒指,一部分成员的任务是购买金戒指,或者戴上或者收藏,还有一部分成员的工作职责是鉴定金戒指的真伪。对于前两部分人来说,或许他们中的一些人并不清楚怎样识别金戒指的真伪,只要经营金戒指的商业机构质保服务全面、声誉良好,那么,既可以放心地售卖,又能够安心地购买,而不必担心金戒指的真伪问题。倘若他们中的一些人执意要搞清楚戒指究竟是不是真金的以免被骗,那么,他们可以向第三种人寻求帮助,这样一来,各方的工作效率都是最高的。这个案例就是遍及社会实践活动各个领域的劳动分工,不过,普特南在这个单纯的劳动生产活动中发现了语言劳动分工的思想。原因在于面对同一个语词,可能不同的人的理解也是不尽相同的。绝大多数的成员都清楚金子的巨大经济价值,无论基于何种考虑,当某些人在不具备怎样识别金子真伪知识的前提下但想要搞清楚自己手中的金戒指是否为真时,他应该明白"金"这个语词所指称的对象,并求助鉴定专家来判断手中的金戒指是否与他所谓的"金"的指称物相

---

① [美]约翰·杜威:《经验与自然》,第123页。

吻合。如此一来，"金"这个语词的某些含义就被社会共同体的成员所掌握了。

然而，问题是并非一切交往语言中的语词都具有语言劳动分工的特性，譬如"苹果""钢笔"等此类日常最常用的语词就无须专家来判别其指称的对象，人们对其含义的认识与把握也基本上相同，没有多大的区别。然而，科学技术的飞速发展开创了诸多全新的劳动领域，也推动了劳动分工越来越精细化，因此，将来会有更多的语词凸显出劳动分工的特性，换言之，语言劳动分工会变得越来越普遍、越来越司空见惯。为此，普特南提出了"语言劳动分工普遍性假说"，即"每一个语言共同体都表现出上面描述过的语言劳动分工现象：即它至少拥有某些术语，其相关'标准'只有少数学会它们的使用者知道，其他使用者对于这些术语的使用则依赖于他们与相关的那些使用者有条理的分工合作"①。不过，这个假说可能无法适用于某些异常原始的语言共同体，倘若将来的某一天，这些最为原始的、最为简单语言共同体也出现了语言分工现象的话，我们就能断言："劳动分工，包括语言劳动分工，是我们这个物种的基本特征。"②

普特南的上述语言劳动分工普遍性假说，旨在揭示语言外延的探索和确定。是通过语言共同体里的成员所开展的语言交往活动来实现的，个人内在的心理状态在这个方面作用甚微。所以，认识和掌握语词，从本质上来看属于社会交往活动的范畴。对普特南而言，他不赞成把语言仅仅看作交往活动的工具之一。他说道："世界上有两种工具：锤子和螺丝刀那样的工具可以供一个人使用；像蒸汽船那样的工具需要许多人的合作才能使用。人们过于按照第一种模式来理解语言。"③倘若人们习惯将语言视为与锤子、螺丝刀等类似的工具，那么，久而久之，个体对于语词的理解就会被误认为是语词的本真意义，过往的意义理论恰巧在这个方面走上了迷途。

普特南在阐明了语词外延和语言劳动分工的内在关联之后，他不

---

① Hilary Putnam, Mind, Language and Reality, *Philosophical Papers*, Vol. 2, p. 228.
② Hilary Putnam, Mind, Language and Reality, *Philosophical Papers*, Vol. 2, p. 229.
③ Hilary Putnam, Mind, Language and Reality, *Philosophical Papers*, Vol. 2, p. 229.

第六章 普特南的意义论

得不面对两个质疑：第一，专家是如何辨明语词的指称的？第二，社会共同体里的大部分成员如何从专家那里获得辨明语词意义的能力？为了解答这两个问题，普特南建构了因果指称理论。与上述两个问题一一相应，这个理论也主要由两个内容构成，即环境作用与历史因果链。需要明确的是，普特南所谓的"历史因果链"概念是在克里普克（Kripke）专名理论的影响下而构思出来的，可以说，两人差不多同时提出了因果指称理论，不过，当时克里普克还没有公开发表部分观点与主张。在普特南看来，他的因果指称论拓展了克里普克相关理论的使用范围，对此，他表示："我间接得知了克里普克的研究；尽管如此，因为他提出把因果链的观点作为指称的机制，我要深深地感谢他。"① 按照克里普克的理解，人们给某物或某人命名时，不仅借助了血缘关系，而且也发挥了命名活动的自身功能，其他成员则借助与命名人的关系来称呼那个被命名的某物或某人。在这种条件下，社会成员在交往活动中就建立了一个"传递的链条"，如此这般把名称逐级逐环地传递开来。譬如："一个婴儿诞生了，他的父母为他起了一个名字。他们向朋友谈起这个孩子，别人也看见过这个孩子。通过各种各样的谈话，这个孩子的名字就好像通过一根链条一环一环地传播开来。"② 至于呼唤名字的人会不会想以及如何考虑他是怎样明白这个名字所指称对象的问题，这根本就不重要，最要紧的是，通过彼此间的语言交往活动初步建立起这个传递名称的链条。克里普克甚至主张与专有名词相同，通名也属于固定指示词的范畴，"就像在专名的情况中那样，种名可以一环一环地传递下去，以至于许多几乎没见过和根本没有见过黄金的人也能使用这个词汇。它们的指称是由一根因果的（历史）链条决定的，而不是由任何词项的用法决定的"③。

普特南没有像克里普克那样重点研究通名和专名的指称，他将通名特别是科学与自然种类的语词作为研究的重心。他说："所谓的'因果指称理论'由克里普克对专名的研究而引入，并被我们扩大到

---

① Hilary Putnam, Mind, Language and Reality, *Philosophical Papers*, Vol. 2, p. 198.
② Saul A. Kripke, *Naming and Necessity*, Cambridge: Harvard University Press, 1980, p. 91.
③ Saul A. Kripke, *Naming and Necessity*, p. 139.

下篇 新实用主义的交往哲学

自然种类语词（natural-kind words）和物理量值术语（physical-magnitude terms）。"① 毋庸置疑，指称需要语言框架的支撑，外部世界的客体对象和语言经由指称的联结而建立其特定的对照关系。他承认不以人的意志为转移的外部世界的客观性，也肯定指称活动的经验来源于外部世界。然而，他表示一旦这种来源于外部世界的经验进入人的感知觉中，成为思想的对象后，它就已非纯粹的经验，沾染了人的思想认识，因此，只要通过人的感知觉和思想的经验都不是纯粹的或客观的。普特南多次重申不存在类似完全中性的经验，也就是说，没有不经人化的经验或概念，凡是经过人脑的经验都会被人们用所掌握的语词来标记或描述。人们用记号来表示词项，记号自身不是必然和外部世界的对象一一相应，而且外部世界的对象存在与否、生成或灭亡与否和认知主体、认知主体使用记号的方式也没有必然的联系。这表明词项指称具有一定的或然性和动态性。然而，当某个交往共同体的成员以约定的方式统一了对某个记号的主要用法时，在成员的概念体系中此记号就与特定的对象联系在一起了。在这种情况下，如果脱离概念体系，对象也就无从谈起。当成员习得各种差异有别的描述框架时，世界就被人为地划分为众多对象。可见，对于描述框架而言，无论是记号，还是对象都是内在于主体自我的，自我能够主动识别哪些记号对应于哪些对象。然而，认同上述主张并不容易，理由是在特定的语言系统中探讨特定语词所指称的存在意义不大，普特南认为这至多是剖析所谓的分析命题，只是一种变相的同义反复而已。传统的具有形而上学倾向的实在论者主张，因为自然科学领域中的基本词项可以指称某些带有超越色彩的课题，所以，能对基本词项做更高级的排列组合，从而创造出摹状表达式，并利用这些表达式来指称那些并不实存的客体。譬如，经过详细观察和梳理"花朵"这样的简单词项，人们能够察觉在"花朵"的外延所涵盖的不计其数的事物中，某些与我们不曾产生过联系，由此推论，当共同体成员谈到"花朵"这个语词时，一方面指称那些从前跟自我产生联系的"送给妈妈的花朵""图画中的花朵""家中种植的花朵"等，另一方面还可用来指称属于

---

① Hilary Putnam, Mind, Language and Reality, *Philosophical Papers*, Vol. 2, p. 247.

第六章 普特南的意义论

同一类别的自我未曾经验或感知过的"花朵"。有些人据此推断,这里的指称虽然没有获得自我的概念体系的指称,但貌似也成立了。针对这种状况,普特南指出,其实自我的概念体系已经深入上述指称活动中,并对后者提供了必要的支撑。这主要表现为对"同一种类"的感知与认识,它是上述指称活动得以完成的关键所在。追本溯源,"同一种类"的概念就是自我的概念体系所判定的,它判定了观念之间、对象之间以及观念和对象之间何谓相似、何谓相异的关系。这也充分佐证了语言框架或概念体系对指称的支撑作用。

除此之外,普特南还认为意义与指称也有一定的联系。在这个问题上,他和弗雷格(Frege)的观点相左。后者主张,任何专名都囊括了指称与含义两个方面,所有专名的表达式必然内涵一个含义,然而,反过来,并不是所有的含义都势必有一个与其相应的指称。譬如,"银河系中最亮的星"这个表达式就具有一个含义,但是,我们不能说它有一个明确与之相对的指称。再如,"方的圆"这个表达式也有既定的含义,然而,细究起来它缺少指称。可见,依弗雷格之见,意义和指称是弱相关。但是,普特南的观点却截然相反,主张专名的内涵,即意义和它的指称是强相关。在他看来,任何专名的意义通常都有语法标志、语义标志和定型标志。就语法标志而言,譬如,"图书"这个专名是可数的,"空气"专名则是不可数的。此处的"不可数"和"可数"就是专名的语法标志。就语义标志而言,"图书"和"空气"都是实存类的专名,也就是说,人们能够在自然界和人类社会中找到与其相匹配的指称的客体。此处的"实存类"就是专名的语义标志。再看定型标志,它通常牵涉的是专名所内含的、历经长久传承的观念。譬如,人们在谈到"雪"这个语词时,通常会联想到白色、冰冷、遇热融化等属性;在论及"火"时,一般会联系到温暖、跳动、灼热、光明等属性;在提到"雨"时,自然会浮现水、湿润、滴滴答答等景象。上述种种关联到的属性就是专名的定型。从中可见,专名意义中的定型直接与其指称的确定密切相关。

在明确了指称和语言框架、意义的关系之后,普特南重点指出,因果链条在指称确定的过程中发挥着至关重要的作用。名词定型从根本上说牵涉名词的内涵等知识。然而,在普特南看来,理解语言和使

下篇 新实用主义的交往哲学

用语言不单纯是知识的问题。要想获得和某个名词相关的语言能力,还应当在交往主体与某些极具代表性的事件之间建立起恰当的对照关系,此类关系不可或缺。借助这种对照关系,人们将眼前的事件与名词的定型联系在一起,从而形成一个因果链条。可以说,因果链条将定型中的各种属性和名词较为稳定地联系在一起,使之前缺少稳定性的指称逐步趋于恒定。他还在《说明与指称》的文章里使用了下面这个案例:"假设当年本·富兰克林(Ben Franklin)在做他那个著名实验时,我(指普特南)就站在他身边。他告诉我,'电'是一种物理量,它具有如此这般等的性质。他为我做出了一种物理量值的近似正确的明确描述,所以现在我就会使用'电'这个名词了。"他将运用此类方式来使用"电"这个语词的能力叫作"引进事件"。"很显然,只要以后每次我对这个名词的使用成了我在该引进事件中所获得能力的例证,这些使用就与这个引进事件因果性地联系在一起。……实际上,该词在我现在的词汇中的存在是由过去那些事件为原因的产物——最终以引进事件为原因引起的产物。"[1] 如此一来,前文提到的第二个问题就迎刃而解了,大部分的社会成员是在交往实践中借助历史因果链,从专家那里获得辨别语词意义的能力的。那么,首位向专家求助的社会成员则是利用引进事件而获得的,与引进事件密切关联的那个人是这个因果链条的起点。"一旦'电'这个词被引进到某人的词汇中……'电'的指称在他的个人语言(idiolect)中也就固定下来,尽管不知道这个人已经固定了该指称。"[2] 换言之,在引进事件的助力下,一部分社会共同体成员知晓了某个语词的指称对象,接着依靠历史因果链条在社会成员之间做横向或纵向的传递,通过人们在交往实践中的大量、频繁地使用、感知、理解、再使用……直至这个指称被广为接受和认可。这样一来,处于流变之中的语词意义便逐步相对稳定下来。

由此不难发现,在确定语词外延过程中,内涵的作用微乎其微,反而是一部分成员以引进事件的方式接触、理解和运用了专家对语词

---

[1] Hilary Putnam, Mind, Language and Reality, *Philosophical Papers*, Vol. 2, p. 200.
[2] Hilary Putnam, Mind, Language and Reality, *Philosophical Papers*, Vol. 2, p. 202.

意义所作的描述，余下的社会成员则在交往活动中遵循历史因果链条逐步地推广这种描述，指导语词的意义被广为接受。可以显见，人们认识水平的提高与科学的发展和进步必然会促使一部分语词的意义发生变化，这也再次反驳了过往意义理论中所主张的个人和集体内在的心理状态决定语词外延的说法。

在此基础上，为了回答"专家如何确定语词的指称"的难题，普特南阐述了环境作用的主张，解析了社会共同体成员能在多少大程度上形成对事物的正确认识。按照他的看法，语词意义和客观环境之间具有一种内在的因果关联，特别体现在交往活动中言说主体所独具的言语特征方面。例如：在英语语用环境中，"you"的指称主要取决于言说主体所在的交往或社会环境。也就是说，假如交往环境发生变化的话，那么，"you"的指称也会相应发生改变，既能够指单个的交往主体，又能用来表示多个交往主体。让我们对某个语词的产生进行溯源，首个如此称呼它或者第一个创造出这个语词的专家可能是因为与它指称的对象发生了直接接触，从而感知到了其指称对象所造成的某种结果，以此为据对它做了某种描述。应当说这是对事物形成正确认识的必要前提之一，而且此类描述大多是因果描述，理由在于正是借助事物本身引发的一系列后果，人们才获得了对其命名的参考依据。

然而，普特南指出，在涉及自然种类语词问题时，环境在理解语词指称的过程中起着不可忽视的重要作用。从某种意义上讲，唯有参照事物所处的环境，专家才能确定某个语词的指称，才能恰当地对其命名。譬如，水是遍布自然界的物质之一。尽管它有雨水、溪水、江水、海水、污水等多种存在样态和形式，但是水具有一种微观的类本质结构，单就这种微观结构而言，所有的水都是相同的。这种水的类本质或者说典型的范式是对于我们地球人而言的，也只有对我们才有意义。或许在繁星闪烁、茫漫无际的宇宙中，在某个孪生地球或其他星球上也有一个语词，它与我们言称的"水"这个语词相同，不过，它指称的或许是具有XYZ化学结构而非H_2O结构的那种东西。类似的情况或许曾真实地出现在科学尚处蒙昧的时代，那个时期人们没有将水与XYZ建立本质的联系，只言称XYZ貌似像水、品尝起来味道接近水、触摸起来类似水等。从这个角度看，"水"这个语词的指称对象主要是被范式的实际性质所决定的。"对象本身具有内在的本质结构，语词的指称是由对于这种本质结构的正确认识固定下来的"①，这就是专家在特定的环境中感知到某物所引发的效应之后，得出的关于此物的描述或认知的一种较为正常的途径。普特南对此表示，假如首个给某物命名的人，或者专家在参照其所在的环境对事物进行描述时，出现了偏差甚至是根本性的错误，那么，我们也应当且只能接受这种事实。在此类情形下，可以遵从所谓的"无罪之假定原则"。此原则的重要先决条件就是在某个特殊的环境里专家缺少足够多证据的支撑或佐证。不过，此原则也暗含了下述重要信息，即专家是在特定研究领域中相较于普通人有着扎实的基础知识、准确的评判能力、缜密的逻辑思维能力的一群人，他们理应获得我们的充分信任。而且众所周知，凡人都会犯错，古往今来，没有不犯错的人，因此，专家犯错也是不可避免的，不过，他们会在察觉自己的错误后会及时运用理性加以修正。也就是说，专家根据当时特定的环境竭尽所能确定某个语词的指称，他们就已经完成任务了，后来人会依靠历史因果链条，在持续不断的交往实践中检验并修正可能出现的偏差和错误，从而令人们对事物的认识越来越趋于正确、恰当与合理。

综上所述，在交往实践中，社会共同体与客观环境的联结作用确定并持续修正语词的指称。不过，在专家这个特殊的命名群体之外，社会大众在交往活动中，在对日常生活新事物的感知和认识过程中，也对某些语词的意义有所了解，而且促成了其意义由流变朝相对稳定的转变。这是独立个体融入社会共同体过程中，从"自我"加入"我们"过程中，在交往时与他人交流意见并最终达成一致过程中的一种应有表现，所以在考察和探究语词外延问题时，普特南也提醒我们不要忽视个体的积极作用。

---

① 陈亚军：《从分析哲学走向实用主义——普特南哲学研究》，东方出版社 2002 年版，第 32 页。

三 交往语词的要素

按照普特南的理解，明确语词的指称主要依赖交往实践活动中社会共同体与所在客观环境的共同作用。尽管这项任务主要由专家负责，而且需要在漫长的交往实践中逐步修正，但是，作为交往活动的参与者和社会共同体的成员，人们有必要了解或掌握一些关于语词的知识。换言之，应当知晓或明确一些交往语词的要素，便于判断自己是否较为恰当地掌握了语词意义。毕竟语词的意义和掌握语词的意义是截然不同的两码事。了解语词的要素并遵循其使用规则，无疑会促进个体尽快融入语言共同体。

普特南建议，在正式研讨这个问题之前最好先区分开通名与专名。其实，在普特南之前，很多哲学家都曾探讨过通名与专名的问题，其中，比较有代表性的是弗雷格、罗素、密尔和克里普克的观点，他们的先行探讨为普特南的相关思考奠定了理论基础。在弗雷格看来，"一个专名（词、记号、记号的组合、表达式）表达它的涵义，代表或指示它的所指。我们借助于记号来表达它的涵义并且指示它的所指"[1]，而"专名的所指就是这个名称命名的对象本身"[2]。需要注意，此处的专名是较为宽泛意义上的、广义的专名。它没有在理论层面上辨别专名和摹状词的差别。按照他的理解，而二者在逻辑功能上趋于一致，在语句中都可以充当逻辑主语。而他言称的概念词其实就是与专名相对照的通名。仅就意义而言，概念词和专名较为类似，即概念词也兼有所指与含义，而且前者取决于后者。不过，在所指的问题上，弗雷格认为两者还是有分别的。概念词的所指是概念，但专名的所指都是外部的各种对象。借助于自身的含义，概念词和概念连接在一起，对象则属于特定概念的范畴之内。这也间接表明：一般情况下，彰显或表达一个概念正是概念词的主要功能。在他看来，概念词指代的概

---

[1] P. T. Geach and M. Black, *Translations From the Philosophicial Writings of Gottlob Frege*, New York: Basil Blackwell, 1952, p. 61.

[2] P. T. Geach and M. Black, *Translations From the Philosophicial Writings of Gottlob Frege*, p. 71.

下篇　新实用主义的交往哲学

念和专名指代的对象的区别有：一方面，相对于较为感性的对象来说，概念主要表现为一种客观的思想。譬如，对"马"这个概念来说，能够通过 horse 和 steed 等语词来表示。不管使用其中的哪个语词，此概念的内容都是恒定的，也就是说，马的概念不会因为甲、乙、丙、丁等众人的意志而发生改变，具有一定的客观性。需要注意，作为个别对象的马，显然和作为概念的马是相区别的。前者是一种感性的自然物，具有颜色、大小等方面的属性，人的感官可以经验到，而后者就没有这些感性层面的属性，是一种抽象的存在，只有人的思想可以把握。另一方面，描述对象的专名一般是完全的，而描述概念的语词通常是不完全的。理由在于概念词不是指称所有的对象，而是聚焦于对象的某方面特性，相比之下，专名指代的是对象的全部。以"林肯是美国总统"这个语句为例，"林肯"是专名，用来指代出任美国第 16 任总统，并于 1865 年被枪杀的那个人，而"美国总统"就是概念词，它只描述林肯作为政治家的身份，并没有表达作为律师的林肯或作为贫苦人家出生的林肯等属性或侧面。针对这种情形，弗雷格主张，在语句中对象和概念发挥的功能互有差异，指代对象的专名不能放在谓词的位置，而概念能充当语句的谓词。用他的话来说，"'主词'和'谓词'的语法意义而言，我们可以简略地说，概念是谓词的所指，对象则是那样一种事物，它绝不能是谓词的全部所指，而只能是主词的所指"①。

罗素进一步拓展了弗雷格关于通名和专名的认识。他主张，用来表示单个对象的语词能够细分为逻辑专名和普通专名两大类。就前者来说，它本身是一种完全符号，它们的所指主导它们的含义而不是反过来由含义左右所指。可以说，逻辑专名的含义就是它们的所指，它们的含义来源于这些所指。显然，这比弗雷格相对封闭的意义观更加开放，外部世界也都成了语词获取意义的重要来源。就后者来说，普通专名不是单独指称或表达单一对象，更没有独立的意义，只能从逻辑专名那里获得派生意义，它们自身没有意义，只有在用法上有一定

---

① P. T. Geach and M. Black, *Translations From the Philosophicial Writings of Gottlob Frege*, pp. 47 – 48.

第六章 普特南的意义论

的意义。从逻辑层面看,普通专名能够被摹状词所取代。因为罗素眼中的逻辑专名充其量是指代某些感觉材料,某些一并出现的情形或性质,所以,他的论域中根本没有任何单个、具体的对象,全都被转化为感觉材料的某种逻辑构造。因此,他说感觉材料而非具体的、个别的事物构成了人们感知到的外在世界,这也在逻辑上打通了普通专名和摹状词之间的隔阂。另一位英国哲学家——密尔则指出,通名不仅具有内涵,还包括了外延。这形同表明,它一方面可以指代某人或某物,另一方面也可以表达一些或是简单或是复杂的属性。依据某人或某物是否具备了这些属性,人们可断定它们是不是通名所指称的对象。与之相比,专名则行不通。因为"专名没有内涵,它指称被它称谓的个体,但不表示或蕴含属于该个体的任何属性"①。当赋予对象一定的名称以后,名称权且就是一种标记,让被指称的对象成为言谈对象的标记。譬如,人们将某个小镇唤作"达特河口",之所以如此命名,是因为它的地理位置恰好处于达特河的入海口。然而,"处于达特河的入海口"并没有在"达特河口"的意义之中,不然的话,倘若达特河的入海口更换了位置,那么这个小镇是不是也因此而更换称呼呢?显然不是,人们还会像从前那样称呼它。

与罗素和弗雷格注重专名和通名区分的做法不一样,在克里普克眼中,通名、专名和摹状词等都一并被唤作指示词。它可分为两类,即非固定指示词与固定指示词。他言称:"如果某个指示词在一切可能世界中都指示同一个对象,我们就称之为固定的指示词,如果不是如此,我们称之为非固定的或偶然的指示词。当然,我们并不要求这些对象存在于一切可能世界之中。"② 同时,他还表示,"当我使用固定指示词概念的时候,这并不意味着指称的对象必然存在。我们的意思是:在该对象将会存在的任何一个可能世界中,在该对象将会存在的任何一个场合中,我们使用固定指示词来指示那个对象。在那个对象不存在的场合,我们就应该说那个指示词没有所指,而如此予以指

---

① John Mill, *A System of Logic*, Washington: Library of Alexandria, 2017, p. 20.
② Saul A. Kripke, *Naming and Necessity*, p. 48.

示的该对象不存在"①。也就是说，所谓的固定指示词是指在任何可能的情况下都被用来表示或指称同一个对象语词，反之，就是非固定指示词。他还进一步介绍了怎样检验和区分这两类语词的诀窍：倘若事实层面的 A 一定是 A，那么，A 就是固定指示词；倘若事实层面的 B 或许不是 B，那么，B 就是非固定指示词。譬如，人们会说美国第 37 届总统存在没有当过美国第 37 届总统的可能性，但是，却不能说尼克松（Nixon）不是尼克松，所以，尼克松是固定指示词，而美国第 37 届总统是非固定指示词。遵循这种分类依据，专名无疑就是固定指示词，而摹状词一般是非固定指示词。在如何看待通名的问题上，克里普克也沿用了看待专名的方式。他指出，通名也属于固定指示词的类别，在任何可能的情况下它都相对稳定地指称同一个对象。然而，此处的通名主要是指诸如"黄金""水""桌子"和"老虎"等自然种类的通名。他虽没有明确表示通名究竟有没有含义，但他认为，常识之中的将通名的内涵归结为一般属性的集合的主张是不对的，理由是在大多数情况下通名不被用来表达属性。和专名相似，当人们确定某个通名之后，它就会在因果链条中或历史传承中次第传递下去，由此观之，因果的、历史的链条决定了通名的指称对象。以此为前提，他还阐述道，只有那些在任何可能的情况下都恒久不变的本质属性才能成为通名的所指，这些本质属性形成了通名的内在结构。比如，H_2O 是水的本质属性，原子序数 79 是黄金的本质属性，那么，不管在任何情况下，不管某种物质具有哪些额外的属性，但凡它存在 H_2O 的化学结构，那么，它势必就是水；但凡它原子序数为 79，那么，它势必就是黄金。

以前人的上述认识为前提，普特南主张，就专名而言，即便人们不清楚它的指称对象，但也能在交往活动中运用它，哪怕此类并不严谨的做法出现了偏差也无妨。可是，就诸如"柠檬""老虎""黄金"和"水"等自然种类语词而言，如果人们并不了解与其相关的基本知识，更没有具备丝毫怎样使用它们的基本能力，那么，不可妄称理解

---

① ［美］米尔顿·穆尼茨：《当代分析哲学》，吴牟人等译，复旦大学出版社 1986 年版，第 471 页。

或掌握了此类语词。将"老虎"作为案例来分析：倘若某人声称自己业已掌握了"老虎"一词，那么他至少应当在认识与实践方面同时具备两个条件：首先，他使用"老虎"这个语词的方式、方法与社会共同体开展交往活动时的用法是一致的，交往对象不会说"他不知道什么是老虎"。其次，他是交往实践活动的参与者，是社会共同体的成员之一，其他交往对象或社会共同体大多数成员所确定的"老虎"的外延与他言称的"老虎"外延基本相同。① 更进一步剖析，上述第一个条件传递出的信息是，只在个别、特定的交往语境中使用"老虎"这个语词还不能被认定为已经掌握了这个语词，准确地讲，这充其量是部分掌握了该语词。第二个条件告诉我们，仍以孪生地球上的人为例，尽管他们与地球人在很多方面相趋同，但是，唯有当他们的交往用语里的"老虎"的外延是老虎的集，才能有资格说"老虎"这个语词已经被掌握。这两个条件综合在一起就意味着，如果人们要实现在交往活动中恰当、准确地使用"老虎"这个语词的话，那么先行了解"老虎"这个语词的某些基本知识即了解它的语用规则就是一个非常必要的前提条件。

进而言之，了解它的语用规则或与它相关的基本知识，主要囊括语义标志、句法标志、外延和定型四个要素。语词意义的"规范形式的描述"就是由四者一并组成的。普特南认为，只有某个语词的规范形式的描述的语义标志、定型和句法标志被人们熟悉后，才可以声称人们理解了该词的意义。尽管其中的外延要素也异常重要，但是无须所有交往活动主体都了解或掌握它，识别和划定其外延的工作可交由专家来从事。普特南尤其剖析和解读了"定型"在个体理解语词活动中的功用。他说想要搞清楚"柠檬""老虎""水"等自然种类语词究竟指的是何物，一般可以从两点入手，一方面运用直指定义的做法，这与将专名赋予某个物体的做法很相似，直接明确了特定交往情境里的某物和语词的内在关联。譬如，当人们一手指着水并且言称"这是水"时，那么这个特殊交往情境或社会境遇下的水，不管是死水、淡水还是河水就成了"水"这个语词的样品。自此以后，当人们再言称

---

① Hilary Putnam, Mind, Language and Reality, *Philosophical Papers*, Vol. 2, p. 278.

某物是水时,是否恰当和准确主要看能否在它身上发现与作为水的样品的东西具有相同的内在结构,这类任务通常是由专家采用科学研究的方法来分析、检验和证明的。另一方面则是运用描述。在普特南看来,发现或确定了某个事物的"定型",也就意味着交往主体或社会共同体探明了衡量此物各种特征的诸多标准,能够利用这些标准判断某物是否应当被划归到某个类别中。比如,当人们了解了"水"的"定型",即液体、透明、没有味道、没有颜色等特征后,就能大致判定某物能否被叫作"水"。倘若"水"的定型在人们的交往活动中发生了变化,"水"这个语词的意义也势必会改变。出于进一步阐明这种看法的考量,我们再分析普特南所做的关于"柠檬"的案例。在他看来,假如柠檬的颜色出现了突变,由黄色转变为了蓝色,此时,"柠檬"的语词意义不会马上变化,旧有的、早前的柠檬的定型依然可在发挥作用,在这种交往情境下,人们会声称"柠檬都变成了蓝色"。此时的表达式——"变成蓝色"的言外之意就是在交往主体或社会共同体成员的头脑中柠檬还是黄颜色的。不过,倘若这种颜色的改变不是偶然为之,能够持久地、普遍地延续下去,那么终有一日人们对柠檬的描述会变成下述这样:"柠檬:是一个自然种类语词,与其相联系的特征有皮蓝、味酸等等。"依普特南之见,"于是'柠檬'便改变了其意义"。①

由此不难看出,所谓的定型或规范形式的描述并非先天或先验的,而是后天约定性的,而且,针对种类不一的事物,交往主体或社会共同体成员对其定型的要求也是截然有别的。单就当前的交往语境而言,交往主体应当了解老虎的大部分外表特征,虽然对这些特征掌握和熟知程度还达不到精准、精确的水平,但理应可分辨出老虎与狼、牛、马等自然物。可是,在谈及"榆树"的定型时,人们对其定型的掌握程度可以不像老虎那样多面和翔实,更无须搞清楚它与山毛榉究竟有何差异。可以说,了解语词的定型是交往主体或语言共同体成员能够恰当、准确使用语词的一个重要语用规则,也是交往活动得以顺利开

---

① [美] A. P. 马蒂尼奇编:《语言哲学》,牟博等译,商务印书馆1998年版,第602页。

第六章 普特南的意义论

展的重要前提。然而，结合交往活动的实际或语言共同体的现实需求来看，定型所涉及的关于某物根本特点的描述无法做到绝对为真，也就是并非不可修正的。它归根到底就是人们运用归纳法从经验中逐步概括出来并容许进一步完善的规范。它指称的属于其外延之中的事物以及其用以衡量所属成员的标准都具有变动的可能性。根据传统的理论，通名的意义与其定义是相同的，其定义就是诸多性质或特征的综合。还举"柠檬"的例子，人们可以从多角度入手阐述其性质进而明确其意义，譬如：味道是酸的、颜色是黄的、带有表皮等。从语义分析的角度看，上述性质对于柠檬而言是真的，分析层面的真。既然是如此，那就无须修正或更改，它准确划分了柠檬和其他自然物的界限。但是，普特南旗帜鲜明地批判这种观点。他说我们无法使用这种理论去应对那些自然种类里的非正常的案例，譬如，一个蓝色的柠檬依旧可算作柠檬，少了一条腿的老虎依旧是老虎、处于液态之中的煤气依旧是煤气等。倘若依据传统的定义方法来审视这些非正常的案例，它们就不能被称为"柠檬""老虎"和"煤气"了。这无疑不符合我们的社会现实。在普特南看来，"说某物是柠檬就是说它属于一个其正常成员有着某些性质的自然种类，而不是说它自身必然有那些性质。不存在具有'每一个柠檬都有P性质'这种形式的分析真理"①。传统理论的失策之处是误将原本适用于单一标准概念的解释运用到了通名意义的解释上，这就导致"一个正确地描述了大概三百个语词的行为的理论被断定为正确地描述了成千上万个一般名词的行为"②。诚然，在交往活动中，人们可以去描述定型，不过，归根到底它是源于具体、特殊经验的一种层层概括，是关于理想化状态的一种可修正的描述，它所揭示的性质并非绝对真理，毋宁说是出于交往方便的一种约定性描述，要把它视为盖棺论定的、具有真理性的理论说明就有失偏颇了。③

正如语词意义的确定是一个变化的过程，普特南在对"定型"的

---

① [美] A. P. 马蒂尼奇编：《语言哲学》，第593页。
② [美] A. P. 马蒂尼奇编：《语言哲学》，第593页。
③ Hilary Putnam, Mind, Language and Reality, *Philosophical Papers*, Vol. 2, p. 250.

认识上也有一个转变和修正的过程。早期，他认为定型与自然种类语词有着很强的内在关联，对前者的修正或完善势必引起后者意义的改变。然而，后来，他又进一步丰富了"定型"的内涵，从中析取并推论出了"语义标志"，主张语词的意义并不必然会受到定型改变的影响，语词意义之所以会发生变化，主要是因为语义标志的使然。问题是，如何理解语义标志？依照普特南的认识与理解，在人们给出的关于事物的许多描述中，抛去那些定型的部分，尚有一种相对恒稳、趋近于无须修正的描述，这就是他所谓的关于语义标志的描述。人们应当有目的性、有针对性地区分出事物身上的作为一般属性的特征与作为"语义标志"的特征，原因是在确定语词意义的过程中，两种特征的优先性是有区别的。譬如，当人们提及老虎时，率先想到的特征有"一种动物""异常凶猛""身上有黑色和黄色相间的条纹""看上去像大猫"等。在以上描述特征的语词中，"一种动物"的特征明显比后四种特征明显更为根本，也更契合老虎的本质。因此，相较于其他描述，它具有核心地位，可以被看作不可修正的。人们能够想象到一只从小被人类驯养的性情不那么凶猛的老虎、能想象到一只身上没有条纹、通体纯色的老虎，也能设想一只体形过小或过大而看上去不像大猫的老虎等，然而，无论如何人们无法想象到一只不属于"动物"这个物种的老虎。换言之，相对于"有条纹""像大猫"等特征描述，"一种动物"从本质上来讲更趋恒稳。即便人们不能绝对断言它未来不会发生变化，但是这种改变的可能性相对要小很多。如此一来，"动物"这个描述语词显然优先于"像大猫""有条纹"等描述，它就是普特南眼中关于老虎的"语义标志"。充当"语义标志"的描述词语一方面居于相对核心的"位置"，另一方面也牵涉了事物的分门别类，是人们日常使用最为频繁的分类系统的必要部分之一。所以，普特南主张，此类语词能够被视为一种"范畴指示词"。① 除此之外，"句法标志"的重要性也不亚于"语义标志"，它是专家所作的关于语词性质的界定，它所涵盖的语词有"动词""介词""名词"和"形容词"等。不过，鉴于句法标志一般是人们在交往中使用自然语言的

---

① Hilary Putnam, Mind, Language and Reality, *Philosophical Papers*, Vol. 2, pp. 267–268.

一种知识前提，和语词意义的研究关联不大，所以，普特南没有做更深入的探讨。

总之，普特南不赞同把意义与某种固定的对象联系在一起，也拒绝将个体或集体的内在心理状态等同于理解或把握意义。他一再重申：要想明确语词的指称，就要依赖交往实践活动中社会共同体与所在客观环境的共同作用；要想进一步掌握意义，唯有凭借对意义的"规范形式的描述"。更为关键的是，此类规范形式的描述通常是由句法标志、定型、语义标志和外延四种要素组成。譬如，"水"的意义就有赖于这样的规范形式的描述：它的句法标志是集合名词，定型是无色、解渴、无味、透明等，语义标志是自然种类和液体，外延是不纯质的H_2O。除去外延部分之外，其余几项是交往主体或语言共同体成员掌握语词意义的先决条件。然而，它们还没有构成理解语词意义的必要条件，原因是在诸多情境中，只是掌握了事物外在的特征描述或搞清了它的类别所属还不能够区分开事物。面对这种困境，专家的作用就凸显出来了，通过他们的努力可以发现事物的类本质，也就是能够划定它们的外延。唯有触及了事物的本质属性，才能算是从根本上搞清了自然种类的语词到底意味着什么。因此，尽管在交往活动中，人们没有精确掌握某些语词的外延，但是它能有效地限制人们对语词意义的把握。由此可见，在普特南看来，确定语词意义也应当考虑到外延的因素，既然外延能在一定程度上影响意义，那么与之相应意义也会作用于语词的外延。显而易见，普特南排斥将语词意义挂钩于某种内在的心理状态，他更强调交往活动中的主体间的共同作用以及环境的影响。

第七章
伯恩斯坦的多元文化论

从哲学研究旨趣上讲,理查德·J.伯恩斯坦与罗蒂更为相近,而与普特南相隔较远。他的研究工作比较关注社会政治领域的议题,突出体现了实用主义向社会现实的回归,甚至可以说他在实用主义介入社会方面比罗蒂"尤有过之而无不及"。他也站在了与镜式哲学相对立的阵营中,否定和驳斥笛卡儿式的二元对立,肯定不同共同体之间的对话与交流,大力提倡多元文化论,进一步充实了新实用主义交往哲学的内容。

一 不可通约性

尽管围绕库恩的"不可通约性"的讨论甚嚣尘上,人们热议不可通约的文化、不可通约的范式、不可通约的语言、不可通约的理论等,仿佛交往活动中的所有阻碍都能在不可通约性上找到诱因。但是,在伯恩斯坦看来,不管是欧陆带有浓厚人文主义传统的哲学,还是英美世界广为盛行的分析哲学,都怀有一种对可通约性的向往与追求。然而,在现实层面,可通约性和不可通约性都有其适用范围,对于"我们"中的任何成员来说,大家在交往活动中是可通约的;对于还没有被接纳到"我们"中的其他人来说,不可通约性是一道障碍,是阻碍他们与"我们"交往的障碍。

追本溯源,"不可通约性"一词能够一直上溯到古希腊数学。在

第七章　伯恩斯坦的多元文化论

闻名于世的《几何原本》中就有与之相关的论述："根据相同的尺度可以分割的量叫可以通约的量,而没有任何共同尺度的量叫不可通约的量。"① 20 世纪 80 年代中期,受到日本东北大学的邀请,美国科学哲学家托马斯·库恩在该校文学部做了一次讲演。其间,被问及"不可通约性"的问题时,他用粉笔在黑板上绘制了一个正方形,并画出了两条对角线。接着,他解释道:倘若该图形的边长为 1,那么,其对角线的值就是无理数根号 2,这样的话,内部的对角线与正方向的边长就失去了共同的尺度单位,所以两者是不可通约的。② 更为重要的是,尽管它原本是一个数学领域的范畴,但是库恩却将它成功地应用于科学哲学以及科学史领域的研究中,以便指称理论、范式之间的没有可比性或没有内在联系的现象③。1962 年库恩的代表作《科学革命的结构》一书问世,顿时在人文社会科学领域引起了强烈的反响,文化、哲学与社会学等诸多领域的学者从不同视角对其进行解读和研讨,毫不夸张地说,20 世纪 60 年代在受欢迎程度上鲜有其他学术专著能够比肩此书。虽然库恩撰写此书的聚焦点是自然科学而非人文社会科学,但吊诡的是当时的自然科学家们对此书没有表现出很大的兴趣,反而是人文社会科学领域的学者们对此书给予了极大的关注,将其视为拓展本领域研究的垫脚石,围绕其展开的讨论如此之广,乃至于许多库恩的书中表述都进入了人们的交往活动用语中。譬如,时至今日,人们还在大谈"范式"与"范式的转变",这两个语词或表达式都源于库恩的《科学革命的结构》一书。库恩创造的另一个语词也激起了旷日持久的争论,它就是"不可通约性"。也就是从那时起,人们开始讨论不可通约的文化、不可通约的范式、不可通约的语言、不可通约的理论等,仿佛交往活动中的所有阻碍都能在不可通约性上找到诱因。

在库恩的论域中,不可通约性大体含有下述几方面的内涵:首先,

---

① [希腊] 欧几里得:《几何原本》,兰纪正等译,陕西科学技术出版社 2003 年版,第 311 页。
② [美] 保罗·费耶阿本德:《反对方法》,周忠昌译,上海译文出版社 2007 年版,第 2 页。
③ [美] 托马斯·库恩:《科学革命的结构》,李宝恒等译,上海科学技术出版社 1980 年版,第 86 页。

在他看来，互有差别的范式之间没有普遍适用的评价标杆。一旦科学领域发生了革命性的进步，那么衡量"是否科学"的标杆也就发生了改变，在这种情况下，一般的科学研究所面临的尚待解决的问题也必然出现改变。譬如，在爱因斯坦还没有提出相对论学说之前，那时物理学研究领域重点关注的论题是："地球对静止的以太运动的相对速度的问题。"可是，在1905年狭义相对论学说问世后，这个论题就被消解了。而后，科学家们甚至不再将"以太"作为一个科学概念来看待。纵观科学发展史，因科学的大变革而导致的范式转变不胜枚举。类似的情况还包括早已被剔除科学领域的热素说与燃素说等。有鉴于范式、理论之间的"跨代式"的更迭，库恩重点阐述了范式更迭的动荡期中知识的非累积特征。倘若在普遍的衡量标准存在于各不相同的范式或理论之间的话，那么，科学家群体就能提出关于范式的同一性评价，那样的话，所谓的科学"革命"、理论"迭代"就不能成立了，因为同一性评价已经抹去了理论、范式之间的裂痕性代差。其次，当出现科学革命之后，原有研究语境中科学术语的内涵以及彼此之间的关系也会产生改变。比如说，爱因斯坦的相对论也含有时间、空间与质量等术语，这些概念此前在传统物理学中也被广泛使用，不过，爱因斯坦论域中的时间与空间早已截然有别于牛顿（Newton）所谓的绝对时间与绝对空间了。此外，质量这个属于在牛顿经典力学中指称不变的常量，而在爱因斯坦的相对论中它代表的是随同物体速度快慢变化而改变的量，因此，严格意义上讲二者已非相同的术语了，两种理论语境和范式代表着两种不同的概念之网。类似的情景也曾在数学研究中出现过，也体现了不同范式之间的不可通约性。德国数学家希尔伯特（Hilbert）主张所谓的几何学公理，不是说一定能够确保公理内容与空间直观完全符合，充其量只是一个个能够自由选择的理论主张。不过，众多几何学公理应当形成一个内在自洽、没有自相矛盾之处的理论体系。相比之下，数理逻辑学家弗雷格表示："从公理是真实的这一点出发，可以得出它们之间相互没有矛盾的结论，因此不需要更多的证明。"[1] 换言之，

---

[1] Gottlob Frege, *Philosophical Corres Pondence*, Gottfried Gabriel, Hans Hermes, Friedrich Kambartel, Christian Thiel, Albert Veraart ed., Oxford: Basil Blackwell Publisher, 1980, P. 37.

第七章 伯恩斯坦的多元文化论

在希尔伯特眼中,公理与公理之间应当确保不相互冲突,能够自圆其说。但是弗雷格则主张这种要求或证明是多此一举。此外,弗雷格着重强调的公理的真理性,而希尔伯特却漠然不理。可见,在两位名家的视域中,至少在如何看待几何学公理的问题上没有一个两者都认可的共同尺度,也就是说两人不能通约。尽管两人都使用相同的数学用语,但是两种理论或范式之间存在着不可跨越、难以交流的鸿沟。这也印证了库恩的不可通约性。最后,对于支持不同范式的人来说,其立场与世界观也是有所差异的。范式学说同样适用于解释世界观的差异,即在库恩看来,科学革命意味着范式的演进与变化,而范式的迭代也外化为世界观的转变。用他的话来说,"革命之前科学家世界中的鸭子,在革命之后就成了兔子……所以,在科学革命时期常规科学传统发生了改变,科学家对环境的知觉必须要重新训练——在一些熟悉的环境中,他必须学习去看一种新的格式塔,在这样做了之后,他研究的世界在各处看来都将与他以前所居住的世界彼此不可通约"①。也就是说,不可通约的理论与范式代表着不同的认知世界的方式,不同的思想立场,一旦范式发生改变,与其相应的世界观也会同步发生各种改变。有鉴于此,人们习惯将库恩所谓的"不可通约性"解读为不同理论的不可比性或者不可理解性。然而,库恩特别提醒道,不能完全在不可通约性和不可比性之间画等号,在时间上先后被提出的两种理论或许是不可通约的,然而它们是能够相互对比的,在某些内容方面也有可交流和沟通的空间。

作为一名有着明显的实践倾向和现世关怀的实用主义哲学家,伯恩斯坦也加入到了不可通约性的研讨活动中。他无意去梳理这场论证的来龙去脉或发展轨迹,因为过于繁复和庞杂,他真正要关注的则是不可通约性被接受的问题,即不可通约性的内涵是什么,它缘何会引发大规模的论争,更为关键的是围绕不可通约性所展开的讨论会对当前的交往活动产生哪些裨益。

伯恩斯坦发现,在《科学革命的结构》一书中,"不可通约性"这个语词先后出现了六次。在解释为什么许多具体科学在思想发展的

---

① [美]托马斯·库恩:《科学革命的结构》,第91—92页。

萌芽或初级阶段，会涌现出多种意见相左、势如水火的流派问题时，库恩表示："各种流派之间之所以存在差异，并非在于它们有这样或那样的错误方法（它们都是'科学的'），而在于我们如何称谓它们看待世界以及进行科学实践的这些不可通约的方法。"① 此后，在阐述科学革命的必要性以及本质时，他提醒人们注意："经历科学革命之后幸存下来的常规科学传统不仅与之前的传统相互排斥，而且往往是不可通约的。"② 不过，库恩探讨不可通约性的学术背景是如何破解科学革命的困境与难题。他尝试要回答的问题是：两种截然对立的范式的拥护者为什么"可能［每一方］都希望让另一方转为相信自己一方的观点和方法，［然而］双方都不希望去证明自己的方法"。经过细致的爬梳和整理，库恩探明了三个诱因来阐释为何"相互竞争的范式的支持者一定是没有将彼此的观点完完全全地联系在一起"。它们分别是：第一，"相互竞争的范式的支持者对于任何一种候选范式所必须要解决的问题清单并不能达成一致意见。他们对科学评定的标准或定义是不同的"③。第二，"除了在判断标准上存在不可通约性以外，还要涉及更多方面的问题"，因为用来详尽阐述的概念体系也在悄然地产生本质性的改变。譬如，牛顿的宇宙观向爱因斯坦宇宙观的转变和演进也同时意味着"由空间、时间、物质、力等构成的整个概念体系将不得不发生转变并对自然整体进行重新规定"。最后一个诱因也是最为重要的就是："相互竞争的范式之间最根本的问题是存在着不可通约性。"④ 这些诱因整合在一起就指向了一个主张，即"常规科学传统在革命前和革命后存在着'不可通约性'"。在此基础上，库恩还对三个诱因做了更深入的解析，"从某种意义上讲，我不能做出进一步的详尽分析，因为相互竞争的范式的支持者们是在不同的世界里做着自己的事情。一个世界里满是慢慢降落的物体，另一个世界里的钟摆还在来来回回地重复着单调的运动。在一个世界里，解决方法是化合物，

---

① Thomas Kuhn, *The Structure of Scientific Revolutions*, Chicago: University of Chicago Press, 1970, p. 41.
② Thomas Kuhn, *The Structure of Scientific Revolutions*, p. 103.
③ Thomas Kuhn, *The Structure of Scientific Revolutions*, p. 148.
④ Thomas Kuhn, *The Structure of Scientific Revolutions*, p. 149.

第七章 伯恩斯坦的多元文化论

在另一个世界里,则是混合物。一个是嵌在平面里的世界,另一个则是在有曲度的空间世界里。由于是在不同的世界里进行实践活动,两组科学家在同一个方向上的同一点看到的却是不同的事物。我再次强调一下,这并不表明他们想看到什么就能看到什么。两者都在注视着这个世界,而他们眼睛看着的那个世界从未发生过任何改变。但是,在一些领域里,他们看到了不同的事物,他们看到事物处于不同的联系之中。这就是为什么某条规则对于一组科学家来说甚至是无法论证的,而对于另一组科学家来说也许却是本能的和显而易见的事情的原因。同样,这也道出了其中的原因,在双方希望全面沟通之前,一组或另外一组科学家必须经历这样一次转变,也就是我们一直以来所说的范式的改变。恰恰是因为这是一次不可通约的事物之间的转变,又加之逻辑因素和科学家想要保持中立的经历,因此,相互竞争的范式之间的转变不可能是一次迈一小步的渐进过程。这种转变就像格式塔,它必须立即出现或者根本不出现(尽管不一定是瞬间发生)"①。伯恩斯坦非常重视库恩的上述这段关于不可通约性的论述,虽然后者在其他著述和文章中也曾旁涉不可通约性,然而,在伯恩斯坦看来,唯独这段内容富含重要的教育意义。一方面是它明确传递的讯息很具有启发性,另一方面是它的言外之意,即含而不露、欲说还休的那部分内容。特别需要注意的是,在创作的所有著作、论文中,他并没有着意去界定"不可通约性",更没有对这个概念做全面的解读。

伯恩斯坦并没有开宗明义地对库恩的"不可通约性"进行评论,而是率先挖掘了一下罗蒂与库恩观点之间的联系,分析了罗蒂如何在自己的代表作——《哲学与自然之镜》一书中重新诠释、演绎并发展了库恩的观点。罗蒂曾表示,"对于交谈的所有成果都是可通约的"②。如同海德格尔与杜威尝试超越康德、黑格尔哲学体系一般,罗蒂所作的努力是消解认识论在整个知识体系中的优先性或基础地位。以往的

---

① Thomas Kuhn, *The Structure of Scientific Revolutions*, p. 150.
② Richard Rorty, *Philosophy and the Mirror of Nature*, Princeton: Princeton University Press, 1979, p. 316.

认识论学说试图阐述某种能够展现可通约性的"共同根基"。在科学研究的语境中,此处的"共同根基"彰显的是科学的合理性,仿佛如果这种"共同根基"不在场,科学的合理性就会受到削弱。它或者涵容在我们之中,即分析哲学所使用的语言里;它或者存身在我们之外,即存在之域里。这种基础性的存在曾受到费耶阿本德与库恩的质疑和批判,尽管罗蒂也否定这种共同的基础,但是,他采用的批判路径和方法不同于费耶阿本德和库恩,他使用的是解释学的方法。人们普遍主张,认识论探讨的核心问题是知识的合理性,相比之下,解释学则阐述其他的议题。这种普遍的观点内蕴了某种可通约性,即从知识的应然状态来讲,它应该含有逻各斯,逻各斯是知识合理性与普适性的保证。人们只需要找到可通约的途径,就能触及逻各斯。所以,借助逻各斯而获得合理性的知识就具有可通约性。在罗蒂看来,上述认识论观点对逻各斯与可通约性的解读有欠妥之处。首先,以库恩为代表的一些反基础主义者尝试从论证不可通约性入手来解构传统的认识论。库恩曾驳斥过这样的一种观点,即任何科学理论的提出或形成应当以遵循某种算符(algorithm)为前提条件,否则它就缺少科学性。尽管他驳斥的是科学界的观点,但促使人们去追问:传统认识论是否真的能找到可通约的基础,这种路径是否能应用到科学乃至文化的其他领域中。然而,库恩的不彻底性表现为:始终在认识论的框架中寻找解决方案,他意图探得一种能够将传统认识论的范式取而代之的新型方案。库恩指出,科学家们支持或反对某种科学理论主要参照一致性、精确性、简单性、广泛性、有效性等指标,科学家们并非将此类指标看作决定选择的规则,更乐意将它们视为影响选择的价值。借此可以推断,倘若在上述指标之外另有一些其他价值左右或影响了选择,那就是不科学的。如此一来,我们是否可以将上述指标视作科学的基础呢?如果是的话,库恩岂不是又复归到传统认识论所声称的可通约的基础了吗?针对这种情况,罗蒂反问道:贝拉明(Bellarmine)大主教在与伽利略(Galilei)争论时反对哥白尼(Copernicus)理论的各种考虑是非科学的吗?尽管库恩没有公开回答过这个诘难,但是依据他在其他著述中所表述的观点来推断,他应该持否定立场。不过,罗蒂认为,当贝拉明主教承认在天体测量与航海领域哥白尼的学说确实有一

第七章 伯恩斯坦的多元文化论

定的启迪作用时,也就形同肯定了哥白尼的理论具有上述库恩所谓的参照指标。有鉴于此,罗蒂表示:"什么将成为'科学的'概念处于被形成的过程之中"①,因为在那个时代尚没有出现人们用来辨别"非科学的"和"科学的"参照系。尽管依照库恩等人的观点来分析,贝拉明是非科学的,但是,实际情况却并非如此。其次,在罗蒂看来,他倡导的解释学与认识论的关系已经在库恩的不可通约性中有所展现,而且,不可通约性还囊括了不可化归性。

针对上述库恩与罗蒂的分歧,伯恩斯坦指出,库恩聚焦的问题是发现自然科学的内在结构,探明和掌握其发展动态,他之所以创造出"范式"这个概念,主要基于这样的考量:倘若要严格、明确地区分开自然科学和其他学科、话语,那么唯有依靠范式。然而,罗蒂没有纠缠于此类划分和区别,他的视野更为宏阔,追求的目标更为高远。具体说来,他旨在解构那种大写的哲学,以探究本质、真理和基础为旨归的哲学,这种哲学的源头可以上溯到古希腊时期的柏拉图哲学,是一种以理性主义为核心的哲学传统,罗蒂也将它唤作"笛卡儿—洛克—康德式的传统"。借助现当代哲学中针对语义学和认识论问题的研究,这种古老的哲学传统又出现勃兴的发展之势。在伯恩斯坦看来,罗蒂的立场或出发点明显不同于库恩,他详细地阐述了"可通约"的内涵,"可通约性告诉我们如何通过一整套规则的作用在那些需要解决相互冲突的陈述的每个点位上实现理性上的一致性"②。我们在此类规则的引导下创建各种美好的社会愿景,当置身于其中时,尚有的异议会被看作愚昧的偏见或谬论,抑或是贪图口舌之快,难以经得起时间的验证,将来的社会实践活动会消解掉这些差异性。

伯恩斯坦认为,隶属于柏拉图理性主义传统的新当代哲学思想,不管是欧陆带有浓厚人文主义传统的哲学,还是英美世界广为盛行的分析哲学,都怀有一种对可通约性的向往与追求。就认识论方面的研究而言,可通约性是其区别于其他哲学研究主体的本质特征。就像罗蒂所声称的那样,我们最好不要将解释学看作一种新学科或某种新方

---

① Richard Rorty, *Philosophy and the Mirror of Nature*, p. 330.
② Richard Rorty, *Philosophy and the Mirror of Nature*, p. 316.

下篇　新实用主义的交往哲学

法。概括地讲，它只是"表达了一种想法，即由认识论的撤除所留下的文化上的空洞将是无法弥补的"①。只要稍加认真地辨析罗蒂对库恩言称的"非常规的"与"常规的"科学做了哪些富有创见的解读，就能体会到罗蒂的新阐发究竟会引起多么深远的影响。按照库恩的理解，所谓常规的科学是致力于解决难题的那些学科，它涉及的科学研究通常都具有一些公认的、具有通约性的操作方式和研究程式。如果在研究活动中发现了一些异常状况，而且此类状况持续不断地涌现，但又不能将它们划归到目前现有的任何一种研究程式，即范式，那么，非常规科学就应运而生了。不过，在罗蒂看来，不能简单地认为可通约性当作常规科学仅有的、独一无二的特性，倒不如将它视为所有知识探究活动一并分享的本质特点。比如在文学、历史等人文学科中，在探讨自由、平等的政治学中，在围绕经验、实在、概念、意义范畴等展开论战的哲学领域中，都能看到这种观点或主张的一致性。"我们可以得到这种一致性〔认识论上的通约性〕，这并不是因为我们在'人类知识的本质'上有新的发现，而只是因为当一种实践活动维持了足够长的时间时"②，就容易形成一些众人认可的约定性共识，这种共识再经过时间的洗礼就会成为传统观念，一种广为肯定、一致认同的观念。

由此不难看出，常规科学和可通约性之所以成为可能，主要得益于经久不息、传承而来的、遍布各种活动之中的"熟悉感"。在它的催生下，原本孤立的、割裂的不同领域之间的实践活动就具有了交集，就建立了不同程度的联系，进而演变为"常规的"活动，不管是物理学、数学，还是神学、文学等均是如此。倘若在活动中出现了异常状况，而且并非一时一刻的个案，而是普遍、持续地出现，不间断地冲击着早已被人们所熟知和接受的范式，那么，非常规话语就会渐渐出现并不断完善。"非常规的话语可以是从胡言乱语到知识革命的任何内容，没有什么规则可以描述它，只不过是有一个规则致力于对不可

---

① Richard Rorty, *Philosophy and the Mirror of Nature*, p. 315.
② Richard Rorty, *Philosophy and the Mirror of Nature*, p. 321.

第七章 伯恩斯坦的多元文化论

预测的因素或者'创造力'进行研究。"① 罗蒂比其他学者或读者更深知上述主张的争议性或瞩目性。他也明白不管是两千多年前希腊鼎盛时期的哲学家,还是当今时代的哲学家,一般都不会将通约性看作理性的必要条件之一,不会将它和理性必然地连接在一起。"常规科学如同实在一样在认识论的观念上是理性的。每个人都就如何去评价其他人说的事情持相同的意见。更加概括地说,常规话语就是在一整套约定俗成的规则下进行的相关讨论,对相关问题给出答案,提出与该答案相关的一个合理论据或者对那个答案的一个善意批评。"② 鉴于上述立场鲜明的观点,罗蒂与库恩的这两部代表作必然会引起广泛的争论。事实的确如此,在这两部著作相继问世后,支持和认同者众多,但批评声和质疑声也不绝于耳。其中,最严厉的批评认为库恩的主张以及罗蒂对理性的拒斥会催生出难以自圆其说的相对主义。譬如,波普尔(Popper)就指责库恩为"框架的神话"做了辩护。在此处,"框架的神话"是暗指,人们无不置身于各种形式、各种领域的框架中,自己的言语活动、从前的经历、心怀的希望、头脑中的思想都无异于规约我们的框架,"我们被封闭在其中,不能同包围在截然不同的'不可通约的'范式之内的人们进行沟通"③。虽然,普特南也基本上赞同罗蒂的观点,但是他自始至终都对罗蒂的哲学怀有一种深深的忧虑,担心它会将人们引向贻害无穷的相对主义的深渊。

由于库恩和罗蒂的支持者与反对者甚众,针对他们的理论进行的辩护和批驳也层出不穷,因此长久以来哲学家们都很难厘清究竟哪些是可取的,哪些是有失公允的。伯恩斯坦承认自己也很难回答为何这么多领域的学者或思想家都参与到了这两场讨论中。针对这种状况,他提到一种名为"笛卡儿式的焦虑",即由"要么……要么……"引发的、两者必选其一的焦虑。或许这种焦虑能解释参与争论者如此之多、如此之广的问题。对此,伯恩斯坦写道:"要么我们的存在有某种支撑物,我们的知识有牢固的基础,要么我们根本无法逃脱黑暗的

---

① Richard Rorty, *Philosophy and the Mirror of Nature*, p. 321.
② Richard Rorty, *Philosophy and the Mirror of Nature*, p. 320.
③ ImreLakatos and Alan Musgrave, *Criticismand the Growth of Knowledge*, Cambridge: Cambridge University Press, 1970, p. 56.

力量，它用疯狂、用知识和道德的混乱来封闭我们。"① 倘若将笛卡儿式的焦虑仅仅局限在形而上学的、伦理的、宗教的、知识论等层面可能有失偏颇，它所涉及的形式以及涵盖的领域要多得多。因循罗蒂的思路，人们或许会表示，倘若人们不执着于可通约性，倘若不同的话语之间确实没有可通约性，倘若不存在超越历史的、客观中立的标准来衡量处于对立或冲突之中的话语，那么，我们势必难以寻得为什么某些交往对象偏爱 A 话语或 A 范式而拒斥 B 话语或 B 范式的缘由了。正如罗蒂所秉持的观点，事物变好或者变坏在很大程度上取决于人们对它的重新描述。

在伯恩斯坦看来，普通人可能会惊诧于有这么多思想家会如此热情饱满地围绕"不可通约性"或"可通约性"等这些问题喋喋不休，似乎认为他们仅是在这些玄远抽象的问题上宣泄着自己过剩的精力和欲望。实则不然，因为在人们回过头来破解社会交往实践中的政治纠纷、道德争论、文化冲突、宗教纷争等问题时，发现类似的问题依旧存在。单就伦理道德而言，道德的普遍性通常与笃信可通约性是内在关联的。时至今日，依然有很多人相信不同民族、文化、团体之间具有通约的可能。在他们看来，具有普世性质的人权、道德规范等就是可通约性的生动写照，宗教、国别、文化和民族等方面的多样性都被超越或克服了，交往主体之间达成了许多关于人与生俱来的权利、应当恪守的道德准则等广泛共识。诚然，某些反对者会进一步提出质疑，认为大众信口拈来的、所谓的"普世的道德标准"实质上把欧洲中心论体现得淋漓尽致。这种来源于欧洲、被某些人视为道貌岸然的偏见，依旧没有令很多人动摇他们笃信的观念，他们始终相信人类具有无上崇高的尊严和价值观。然而，倘若人们以打破砂锅问到底的方式来考验不可通约性的主张的话，那么他们无疑还要思考下述这样的问题，即人们缘何会坚信世界上存在能够普遍适用于许多种族、国别或文化圈的道德观念以及对人的权利的看法？支持这种道德规范或人的权利的可通约性的基础又是什么？

---

① Richard Bernstein, *Beyond Objectivism and Relativism: Science, Hermeneuticsand Praxis*, Philadelphia: Universityof Pennsylvania Press, 1983, pp. 18–19.

第七章 伯恩斯坦的多元文化论

伯恩斯坦为此表示，自从20世纪80年代末苏联解体之后，人们对于不同民族之间的平等友好交往满怀期待，也对将来的多边交流、和平共处翘首以待，然而，连续出现的多起大规模的仇杀事件给大家的信心蒙上了一层阴影。卢旺达大屠杀、波黑种族大屠杀、达尔富尔的部族冲突等不同民族之间的残酷斗争，令人们意识到普通人与施暴者、正常人与杀人犯之间的距离是多么渺小，也使人们明白了鼓动或教唆人们施暴、引爆种族之间的对立冲突是一件不太难的事情。一旦出现了种族对立、民族仇视、国家冲突等问题时，似乎交往活动的各方都放弃了早前共同承认的价值观、信仰、道德信念、世界观等。此前原本可通约的共识都幻化为了泡影，仿佛只有诉诸残酷的武力才能解决问题。伯恩斯坦指出，甚至施暴者都没有反思到自己的残酷行为已经践踏或侵犯了他人与生俱来的基本权利，因为在施暴者看来他人并非像我一样的族类。伯恩斯坦认为罗蒂的下述一段文字较为准确地表述了这种状况："在九十年代，波斯尼亚穆斯林遭受了来自塞尔维亚人的长久迫害，但是，犯下谋杀、强奸等罪行的塞尔维亚人并不认为自己侵犯了后者的人权。原因在于他们只对穆斯林做出那样的事而不对同类同样为之。并不是他们毫无怜悯之情，而是自诩为人的他们对非人的穆斯林心存偏见罢了。他们的所作所为与历史上十字军区分人类和狗、与黑人穆斯林区分人类和蓝眼睛的魔鬼的情况如出一辙。"① 回想第二次世界大战期间，德国纳粹是不是也对犹太人采取了这样的态度，认为他们不配享有"人类"的称号，充其量只是尚待消灭的害虫而已。由此可见，可通约性和不可通约性都有其适用范围，对于"我们"中的任何成员来说，大家在交往活动中是可通约的；对于还没有被接纳到"我们"中的其他人来说，不可通约性是一道障碍，阻碍他们与"我们"交往的障碍。

---

① Stephen Shute, *On Human Rights: The Oxford Amnesty Lectures* 1993, New York: Basic Books, 1994, pp. 112-113.

二　视域开放性

伯恩斯坦直爽地承认，面对这种现实交往活动中的不可通约性，他难以提供合理的、令人信服的解释，也无法拿出完美的解决方案。不过，他意图做个小小的尝试，即剖析一下探究此类问题时的切入点，思考怎样联系与交往相关的问题来改善这种状况。他认为可从伽达默尔的视域融合思想中获得灵感，即不论在哪种社会里，不管在哪种文化中，貌似对话以及亚里士多德的实践智慧都有实现的可能。解释学论域中的理解涉及一个伦理—政治的视域。除了阐明何谓理解以及理解的发生机制以外，伽达默尔一直在尝试破解怎样才能实现真正的理解、可信的对话等难题。

伯恩斯坦依然回溯到哲学的语境中来考量不可通约性的问题，毕竟这种理论层面的思考能够弥补单纯纠结于具体、特殊的交往困境而导致视野狭隘的不足。在伯恩斯坦看来，虽然波普尔对库恩的驳斥有些离题或错位，但是他对"框架的神话"的阐述确实发人深省。套用维特根斯坦的文字表达习惯来说，人们被不可通约性所建构的某种图景局限住了。不管大家述及哪种语汇、范式、思想体系、文化与世界观等，无一不是这种图景的组成部分。当人们身处这样的图景里，其实自己口中或脑海中的观念、语词、价值观等都好像孤立、隔绝、没有窗口、与外界切断联系的单子。由于这种自我封闭性的使然，交往主体与他人或外在世界的本真意义上的交流就被阻断了，而且也不会有互通有无的真正的交往。依伯恩斯坦之见，库恩笔下描述的"不同世界"所特指的就是类似的途径。然而，在如今这个全球化浪潮越来越盛涌的时代，直接以"可通约或不可通约"的二维对立思维模式考虑问题是不是失之简单且武断了？库恩与罗蒂的观点都暗含着一种假设，即尽管在交往活动中，参与者的范式之间具有诸多不可通约之处，在很多方面难以达成一致共识，但是，终归有一些方面大家的看法是一致的，或者基本趋同的。倘若连这种假设都不存在或难以成立的话，那么罗蒂与库恩所从事的研究工作，即关注和研究不同范式之间的关系也就无从谈起了。当人们提及可通约性或不可通约性的问题时，首

第七章　伯恩斯坦的多元文化论

先应当考虑的问题是作为研究对象的交往双方在哪些领域是不可通约的，在哪些方面是有可能达成共识的。这种提前的考量或预判非常重要，理由在于要想将交往或范式的交流推进下去，不可或缺的前提之一就是意识到终归存在着某些范式的交集。然而，更为关键的是：在不可通约性和文化差异、语言框架差异、范式相异之间画等号也是教条的、死板的和容易误导他人的。此类二分对立的思维模式没有注意到所有种类的语词、语言都具有一定的开放性。在此，伯恩斯坦引证了伽达默尔的观点，后者指出虽然交往中的个体或社会共同体，无论在认知水平，还是所处境遇方面来分析都有一定的局限性。然而，从古至今，知识不断累积、更新和发展的过程业已表明：开放性是一切知识的本质特征之一，"一切有限的现在都有它的局限。我们可以这样来规定处境概念，即它表现了一种限制视觉可能性的立足点。因此视域概念本质上就属于处境概念。视域就是看视的区域，这个区域囊括和包容了从某个立足点出发所能看到的一切。把这运用于思维着的意识，我们可以讲到视域的狭窄、视域的可能扩展以及新视域的开辟等。这个词自尼采和胡塞尔以来特别明显地被用于哲学的术语里，以此来标示思想预期有限规定性的联系以及扩展看视范围的步骤规划"①。

正如海德格尔、胡塞尔一般，伽达默尔同样不赞成将文本视为个体生活的纯粹展示。在他看来，文本所包含的内容更加丰富和宽泛，理由在于它要阐释被言说对象的真实性问题。纵然语言确实表达了人们的生活，但另一方面也启示了真理。他特别指出当人们对某句话语形成理解时，也就意味着被理解的对象与理解主体形成了一致共识，对陌生文本的理解，实际上就是理解一种具有真理可能性的内容。狄尔泰（Dilthey）与施莱尔马赫（Schleiermacher）曾十分重视剖析文本作者的心理生活，并将其视为形成理解的必要前提，两人拒绝接受任何欠缺真理可能性的文本。伽达默尔主张此类个人心理层面的移情现象是非常极端的案例，很难在此类境遇中形成准确的理解。对于狄尔

---

① ［德］伽达默尔：《真理与方法》，洪汉鼎译，上海译文出版社1999年版，第388页。

泰和施莱尔马赫所主张的将理解视作借助换位体验文本作者的内在心理而再现其意识的观点。伽达默尔持否定的态度，认为对文本的理解无须主体换位思考、无须通过移情来体味作者的精神活动。对此，他明确说道："所谓的理解就是在语言上取得相互一致，而不是说使自己置身于他人的思想之中并设身处地地领会他人的体验。"① 他还进一步留意到了文字和语言的差异性，人们的理解会因此类差异而出现偏差，一旦言说的话语转换为文字，有可能文字所承载的内容已有别于言说者的最初原意了。在这里，伽达默尔不得不求助于黑格尔哲学来修正狄尔泰、施莱尔马赫的观点局限性。他从黑格尔的客观精神中获取了灵感，认为解释学重点关注的理解的东西是追求真理，而非切身感受作者的内在心理活动，复归并重现作者的原意。他在代表作《真理与方法》一书中将施莱尔马赫的重构法对位黑格尔的综合法，指出与施莱尔马赫所谓的心理意识相比，黑格尔倡导的现在与过去的综合更具有真理性。恰恰是依据心理移情，施莱尔马赫认为读者对文本作品的理解有可能会超过作者。可是，伽达默尔表示，倒不如将这种现象看作读者与作者对文本的不同理解。依他之见，不管哪种文化传统在迈进一个新时代时，无不面对重重新问题，也会赋予自身新的意义。所以，人们应当重新阐释和理解。这种重新解读会给予文化传统新的生命力与增长点，更会积极地解答和回应时代的新问题。文化传统的历史性造就了新的视域，而新的视域蕴生了新问题。在新视域和旧视域的交融中，人们的理解寻求融通共和之处，这就是视域融合。

其实，伽达默尔之所以提出视域融合，是因为首先他不赞成文本意义具有客观独立性，即能够超于各种解释的、独立自存的意义本身。其次，他意图避开带有相对主义色彩的主观主义的陷阱。在他看来，将客观主义颠倒一下就是主观主义或相对主义。他一再重申的是：真正的文本是融入解释空间的文本，文本不能脱离此类整体的解释空间，如同一切存在物一般，它在此类解释空间或视域空间里与经验发生了或多或少的联系。文本对读者的呈现是有所差异的，倘若作者与读者所处同一个时代，而且社会处境相仿，那么两者对待同一个文本作品

---

① ［德］伽达默尔：《真理与方法》，第489—490页。

第七章 伯恩斯坦的多元文化论

时就具有更多的共通感，可对文本内容和意义心领神会、所见相同。这时，文本作者与读者就置身于相同的历史空间中，读者的前理解开始发挥作用，它就深化了读者和文本作者的共时感，给予读者更多的自由和自主性，可以更多元、更真切地解释文本、领会其内在意义。然而，假如读者面对的文本是其他文化圈的作品，或者文本的成文时间距离现在十分久远，那么，读者对文本的解释活动将会遇到极大的阻力。因为这种地域、时间上的跨度造就了文化层面的隔阂感，读者和文本之间就更容易形成一种张力。不过，此类张力会催生更加富有意义的解释学经验，它是跨时空体验产生的温床，让读者在传阅时空的阅读中把握久远或异域文本作品的本真意义。时代总是处于不断的演进中，现在的文本终将会变为历史的文本，而某个地域的文本终将面对世界各地的读者，文本就在历史的长河中流传，在广袤的地域间播迁。当读者把握到文本旨在回应的时代问题时，他就真正理解了此文本。当读者能在历史文本中看到与当代社会相关联的、富有时代意义的新问题时，他就能从文本中吸取养料来解决当前的时代问题。从另一个层面讲，只有读者深入文本建构的意义世界中，才能搞清楚文本究竟传递了哪些讯息。对文本所提及的问题的关注，并参与其中进行思考，就是融入了文本的意义视域。作者创造的文本是基于特定的前见、问题视域来传达意义，读者同样也根据自己已获得的前见和视域来掌握意义。读者的视域与文本的视域就借助解释学经验联结在一起。文本也借此被融摄到读者的视域中，与此同时，围绕文本所提出的问题，读者也可以尝试做出回应和解答，而提供的回应和解答也作为文本意义的一部分被理解。对此，伽达默尔表示："其实总是这样一些被误为是独自存在的视域的融合过程。"[①] 正是在视域融合的作用下，共同的视域渐渐在读者和文本之间生成，读者也能够更深入地理解文本。此类视域内化在读者的社会历史境遇中，彰显于绵绵不断的社会实践活动中。任何文本对于某些读者来讲都是新奇的、陌生的，由此读者才借助解释学打通与文本之间的联系通道。文本的诞生时间越久远，读者的视域变化就越强烈。鉴于人类自身的共通性、社会生

[①] ［德］伽达默尔：《真理与方法》，译者序言，第8页。

活的相似性，即便再陌生的文本也会与读者当前的社会生活有一定的相关性，从而为视域融合提供了可能性。恰恰是面对这些陌生的文本，人们才能意识到自我视域的狭隘性、自我前见的局限性，也才有可能更加饶有兴趣地接触这些文本，实现对自我视域的拓展和扩充。这凸显了视域的广义性和开放性。

与之相应，狭隘且封闭的视域一直是伽达默尔所排斥和抨击的。他说："人类此在的历史运动在于：它不具有任何绝对的立足点限制，因而它也从不会具有一种真正封闭的视域。视域其实就是我们活动于其中并且与我们一起活动的东西。视域对于活动的人来说总是变化的。"① 他还重点阐述了对历史传统、艺术作品和文本的认识，不过，这种反思以"无心插柳柳成荫"的方式影响到了人们对其他民族与文化的理解活动。伯恩斯坦认为，伽达默尔并没有认定所有语言、世界观或视域都具有通约的可能性。正好相反，就是因为我们的文化、历史视域有别于其他国家或民族，所以牵涉了理解的解释性问题。不同的交往主体之间没有现成的、具有可通约性的标准，来衡量、诠释、解译那些既具有新鲜感又令人倍感陌生的异质文化。在伯恩斯坦看来，伽达默尔意识到了不可通约性的存在，然而，他不仅没有令其教条化，而且没有令其模式化。当人们面对一个从未接触过的民族、一个闻所未闻的文本、一种匪夷所思的传统时，不可通约性就在其中产生作用，给交往主体摆出很多解释学的难题。本真意义上的理解需要借助想象力，努力掌握怎样聆听以及正确地做出反馈。交往主体尤其要留意差异性，不要被那些浅尝辄止、不得真义的翻译所迷惑。一旦发现事实与自己的前见有错误，有出入，那么就应当及时做出应变。有限视域始终与所有的交往主体相伴相随，任何社会共同体成员都不可能居于客观、中立的立场上，抑或以上帝的视角来着眼分析问题，不过，交往主体可以有意识地拓展和增加自己的视域，努力追求伽达默尔口中一再重申的"视域融合"。在伯恩斯坦看来，"视域融合"本身就是一个交往活动，一个对话过程。

依照伯恩斯坦的理解，在伽达默尔解释学的基础上，克利福德·

---

① ［德］伽达默尔：《真理与方法》，第390页。

第七章 伯恩斯坦的多元文化论

格尔茨（Clifford Geertz）在其著名的论文《从当事人的视角出发——论人类学理解的本质》中的相关阐述也较好地触及了解释学的核心要义。他说："缩短极具地方性的细节与全球化的整体框架之间的过程是一个持续性的过程，一般可借助下述方法令二者同时进入们的视域中……我们在二者之间不断流转，细节或部分成就了整体，组成了整体，反过来，整体影响并孕育了部分，我们意图凭借认识活动将这种相互作用转变为对不同文化之间差异性的诠释。"① 可以看出，格尔茨已经意识到他所描述的恰好就是一个解释学的循环过程，并且主张这在解释人种学方面意义非凡。此外，他还指出："人们在通过感觉识别他人'究竟是何种人'时，不管其精确程度为百分之百还是百分之五十，这并非取决于自己的感知的经验，而在于自己感知、诠释他人表达方式的能力，即我所谓的符号系统。这种感知和诠释过程令人们持续地拓展解读他人表达行为的符号系统。理解（我在此重申这个危险的字眼）他人内在生活的方式与困苦，实际上好似理解一句谚语、捕捉一种幻想、理解一个笑话，抑或恰如我所言，好似阅读一首诗歌，而非达成共识。"②

伯恩斯坦同意伽达默尔的观点，即历史的视域并非固定静止的，而是永远处于流变之中的，所以，声称已经得到了一个最完满的、最终极的解释是一种奢望，取得一个将来根本无须再修正的理解也是不可能的。不过，纵然交往主体持有最诚恳的态度，无比耐心且设身处地去了解交往对象的文化，即那种貌似具有不可通约性的文化，但是失败和碰壁仍然在所难免。理解也有其有效的应用范围，交往主体在实践活动中慢慢察觉理解的不可靠性和有限性。从某种意义上讲，"框架的神话"与伽达默尔论域中的"不可通约性"具有一些重要区别。不可通约性为交往主体之间的相互理解设置了障碍，它绝非静止恒稳的，而是流变运动的，也是容许接受未来的质疑、批判和完善的。

---

① Clifford Geertz, "From the Native's Point of View: On the Nature of Anthropological Understanding", in Paul Rabinow and William Sullivan, eds., *Interpretive Social Science: A Reader*, Berkeley: University of California Press, 1979, p. 239.

② Clifford Geertz, "From the Native's Point of View: On the Nature of Anthropological Understanding", p. 241.

下篇　新实用主义的交往哲学

按照伽达默尔的理解，人们所开展的针对传统的批判活动能够被重新解读为对一切事物的理解，其中暗含着对其他宗教、文化与种族的认识和理解。对此，他明确说道："为了追求全面的理解而强调传统中的基本因素，这就意味着不加批判地接受传统，也意味着一种社会政治学层面的保守主义，这种认识是一种非常严重的误解。……实际上，我们的历史传统一直面临着此类批判性的挑战……每次都会经历对抗。"①

伯恩斯坦没有全盘肯定或赞同伽达默尔对视域、理解、语言和不可通约性所做的论述。在某些情况下，他只是漠视那些在理解过程中、在视域融合过程中出现的障碍物。他也没有解释哪些原因导致了理解的中断，或者为何误解如此之多、如此之广。他更没有分析信息交流是怎样在媒体之间发生扭曲的，没有探究过他言称的对话能够得以开展的各种"物质条件"。就像哈贝马斯以前所表示的，伽达默尔在进行创作时亦主张，不论在哪种社会里，不管在哪种文化中，貌似对话以及亚里士多德的实践智慧都有实现的可能。

在此基础上，伯恩斯坦指出，解释学论域中的理解涉及一个伦理—政治的视域。除了阐明何谓理解以及理解的发生机制以外，伽达默尔一直在尝试破解怎样才能实现真正的理解、可信的对话等难题。依照他的理解与认识，交往主体要完成高效的对话就形同掌握一门高超的艺术，其核心就是聆听，认真地聆听，用心聆听各种有别于我们的声音。当他提倡交往主体和不同传统、文本以及艺术作品对话时，这种对话是互利共赢的活动。然而，当交往主体真正介入对话活动中时，交往对象就绝非一个普通意义上的传统或文本，而是另外一个"人"，他可以向我们言谈，也能做出肯定或否定的回答。从这种意义上看，伽达默尔关于对话的论述就尤为重要了，因为哈贝马斯的伦理学对话理论，以及交往行为理论的要旨也恰巧体现在这个方面。

综上所述，伯恩斯坦主张，本真的理解一方面需要想象力的参与，因为我们的视域借此会得以拓展，另一方面要求交往主体抱有谦逊的

---

① Clifford Geertz, "From the Native's Point of View: On the Nature of Anthropological Understanding", p. 108.

第七章 伯恩斯坦的多元文化论

态度，这样我们才能抛弃盲目的自信和自大，意识到自身视域的有限性和不完满性。正是在理解的促使下，交往主体的各种前见或先入为主的观念才能接收批判性的检验。唯有在交往主体与他者的各种异议的碰撞中、在各种纷争和论辩中，才能加深和促成对自我以及他人的理解。

总而言之，对伯恩斯坦来说，要想胜任伽达默尔所提出的任务，也就是追求解释学意义上的真正理解，就应当确立和培养一个具有内在关联性的美德体系。当然，很可能有人会质疑，现实交往活动中的不可通约性困境与伽达默尔的解释学真的密切相关吗？哲学家们通常将现实交往中的不可通约的困境视为一个理论的演练场，纷纷推测卓有成效的对话怎样才会产生，难道伽达默尔等哲学家不会对这种过于理想化的探讨而汗颜吗？在这些反对者看来，现实的交往实践不同于理想化的理论推演，哲学家们口中的对话通常会蜕变为一种被伪装过的权力游戏，它追求的目标是在交往过程中占据主导地位，掌控对话与交往的绝对支配权，所谓的互利共赢只是一种奢望，真正的交往和对话实际上就是镜花水月。

三　真正的对话

伯恩斯坦认为，真正的对话就是努力观照和尝试解决当今时代的根本性问题。当然他也清楚理论探讨与现实交往活动之间的距离，也无须他人提醒伽达默尔的视域融合在导向交往实践活动时所面临的困难。然而，他指出，在不可通约的事与物中间谋求理解，并不必然意味着要达成一致的共识或普遍的赞同。为了更好地开展真正的对话，他也告诫人们：交往主体应当时刻留意那些脱离现实的、带有过度杞人忧天性质的思想倾向，在曲解和误用的冲击下，任何主张和信念都可能分崩离析。

从本质上讲，哲学是一种理性的自我反思，它的功用主要体现在大致地勾勒出社会实践的发展方向，以及破解现实困境时的探索朝向。在伯恩斯坦看来，伽达默尔围绕对话与理解所作的探讨和不可通约性问题紧密联系在一起，这种探讨恰好是对时代困境的一种积极回应。

按照伽达默尔的认识,理解在一定程度上规定了主体的认识深度、精度、广度和效度,原因在于它是人们的根本性的存在方式之一。理解不是对那些超越的能够脱离特定社会历史背景的客观存在意义的把握或复现,倒不如说是基于已获得的前见,在读者与作者、在被理解与领会者之间开展的对话。理解一方面具有不能剪除的历史性,另一方面还具有突出的融合性。原因在于理解既受到历史性的制约,又内含着某种面向未来的可能性。毋庸置疑,读者都具有私人的、独特的视域,这是特定社会历史背景给予的规定性,与此相应,文本自身也带有视域,因为它是作者根据自己的视域而创作出来的结果。当读者面对文本时,他们会根据自己的视域在文本中寻求某种意义。当理解逐步生成和演变时,不排除读者的视域和文本视域出现错位,甚至对立的可能性。在这种情况下,读者往往首先会中断理解过程并将两种视域暂时区分开来,与此同时,再尝试建构一个有别于自身视域的文本视域。一旦读者做了上述的区分和建构,也就意味着读者其实已经促成了文本视域和自己视域的融合,二者已经你中有我,我中有你了。所以,经由理解所形成的认识就是文本视域和读者视域融合的产物,在此过程中,文本和读者一并分有了意义,意义反过来也得以复现和再构。所以,理解是读者视域和文本视域、读者视域和作者视域开展对话的结果。在这种对话的作用下,相关视域的边界都获得了一定的拓展,特别是对于读者来说,他一方面捅破了自身发展的天花板,另一方面又看到了其他视域的局限性,在取长补短、对照鉴取的过程中,即对话中,不仅掌握了意义,还增进了理解。除此之外,伽达默尔认为,对话还具有语言层面的属性,毕竟文本作品一般都是语言的产物,都是作者驾驭和运用语言创造出来的。换个角度看,文本作品与读者之间的对话有赖于语言这种沟通媒介,当读者体认到文本作品的意义,并形成真正的理解时,这表明在对话过程中,读者与文本具有共同的语言。文本作品不是自言自语的独白,理解也不是在烘托和弘扬围绕文本所承载的客观主义,更非强调导源于读者或解释者的主观主义,毋宁说它是读者和文本因循着问答逻辑而开展的一问一答的对话。其实,在伽达默尔看来,"理解不是一种复制的行为,而始终是一种创造性的行为"①。它是"间性思维"而非"客观性"或"主观性"思维主导的在文本与读者之间开展的互动性的对话。在此类对话过程里,读者、文本、作者、译者或者说文本和理解、给予和接收、客体和主体、读者和作者等都跳出了自身的局限性和规约,在一个共同的视域里交流。此处的共同视域不仅取消了一切形态的基础主义的优先性,而且排斥各种各样的中心主义;它一方面不接受任何形式的权力话语,另一方面也没有缺少反思的前见。所以,在这种兼具未完成性和开放的对话中,所有的对话参与者共同建构了一个关系紧密的整体。

  问题是这种宽泛的、平等的、开放的、互动的对话,究竟是围绕着什么议题和内容而展开的。伯恩斯坦指出,按照伽达默尔的理解,好的文本作品都是对时代主体的映现或积极回应,与此相应地,对话就是围绕时代主题或难题而展开的一种平等的沟通和良性的探讨。人类社会的发展过程就是一个问题连绵不断,而且人们不遗余力地解决问题的过程。但这种解决问题的努力好似古希腊神话中西西弗的所作所为,每当解决了一个旧问题,新的问题就涌现出来,人们只好再着手处理新问题,待新问题得以化解时,更新的问题必然会出现,等待人们去处理。纵然人类的实践活动具有超时空的相似性或传承性,但是那些被忽略的特殊性,以及人类自身的未完成性或成长性一并铺就了连绵不绝的问题之路。尽管 A 文化圈与 B 文化圈的人们都在从事相似的生产活动,然而,当双方发生接触和进一步的经贸往来时,相应的问题就会逐个产生。譬如,怎样衡量双方产品的内在价值、如何开展对等交易、彼此的一些特殊要求如何得到满足等。更为重要的是,人自身的全面发展和对自我认识也属于"现在进行时",也会衍生出诸多问题。例如,人在战火纷飞的时代中如何求得身心平静、在上帝面前人是怎样的存在、人是否有理性和尊严、人是不是机器等。虽然源于社会实践活动以及人类自身的问题似乎非常繁杂,而且没有穷尽的可能,但是在不同的社会发展阶段、在不同的历史背景下,都会涌现出一些更为紧要、更为突出、与当时的人们关系更加紧密的难题,伽达默尔将此类问题称之为"时代困境"或"现实难题"。恰如黑格

---

① [德] 伽达默尔:《真理与方法》,第 383 页。

尔所言，哲学是时代的精华，是在思想中把握其时代。在伽达默尔看来，好的文本作品、有生命力的文本作品都会引导读者与文本之间进行对话，进行关于自身所承载的时代问题的对话。如果文本作品与读者同属一个时代或社会境遇，那么这种对话就具有鲜明的实效性；如果文本作品和读者分属不同的时代或历史时期，那么这种对话就是以史为鉴、汲取解决问题灵感的精神宝库。

　　伯恩斯坦同意伽达默尔关于对话和"时代困境""现实难题"之间的关系界定，认同这种理论、思想积极回应社会现实的路径，认为真正的对话就是努力观照和尝试解决当今时代的根本性问题。他表示，在人们的交往实践中内蕴着许多冲突和对立。譬如，现实层面的交往活动一般都凸显出趋同或一致的倾向，这也是交往个体融入社会共同体的一种外在表现，毕竟个性乖张、行事古怪的成员最容易被大多数人所孤立和另眼看待，因此，大多数的交往主体通常会追求与集体的动向相一致。然而，正是这种趋同的倾向在不同的团体、集体之间竖起了森森壁垒，强化了交往群体之间的差异性，进而增强了彼此之间的不可通约性。伯恩斯坦认为，不管是宗教团体，还是政治政党，抑或其他群团组织，在长久的内部交往中会巩固自身的自我封闭性，有意无意地把自己看作没有窗口的单子，也会时刻警惕"他人"的进逼与威胁。对于此类团体或交往主体而言，"框架的神话"就是活脱脱的社会现实，它既不是抽象的理论，更不是浪漫的神话。与此同时，趋同性也放任了一种不良心理的不断膨胀，即"我们"之外的其他人是难以交往、不能对话的，其他人会危及"我们"的安全，其他人的存在以及他们对"我们"的注视都会造成"我们"的异化，不仅侵蚀了我们的主体性，还为我们增添了对象性，令我们如芒刺在背。哲学反思的可贵之处就是能够解构"框架的神话"，从理性层面对它进行消解，解除"我们"身上背负已久的、封闭性的价值观、范式或人生观等不可通约的枷锁。从某种意义上讲，我们不能简单地将不可通约性等同于"阻碍理解的理论上的、认识论上的或者语义上的藩篱。相反，它向我们发起了一个实际的挑战并提出了一个实际的任务（实际上是提出了一整套任务）。'谈论'不可通约性往往是一个借口——表明从事相互理解这一困难的工作的失败。倒退到简单化的二元对立和

第七章 伯恩斯坦的多元文化论

两分法——'我们'与'他们'相对抗——是一件很容易的事情"①。换言之，一旦交往主体在实际生活中感受到了危机，譬如，2001年美国在遭受恐怖分子袭击后的一段时光里，在美国国内逐渐弥漫的担忧、顾虑和恐惧等片面、简单地放大了二元对立的思维方式。倘若人们能够严谨、认真地看待彼此之间的交往，努力改善彼此之间的相互理解，那么我们就不能想当然地认为凭借良好的主观愿望或友好的协商就能达成相互理解。正如伯恩斯坦所指出的那样，互相理解不是单纯、割裂的一种交往活动，它牵涉的是一个成体系的思维定式、风俗习惯、行为模式等，是需要付出大力气才能实现的目标，绝非一朝一夕就能完成的。而且，在真心付出的同时，还应当聚焦于部分，毕竟交往主体都是来自于某个地方的，都带有局部或部分的规定性。而对部分的侧重是无可替代的，如果忽视了这一点，真正的理解就丧失了确立的根基。不管学者或大众怎样界定"文化"的概念，它自身都是飞速变化与动态发展的。暂且不论异质文化间的巨大差异，哪怕是受同一文化传统的熏染，其影响力和诱发的结果都有巨大的不同。毕竟所有的交往主体都具有多重身份，这些身份之间还存在很大的张力。

正如伯恩斯坦所指出的那样，在不可通约的事与物中间，谋求理解并不必然意味着要达成一致的共识或普遍的赞同。理解和批判之间的张力颇为微妙。倘若交往对象所作的批判并非情感的肆意宣泄，而是理性的批判，那么理解就是开展批判的必要前提之一，诸如传统守旧的思想观念，虚妄不实的各种描述等都不能充当批判的基础。当人们深入理解特定的交往对象或事物时，批判性的观点也会因地制宜地做出调整或修正。伯恩斯坦还进一步表示，哈贝马斯曾接连发表多篇论文，探讨宗教与世俗主义之间的关系。一般而言，作为势如水火的双方，宗教信徒和世俗主义者都会曲解对方的主张，当真正与对方正面对决、短兵相接时，彼此互认为对方的观念、论点等都是不可通约的。虽然西方世界在现代化过程中所取得的成果举世瞩目，但是哈贝马斯对此不以为然。在他看来，"他们都将世俗化过程看作一种你死我活的竞争游戏。一方是资本主义社会中脱缰的科技生产力，另一方

---

① [美] 伯恩斯坦：《困扰多元文化主义的幽灵》，《国外理论动态》2013年第3期。

则是宗教与教会的保守势力"①,仿佛信仰世界和世俗世界之间截然对立,存有不可跨越的鸿沟。依据当前的社会现实来看,貌似世俗世界获得了胜利,人们的物质生活丰富程度远超历史上的各个时期,相比之下,信仰世界的底盘在逐步萎缩,颓势明显。是否可以说在西方现代化的发展过程中宗教和信仰与人们渐行渐远了?哈贝马斯并不赞成这种看法。不可否认,如今宗教复兴的苗头开始在西方世界萌发,在中东和亚洲部分地区还遍布着强大的宗教实力,而且原教旨主义的信仰者、追随者群体也相当庞大。按照他的理解,当前世界已经进入所谓的后世俗社会,即宗教复兴与世俗化基本同步进行和开展的社会。他说:"在后世俗社会当中,宗教共同体依然存在,而存在的前提恰恰在于一种不断世俗化的社会氛围。"② 这表明,世俗化是当今世界的现实基础,不过信仰世界和宗教活动仍然交织其中,而且影响和力量不容小觑。问题的关键是,坐享现代化发展成果的当代人,怎样审视和看待信仰和理性、宗教和世俗的关系呢?哈贝马斯在这个问题上站在了理性的阵营中,建议既不能过多地青睐宗教,又不能与宗教一刀两断。这种若即若离,但又有些矛盾的态度促使他提出了一种方法论层面的无神论的主张,即建议信仰宗教的民众要更多、更深入地反思自己的认识内容,在他们将宗教内容转化为世俗语言后,才有资格来讨论公共领域的事务,否则他们的所作所为只能被视为私人领域的活动。与此同时,对于并不笃信宗教信仰的人来说,他们最需要的品质是宽容,面对宗教信徒、宗教话语、宗教活动时应当宽容以待。不管是宗教信众还是世俗公民,彼此都需要反思、互相对照、互相借鉴。

其实,上述并非哈贝马斯一贯地看待宗教和世俗主义的立场,与他早年所持的观点有些出入和改变。在20世纪七八十年代,他主张宗教是现代性尚未染足的产物之一,是在传统社会的背景下,统治阶层用来主导和影响人们社会生活以及精神世界的工具之一。在文艺复兴和启蒙运动所高扬的理性的影响下,宗教的神圣光环渐渐暗淡,其超越性的虚伪面纱被揭开,其主要作用仅限于为世俗社会认可的道德规

---

① [德]尤尔根·哈贝马斯:《后民族结构》,第164页。
② [德]尤尔根·哈贝马斯:《后民族结构》,第164页。

范提供一些历史性层面的论证。然而，应当看到，因为社会民众的整体认知水平已较从前有了大幅提升，在看待科学与宗教、理性与信仰问题时也更加趋于客观，所以即便是论及道德规范问题，交往理性共识也在弱化宗教论证的作用，也在挤压宗教的存在空间。所以，那时哈贝马斯不赞同把宗教生活纳入西方社会的公共领域中。不过，在几十年之后，哲学家和神学家围绕宗教问题开展的论争越来越频繁，西方社会的宗教问题也逐渐甚嚣尘上。哈贝马斯是有着强烈现实关怀的哲学家，是一位倡导用理论映照乃至改变现实的哲学家。针对宗教在世俗生活中的新动向，他进一步修正自己的宗教立场，改变和充实了自己的宗教观。他的这种宗教观的转变被人们视为哈贝马斯的神学转向。更进一步讲，宗教的启迪价值逐步受到哈贝马斯的关注，他主张一方面宗教能够在道德领域传递某些传统的价值和精神财富，另一方面宗教原本被排除进入社会公共领域，现在也有了一席之地。尽管世俗主义一再声称宗教在未来势必会渐渐势微，其积极意义和作用将丧失殆尽。然而，在哈贝马斯看来，在各个国家层面乃至全球范围内都应当审慎地重新看待宗教在后世俗社会中所扮演的角色。针对这种现实状况，他提倡一种方法论层面的无神论。在形而上学业已丧失主导和权威地位的时代中，世俗公民不能效仿黑格尔，披着无神论的外衣，却内蕴着宗教神学思想，更不能立足于无神论而固守某种传统的形而上学。可取的做法是联系科学发展的成果，遵循可错论，特别是科学试错的思维模式，摈弃本质主义的幻想重新梳理和认识宗教与哲学的关系。

　　明确了上述基本立场，哈贝马斯就开始关注当代神学所发生的一些新变化。从当代神学的发展状况看，神学家业已了解到以意识为研究对象的哲学和实证主义有自身的局限性，也不可能仅在工具理性的层面继续高扬人的主体性，而应当兼顾他人，不能忽视社会实践中还包括其他理性的思考。除此之外，越来越多的哲学家尝试通过哲学的路径来解读或诠释宗教经验，其中的主要代表是本雅明与阿多诺。在哈贝马斯看来，二者的学说就是凭借此类途径来"拯救哲学中还没有耗尽的直觉。这里，它就是一种没有分出差别的平等和具有个性的团结经验"①。宗教学说或理论并非一无是处,全是糟粕,它也蕴含着某些积极的要素。譬如:不否认差异性的存在、倡导忍耐和谦让、即便忠于信仰但仍有自由意志和自主性、提倡对正义抱有期望、鼓励信徒之间互相协助和帮忙等。然而,不是一切宗教学说或理论都能相容于哲学。比如,当今的主流哲学就很少在探讨所谓的"道成肉身""弥赛亚之光"等涉及神迹的宗教学说。有鉴于此,哈贝马斯表示,就神学与哲学而言,"在后形而上学思维条件下,今天无论谁提出一个真理性声称都应该将那些来源于宗教话语中的经验翻译成科学专家的文化语言,再从这种语言翻译回实践中"②。只有这样,对现代性的反思与批判才能在哲学家和神学家那里形成一个共同的视域。

宗教对世俗主义的公共生活的涉入,也获得了哈贝马斯基于商谈伦理学的论证与辩护。按照他的理解,应当率先在宪法层面确保国家权力具有中立性,即没有哪个宗教能够获得宪法的支持,乃至最终被推崇或设定为国教。只有确立了这个根本原则,才能实现更大的宗教自由和平等,人们才能以更加宽容的心态去对待那些从前不能宽容待之的事情。另外,民主协商是解决任何重大事宜、出台任何共同政策所应当遵循的必要程序。与黑格尔的观点相一致,他不赞成所谓的法治国家的民主政治制度就是完美的、毫无纰漏的。民主政治制度保证了形式层面的公平公正性,更为重要的是与之相匹配的作为基本内核的政治文化和习惯。唯有兼顾形式和内在两方面的要素,民主才能真正地落到实处。在此基础上,他指出,商谈伦理学无异于一种程序主义的民主。它能促使社会民众秉持自由、平等、开放的原则来一并商讨生活中的具体事宜,最终形成广泛的共识。此类凭借交往、讨论和辩护而形成的理性共识,也就相应地获得了民主的合法性。在这样的时代背景下,宗教活动或思想若要涉足世俗社会的公共生活领域,必要前提就是话语体系的转变,即转译旧有的宗教语言和主张,令它高度契合世俗的语言表达形式,便于交往共同体中的其他成员能够围绕

---

① Eduardo Mendieta, ed., *Religion and Rationality Essays on Reason, God and Modernity*, Cambridge: Polity Press, 2002, p. 74.

② Eduardo Mendieta, ed., *Religion and Rationality Essays on Reason, God and Modernity*, p. 76.

第七章 伯恩斯坦的多元文化论

相关议题开展商讨、论辩和证明,借此彰显宗教的宝贵价值和意义。哈贝马斯以当今广为流行的基因技术和胚胎研究为例,新教徒和天主教徒一致同意,脱离母体的体外受精的卵子也享有人的各种基本权利,不能被拒斥为非权利主体。然而,当前的基因技术借助人的基因拷贝了一个相似体,显而易见,这和上帝基于人的本质特征即自由背道而驰。如此这般,宗教或神学就在与时俱进的基因技术和胚胎问题上具备了一定的话语权和加入共同体进行商讨的独特切入点。

诚然,从上文论及的方法论层面的无神论与商讨伦理学的内容进行推理就可得知,哈贝马斯不赞成原教旨主义。在他看来,所谓的原教旨主义就是积极地倡导政治权利与宗教权利在社会生活中的融合,凭借宗教的权威来构建某种神权政治体系,严格要求社会民众按照神学作品所阐发的宗教教条来生活,不接受甚至批判一切有别于自身宗教信仰体系的思想观念和价值。纵观全球,中东、南亚大陆、非洲和东南亚的某些地区或国家至今还盛行宗教原教旨主义。特别是在经济全球化进程的推动下,西方世界的进程与原教旨主义国家,在文化、政治等很多方面都出现了摩擦和龃龉。就经济领域而言,现代化进程带来的物质生活的改善也令这些原教旨主义国家成为受益者,但同时给他们造成的消极影响是流传已久的生产生活方式遭受了巨大冲击。原教旨主义国家的民众既对西方国家繁盛的经济实力心向往之,又沉浸在作别传统生产生活方式乃至传统文化的两难中。所以,他们不得不处于被动防御的守势,即通过非对称的高压极端宗教专制和恐怖主义活动来威慑西方现代化进程的侵蚀。哈贝马斯主张,2001年突如其来的"9·11"事件从根本上讲就是"世俗社会与宗教之间的紧张以一种前所未有的方式爆发出来"① 的产物。他立场明确地批判和拒斥原教旨主义的独断性和排他性,认为即便是具有很强开放性与包容性的商谈伦理学都不能接收此类特性。他表示:"在伊斯兰教、基督教以及犹太教的原教旨主义看来,真正的真理要求,其绝对性就在于在必要的时候,完全值得用政治暴力的手段加以贯彻。这种观念导致了共同体的排他性;在这样一种宗教的合法或世界观的合法化过程中,

---

① [德] 尤尔根·哈贝马斯:《后民族结构》,第162页。

他者是不会受到平等包容的。"① 他丝毫不认可此类原教旨主义,并公开进行批判。在世俗化和现代化进程中,原教旨主义应当承认现实、反思自我、及时改革,适当地弱化宗教专制在人们社会生活中的影响,努力在民主协商、相互交往中达成宗教的宽容。应当承认,任何事件的发生都是多方面因素使然,以宗教信仰为前提的恐怖主义活动也不能全然归咎于这些国家,也应当从西方世界的现代化进程中寻找诱因,用他的话来说,"西方帝国主义在这方面所应承担的历史罪责是不可否认的。现代化毕竟曾经是并仍将是资本主义的产物,而资本主义并不仅仅是一种经济形式……精英们应该对日益加剧的物质贫困和政治压迫承担责任"②。毫无疑问,美国是哈贝马斯批判的主要标靶,欧洲国家则在其中扮演了胁从者的角色。考虑到这种现实状况,他倡导应及时认真地反思西方世界所推行的现代化进程。此类反思并非走复古主义或崇古主义的路线,不是让人们的精神领域倒退到从前的信仰世界,而是在当前社会发展境遇下审视西方世界推崇的现代化模式能否推之四海皆准?它是不是一种仅适合西方文化语境而不适用于其他地区、国家的社会进程?概而论之,哈贝马斯积极提倡在理性的前提下对宗教保持宽容的态度,也倡导宗教走上理性化或深化世俗化的道路。

伯恩斯坦认为还需进一步认真解析如何看待哈贝马斯上述后世俗主义观点的问题,然而,对于哈马斯提倡的宗教信徒和世俗主义者积极开展自我反思与审视,真诚地向对方学习的主张,他颇为支持。另外,他还认同哈贝马斯在民主公民权问题上发表的论述,他明确表示民主公民权对于"世俗公民心态上的要求与对有宗教信仰的公民的要求是同样的"③,讲究和提倡开放的精神,与此同时,还能坚守本民族的价值观、维护已有的宗教信仰,使它们既开放又传承,使二者并行不悖。

为了更好地开展真正的对话,伯恩斯坦首先提出了一个明确的告

---

① [德] 尤尔根·哈贝马斯:《后民族结构》,第43页。
② 铁省林:《哈贝马斯宗教哲学思想研究》,山东大学出版社2009年版,第234—235页。
③ Jürgen Habermas, *Religion in the Public Sphere—in Between Naturalism and Religion*, Cambridge: Polity Press, 2008, p. 143.

第七章　伯恩斯坦的多元文化论

诚。交往主体应当时刻留意那些脱离现实的、带有过度杞人忧天性质的思想倾向，在曲解和误用的冲击下任何主张和信念都可能分崩离析。对话的观念特别契合这个告诫，毕竟现实的政治生活融合了并追求着对话。一般而言，对话是为了挽回或赢取政治优势的途径，通常被交往主体在攫取权利的活动中使用从而换回巨大的利益回报。伯恩斯坦还提醒到：不要坚信下述此种观念，即借助对话一定能够化解或平息冲突。汉娜·阿伦特（Hannah Arendt）曾经形象地对比道："政治学的世界不是幼儿园，也不像一个理想的研讨会，在那里我们可以通过对话来化解我们不同的观点。"① 由于不可通约的差异性根深蒂固，所以或许交往主体在付出了极大的艰辛之后能够达成一点共识，但可能不足以改变整个状况，很多时候人们所面对的其他族群或单独的交往个体丝毫没有加深相互理解、开展真正对话的兴趣。在他们看来，与其和对立面和解，倒不如彻底清除那些被排除在"我们"之外的、被研判为没有任何沟通可能的、不可通约的东西。经历过两次世界大战和 2001 年恐怖袭击之后，绝大多数人都能认清这种观点的现实性与可能性。不过，一个不稳定的消极因素是交往主体很难有充足的时间来研判交往对象所表现出来的差异性是否具有通约的可能性，大多数情况下可能仓促研判然后就付诸实施了，这显然很容易走上错误的道路。

伯恩斯坦还强调，尽管解释学的"视域融合"暗含着积极的开放性，但是还要依靠交往主体在实践活动中切实践行，同时也应清醒地意识到将会面临重重障碍。在知识领域，历史最悠久的传统之一就是寻求确定性，即探索哲学的第一基础、追溯道德的坚实基础、分析政治的牢固根基、寻觅宗教的先天根据等。特别是在哲学研究领域中，对绝对真理的吁求还很高涨，仍有不少学者或思想家对此念念不忘，竭力谋求。在伯恩斯坦看来，接纳模糊性、偶然性和可错性，在宽以待己的同时，还要做到宽以待人的确比较困难。然而，这不能成为放弃希望和简单粗暴地处理冲突问题的重要依据。从交往活动的实际以及社会生活的情形来看，多元文化持续并存是一个硬事实，呈现的方式也较为多样。问题的核心要义是怎样面对和应付当今时代的多元主

---

① ［美］伯恩斯坦：《困扰多元文化主义的幽灵》，《国外理论动态》2013 年第 3 期。

义。对于某些缺少民主的团体或群体来说，他们可以采取独断专行的方式，借助武力压服来消除多元主义，强制推行统一化。然而，还有另一条可行的途径，即虚怀若谷地探析范式、语汇、文化、传统之间的真正差异在哪里，究竟是哪些因素驱使我们笃信其他对象是不可通约的，哪些原因致使人们在没有做出翔实研判的基础上就断然否决与"他们"交往的可通约性。同时，他还善意地提醒，物质基础依然是人们不应忽视且努力争取的，毕竟它是交往主体赖以存在的物质前提，否则任何交往、对话都将化为泡影。

  伯恩斯坦最后还指出，应当清醒地认清哲学思考或批判的局限性，因而将解决实际交往问题或社会现实问题的方案全部寄托于纯粹的哲学思考上是不合理的。不过，哲学在化解横梗在理解、对话和交往之间的误解、偏见方面还是有积极作用的。它能驳斥不可通约性误导所致的各种状况，可以淡化源于不可通约性的相互仇视和不解，还能帮助人们厘清自己的追寻目标以及应当恪守的准则。一旦人们遇到了分歧严重、隔阂很深的差异性观点，自身大多会涌起一种抵触感和拒斥感，原因在于早已植根于人们内心深处的一些原则、信念或信仰受到了挑战、质疑或冲击，在这种情况下很容易自我封闭起来，关上可通约的大门。然而，哲学鼓励人们在遭遇到这种情形时，依然可以展现出宽容的态度，辅助文明的行为，力求公开、平等、友好的对话。

第八章
莫里斯的开放社会论

伯恩斯坦在多元文化背景下对交往活动的思考,无疑是一种非常宏阔的理论视野,与之相比,莫里斯对交往活动的研究视域要小得多,看似也更加务实。他以开放社会与封闭社会为研究对象,探讨了这两类社会模式下,人们如何在交往活动中塑造社会性格和个人性格。开放社会有何特点,以及如何创造或通向开放社会的问题,增强了新实用主义交往理论的现实价值和意义。

一 封闭的社会

莫里斯的交往理论集中体现在他的社会理论中,即针对封闭的社会与开放的社会所做的阐发。在探索这两种社会差异的过程中,他将切入点放在了交往活动中,人的社会性格与个人性格的养成以及二者关系的演变。应当说,人的性格、全面发展的潜能、幸福等问题不仅是其社会理论的关注要点,而且也是其交往理论的重要基石。

封闭社会与开放社会的提法并不是莫里斯的首创。在他之前,柏格森(Bergson)与波普尔都对二者做过一些阐释。在柏格森看来,结合进化论的研究成果来分析,封闭社会主要指某些事物妨碍了生命的绵延发展,延缓甚至阻止了生命发展的形态。一切动物包括人在内都会呈现这种进化发展的现象。通过细致观察和梳理鸟类社会的形成与演绎,也能够看到此类现象。在鸟类的初始发展阶段,各种鸟都需要借助群居的方式来繁衍。每种鸟的生理构造与其在鸟类社会扮演的角色息息相关，源自动物的本能主导了鸟类的行为活动。与其形成鲜明对比的是，人类除了从大自然获得了动物本能之外，还在自身活动中培养了智慧。每当人们面对一些尚待处理的事情时，都会扪心自问"我做这件事的意义是什么？难道非做不可吗？"等问题。由此，人们处理事情的行为活动就具有了明确的动机，各种各样的动机及其后续行为实践活动就一并构成了社会体系。仅从"动机—行动"模型来看，人们的实践活动明显不同于动物行为，他们为自己寻求了合理性辩护。虽然每个行为活动都有自己的缘由，人们也会在这些缘由的驱使下行动，然而，问题的关键是交往共同体的共同动机是怎样形成的，个体的行为动机这样合理地演化为集体的动机。面对这个问题，传统的功利主义心理学没有给出合理的解释，不能较好地解析为什么集体成员"必须这样做"。在柏格森看来，这种共同的动机以及由此演化出来的一般责任是以人的本能为前提的，通过人的智慧的加工与处理，动机由个体拓展到了集体，个人责任衍生为一般责任，也进而获得了合理性的辩护。在此基础上，柏格森指出，蜜蜂、蚂蚁等群居性动物的基于本能的常态化行为好似封闭社会的行为活动，在习惯的力量与本能的双重影响下，人们的这种行为不需要意志力的介入，只是顺其自然地开展。和鸟类社会的建构相似，为了确保种族的繁衍，起初松散的个人聚在一起形成一个规模有限的集体，每个集体中的成员对内负有一定的责任和义务，对外则无须承担任何共同体义务，而且很多时候共同体之间都处于对立的状态。通常说来，在封闭的社会中，大大小小的共同体为了保存自我，无不具有防范外敌入侵的义务。其中，家庭是最小的防御单元，范围逐步扩大，最后拓展至国家层面，最后呈现出国与国对立的局面。由于地理因素的阻隔，封闭社会中国家实力的有限性，所以造成了国家与国家之间相互割据、四分五裂、潜在或外在的竞争关系，这就形成了一个又一个相对孤立的封闭的社会。

在上述认识的基础上，波普尔继续向前推进了人们关于封闭社会的认识。按照他的理解，抛却地域、民族、人种、历史时期、国别等差异性的因素，古往今来一切封闭社会大多具有下述特点。首先，整个社会充斥着偏见、愚昧、狂热乃至巫术，理性在这种社会中没有存

第八章 莫里斯的开放社会论

身之所，社会成员缺少独立自主的思考，基本上流于盲从。用他的话来说，"原始部落或'封闭社会'由于它处在固定不变的禁忌、律法和习俗的巫术圈子之中而具有一种典型的神秘态度。这些禁忌、律法和习俗被视为不可避免的，就像太阳升起、季节交替或自然中同样明显的规律一样"①。他指出，不能将人们的法律法规、道德规范与月缺月圆、东升西落、四季更替等自然现象联系在一起，不能尝试用后者来解释前者。理由在于法律法规等归根到底是人类自主自为实践活动的产物，内涵了人的主体性，也具有可修正、可纠错的可能性，并非亘古不变，适用于千秋万代的。而封闭社会的统治阶层则妄图借助巫术、神话、迷信等，让律令成为其他社会成员永远必须恪守的准则，不可越雷池一步，这种禁锢性、神圣性和不可修正性就是封闭社会的突出特点。其次，至高无上的权力和权威是封闭社会的精神基础。由此源出的所有章程与命令都具有不可置疑性，不论单个的社会成员还是规模不等的共同体都需要严格恪守、绝对服从，不能怀疑，不容妄议，只需按章办事即可，不需要个人做出思考和判断。一少部分享有特权人士掌控着社会制度的裁定权和制定权，也间接控制着多数人的命运，换言之，个人丧失了自己命运主人翁的身份。最后，封闭社会"以部族的禁忌和极权主义的个人无责任来取代个人的责任"②，也就意味着，控制和主导社会成员的物质生活与精神活动是封闭社会的主要诉求，绝非为了社会成员的福祉给予他们充分的自我选择的自由和权利。所以，在封闭社会中，集体优先于个人，后者需要无条件地服从前者，在遇到个人利益与集体利益相冲突的时候，前者要让位于后者，而且没有正当性的理由。"一个封闭社会在其最好的情况下也只能恰当地比作一个有机体。所谓国家有机体学说或国家生物学说可以在相当范围内适用于它。"③ 封闭社会特别重视共同体对个体生存与发展的必要性，有意地忽视了一点，即不管在哪种集体或组织中，个体永远是最具活力和创造性的最小构成单位。集体或组织持续地进行分

---

① [英]卡尔·波普尔：《开放社会及其敌人》第1卷，陆蘅等译，中国社会科学出版社1999年版，第119页。
② [英]卡尔·波普尔：《开放社会及其敌人》第1卷，第113页。
③ [英]卡尔·波普尔：《开放社会及其敌人》第1卷，第156页。

解，最终的构成元素就是此类个体，它们而非享有特权的一小部分人才是左右集体发展和前进方向的主导力量。与此同时，波普尔还修正了柏格森将低等动物社会与人类社会相类比的做法，不赞同基于生物有机体的认识来推论人类社会，所以，他说道："无怪乎我们看到，把有机体学说应用于我们的社会的种种做法，多半都是为了回到部族社会所作的伪装宣传罢了。"①

莫里斯借鉴和吸收了柏格森、波普尔的封闭社会理论，但也做出新的演绎和发展，这主要表现为它尝试从自我的视角来思考封闭社会。在交往活动中，自我会适时发生变化还是一如既往地保持不变？在莫里斯看来，"不变性和可变性是程度问题。某些东西在某些方面可能是相对不变的，而在另一些方面则可能是相对可变的。'人性'既是不变的，又是可变的"②。仅仅联系人们的交往活动所能涉及的方方面面来看，所有人都对能遮风避雨的住所、可果腹充饥的食物有着强烈的需求，而且不管隶属于哪个种族、无论身处哪个地方，人们都被自己的情欲所支配或影响，无一例外。从这个角度来看，自我在交往中是恒久不变的。然而，再换个视角来思考，人与生俱来的智力和体力是大自然进化过程中随机分布的结果，因此千差万别，这意味着不同人对事物的需求程度或种类也不尽相同。而且，纵向地分析，不同时代的人们其生活需求和性格是有区别的；横向地分析，不同地域、社会或国别的人们需求与性格也是迥然各异的。从这个角度来审视，自我在交往中是可变的。按照莫里斯的理解，只要做到了以下两点就可称之为塑造了"人性"，即自我，这两点分别是：首先，生物本能有自身的需求，比如饥餐渴饮、困乏而卧，但凡人能抑制此类本能的需求，那就是对自我的锤炼。其次，在满足自身的生物本能需求和社会现实需求过程中，他能借助或使用种类繁多的方式与方法。

莫里斯认为，这种一方面肯定人性是可变的，而另一方面又否定它是可变的观点，在交往理论以及社会政治理论中具有十分重要的影

---

① ［英］卡尔·波普尔：《开放社会及其敌人》第 1 卷，第 173 页。
② ［美］查尔斯·莫里斯：《开放的自我》，定扬译，上海人民出版社 1965 年版，第 37—38 页。

第八章 莫里斯的开放社会论

响。它使人们意识到：自己并非孤独、单一的存在，世界上还有很多与自己相似或相近的人存在；与此同时，它也向人们表明人与人之间除了外在的面貌、体型等方面的差异之外，内在的自我也是各有不同的。"这个时代和所有时代的艺术家、文学家、宗教家、哲学家和社会改革家已经为自我的大厦，或者至少为自我大厦的房间画好了设计样图"①。人们非但不能忽视这种自我的差异性，更应该重视它，关注它。这种不变的自我赋予交往主体以宝贵的交集，鼓励大家协同一致去解决共同的问题；帮助大家认清了那些鼓吹自我具有极大的可塑空间，从而让大家被动地安于现状并放弃变革念头的既得利益者的丑恶嘴脸。与此同时，这种可变的自我使人们免受这种蛊惑，即人性恒久不变，因此统治与被统治的关系也是不能被打破的，这种"治人"和"治于人"的关系是天赋的。它还让人们时刻警惕此类社会成员，即出于急切推行改良或革命的需要，而故意漠视交往活动中人与人之间差别的那些激进功利分子。可变的自我在交往中给予每个人以独特性，不仅不容抹杀，而且应当鼓励人们遵照自己设定的目标，走出一条精彩别样的人生之路。为此，他表示："个人差别的顽固性意味着，社会必须使它们本身适应个人。人的自我的可塑性则意味着，我们有自由来设计文化的新型式。"②

要想进一步窥探自我的奥秘，丰富关于人的认识，莫里斯主张从下述四个方面来着手：第一，查验人们在体型、体质等生物生理方面的区别。第二，剖析自然环境可能对人产生的各种影响。第三，探索文化范式、社会制度等后天因素对人造成的潜移默化的影响。第四，辨明语言符号可能施加于人的各种直接或间接的影响。值得注意的是，除了做针对性的研究之外，还应将四者综合起来做统观的研究。其中，在论及文化范式和社会制度施加于人的作用和影响时，莫里斯指出，所有人无一例外地身处特定的交往境遇和社会情境里，都会受到交往境遇、社会情境的熏染，那种情境中的文化范式与社会制度无疑是非常重要的影响源头。他言称的人无论如何都不能摆脱来自生物层面和

---

① ［美］查尔斯·莫里斯：《开放的自我》，第 24 页。
② ［美］查尔斯·莫里斯：《开放的自我》，第 43 页。

社会层面的规定性,即他一方面是生物的人,另一方面又是社会的人。基于这种识见,莫里斯进而勾勒出封闭的自我和开放的自我两种形象,以及与之相应的封闭的社会与开放的社会。

在莫里斯的论域中,封闭的自我与开放的自我相辅相成,封闭的社会与开放的社会彼此相应,它们是结对儿出现,相互支撑的范畴。对此,他表示:"像个别自我一样,社会在不同程度和不同方面也是开放的或者封闭的。我们今天面临下面两种社会的选择:要么是一种比人们所梦想过的还更开放的社会,要么是一种比人们所忍受过的还更封闭的社会。"① 他以社会性格与个体性格为出发点,来辨明封闭的社会与开放的社会之间的本质差异。按照他的理解,虽然从根本上讲个体性格就是人们属我而非他的性格,是在先天遗传与后天养成的共同作用下而塑造的一种相对稳定的心理表现。但是在交往活动中,人们由自我走向了社会、由个体融入了集体,成为社会的一分子,扮演了交往活动参与者的角色,从而也具有了一些共同的、共有的性格特征,这种性格特征将人们和其他团体、其他社会、其他共同体的成员分割开来。需要指出的是,社会性格这个范畴并非莫里斯的原创,他是从弗洛姆(Fromm)的学说中借用而来的,用于指称那些人们通过交往活动而加入特定共同体才具有的性格特点。与此同时,他还受到了著名人类学家、社会心理学家卡丁纳(Kardiner)提出的"基本人格型式"概念的影响。在后者看来,分属于不同文化群体的人们分别带有一些该群体的共同人格特点,这些特点的综合可被视为该文化群体的基本人格型式。莫里斯同意卡丁纳的主张,交往实践以及成为社会共同体的一员是形成社会性格的必要条件。在个人性格养成的过程中,社会环境的影响应当属于主导因素,抛开一部分先天遗传要素的作用外,社会影响就是孕育和培养个体性格的最大温床。社会环境一方面能够限制或规约个体性格的发展朝向,另一方面也可以加速和推动性格养成的速度和周期。加之,在承袭柏格森封闭社会观所阐发的阻碍、延缓特征的基础上,莫里斯认为,封闭的社会大抵会对个体优良性格的养成起到消极、负面的制约作用,相比之下,开放的社会在

---

① [美]查尔斯·莫里斯:《开放的自我》,第117页。

第八章 莫里斯的开放社会论

培养个体性格方面是利大于弊，正面作用高于负面影响。对此，莫里斯指出，个体与社会携手共进，同步发展，才能从彼此身上汲取到正能量，与此同时，但凡落后于社会发展，因循守旧、抱残守缺的因素要么彻底被清除掉，要么及时地革新以符合社会发展要求。简言之，持续发展和创造是向个体与社会共同提出的要求。

以此为条件，莫里斯将所有妨碍或迟滞这种双重发展的社会叫作"封闭的社会"，将任何有益于或推动这种双重发展的社会叫作"开放的社会"。他说道："封闭的社会是不变的社会；它是处于困境的自我变大了的形式。由于文化仅仅存在于安排人的关系的制度之中，因此封闭社会是源自封闭自我并使之永远存在下去的一套制度。"① 这种封闭社会有两个本质特点：首先是不灵活性。无论是基于生物层面的动机，还是源于社会动机的驱使，当人们呼唤变革时，封闭社会都会加以拒斥，在根本立场和本质问题上摒弃灵活变通，顽固执拗地守护自己的特殊利益。应当注意的是，核心立场的不动摇、不灵活并不意味着封闭社会全然否定和拒绝灵活。如果将维护自己的特殊利益比作战略目标，将为达成目标而实施的策略比作战术手段的话，那么，封闭社会讲究的是战略目标坚决不动摇，而战术手段可以灵活多变、可以现实具体。然而，从社会发展的层面来看，封闭社会归根到底是欠缺灵活性的。其次是对特权或权力的追逐。在莫里斯看来，社会中的一部分人企图将社会权力全都掌控在手中，谋求统治整个社会，这会加剧社会的封闭性，使社会中的其他人沦为自己享有特权或权力的牺牲品。原本用来造福社会的原子能、人们对祖国的忠诚与热忱、各种各样交往的媒介全都变为他们攫取特权的工具。当这种态势得不到延缓，任由其发展下去就会诞生极权社会。在这种高压态势的社会中，一方面特权的魅惑越来越强烈，另一方面独享特权的一部分人更期待永久保有特权，而不情愿与其他大多数的社会成员共分享。因此，"在抱住他们所占有的东西不放时，享有特权的人便丢掉了他们的灵活性"②。显然，这反过来又强化了其欠缺灵活性的特点，使社会更加

---

① ［美］查尔斯·莫里斯：《开放的自我》，第125页。
② ［美］查尔斯·莫里斯：《开放的自我》，第127页。

封闭。

在此基础上,莫里斯还进一步探究了封闭社会得以形成的心理学机制。他认为,封闭社会是所有的强化自我封闭的消极因素共同使然的结果,其中焦虑和忧愁是最核心的影响要素。进一步追问,焦虑和忧愁从何而来?可从特殊情况与一般情况两方面来回答这个问题。按照他的理解,特殊情况是指受到战争威胁时,社会成员普遍会萌生恐惧、担忧,顾忌自己的生命安全难以得到保障,忧心自我的财产财富会受到侵害等。在这种极端的情形下,大部分人会将权力让渡于一少部分人,将社会资源交由后者统筹规划和集中调配。纵然这有助于备战应对外来侵略,但同时也让这一少部分人尝到了特权的滋味,为日后形成杜绝变通、排斥交往的封闭社会埋下了伏笔。再看一般情况下,身处纷繁复杂的社会生活中,各种形式、各个方面的焦虑和忧愁纷至沓来,折磨着社会成员的身心。对于失意者来说,纵然他们曾经怀有期许、付出了极大的努力,却没有收获应有的回报和利益,此时他们感到愤懑与不公。对于成功者来说,尽管他们已实现了自己的梦想,得到了高额的利益回报,并享有一定的特权,但是,原本成就这一切的创造性也逐步沦为维护目前既得利益的一种工具。所以,不管从得意者,还是从失意者的角度看,忧愁和焦虑遍及社会各阶层,将一切社会成员都揽于自己的威慑之下,整个社会的氛围也就变得更加沉闷、压抑和令人备受折磨。这些满怀忧虑的社会大众与一少部分贪恋特权的人一并缔造了封闭社会。一言以蔽之,忧虑的自我在封闭社会中找到了逃避现实、得以喘息的栖身之地。

那么,封闭的社会有没有现实原型呢?莫里斯的答案是肯定的,在他看来,所有极权国家都是封闭社会的代名词和具体表现形式。在这种政治体制的国家中,出于维护个人统治地位和确保牢牢掌控独裁大权的需要,最高元首一般会多管齐下,想尽办法地将其国民封闭起来,封堵他们了解外界信息的渠道,管控他们自主发声的途径。用莫里斯自己的话来形容,那就是"封闭社会把它的成员的自我审慎周密地封闭起来而使它自身得以永久存在下去"①。为了实现这种绝对掌控

---

① [美]查尔斯·莫里斯:《开放的自我》,第128页。

第八章 莫里斯的开放社会论

的效果,以最高国家元首为代表的统治集团会利用高压政治、定量分发日用品、严密监控报刊等信息媒介等手段。因为封闭社会中的人们思想被洗脑、食物供给施行严格管控、人身权益遭受侵害,所以,与过去历史长河中的奴役社会相比,如今的封闭社会变本加厉地奴役或迫害社会成员。对此,莫里斯一再重申务必彻底铲除和消灭此类残酷的、贻害无穷的封闭社会,要用开放的社会将它取而代之。针对这一点,他表示:"替代封闭自我的封闭社会的是开放的自我的开放社会这个相反的理想。开放的自我的开放社会这个理想是指导正在出现的时代的新社会理想。"①

如果非要找出现代封闭社会的代表的话,莫里斯认为第二次世界大战期间的德国、日本和意大利最贴切不过了。需要注意,在当时的其他国家也存在封闭社会的影子,也在不同程度上体现出封闭社会的痕迹。当然,封闭社会得以形成和出现的缘由是多方面的,莫里斯没有泛泛地研究这个问题,而是从心理学的层面对它作了积极的探索。他主张,尽管第二次世界大战以法西斯同盟的失利而告终,但是在美国和某些其他国家中人们依然忧虑重重。他们担忧没有彻底肃清法西斯的余毒,一些破坏分子在蠢蠢欲动,意图将原子能、大众传媒等为争取人类解放而研制出来的新工具据为己有,从而实现他们继续压迫社会大众的愿望。所以,他指出:"了解我们自己身上的那些助长封闭社会现代主要形式——极权国家——的根源就极其重要了。"② 按照莫里斯的理解,遍及社会各个阶层的担忧和焦虑是滋养和哺育现代封闭社会的温床和摇篮。时至今日为了延续这种极权政体和特权阶层,统治者更是人为地自主强化了这种忧虑感,比从前更加严厉地增强了对社会的监管与控制。他们惧怕社会民众的集体觉醒,也在持续弱化或压制民众的愤懑情绪。为了防止文学艺术作品唤起民众的反抗意识,他们严格限制文学、哲学、艺术等领域的自由创作活动,对外来文化也视为敌对意识形态而严加防范。当然,面向国内民众时,统治阶层依旧会粉饰太平,向民众展示一个美好未来蓝图,允诺帮助他们远离

---

① [美] 查尔斯·莫里斯:《开放的自我》,第128页。
② [美] 查尔斯·莫里斯:《开放的自我》,第126页。

诸多忧愁，有时这种心理安慰的确能够取得稳定民心的积极作用。但是，上述种种做法终归不是长久之计，也没有在根本上消解担忧和焦虑。原因在于集权社会的施政心理出发点，恰恰是统治者对民众意图平分其权力的担忧和焦虑。

二 开放的社会

在柏格森与波普尔的启发下，莫里斯认为，开放社会的突出特点就是多样性，人与人之间体格与气质的多样性在一定程度上决定了开放社会应当是多样的，个人自我创造的多样性是体格与气质多样性的延续。但是，肯定社会成员、交往对象之间的多样性并不意味着必然反对或漠视人们之间的统一性。人们在基本生活需求、外在体格、内在气质方面有诸多共同点，人们在社会理想上也具有一定的交集和相同之处，而且，在不同的交往共同体中，其成员的这种共同的性格特征也必然呈现出差异，凸显了特定群体或集体的共同价值趋向。

封闭的社会与开放的社会是相辅相成的一对范畴。柏格森与波普尔都曾以相互对照的方式解读过它们，这些论述也成为莫里斯的"开放的社会"观点的理论来源。因此，有必要先行阐释一下柏格森和波普格针对开放社会提出的论断和见解。在1932年付梓的《宇宙与道德的两个起源》一书中，柏格森第一次正式提出了"开放社会"这个概念。在他看来，部落和宇宙构成了人类伦理得以产生的两个源泉，部落会促使社会逐步走向封闭，而宇宙则令社会日趋开放。而后，在《创造的进化论》一书中，他表示，相较于自然界的物种，人类更为高级，所蕴含的生命力也更为强大。但是，在人类繁衍生息乃至社会化过程中，也碰到了阻碍，也曾处于停滞不前的状态。此类所处发展阶段就是封闭的社会。若要实现封闭社会向开放社会的转变，柏格森建议从生命的缘起入手，借助原始的、最富创造性的动力来源。他宣称数位自由驾驭意志的天才已经完成了这项任务。对生命起源的触及和感知能力不能被称之为一种本能，更非智慧。理由在于本能和智慧尽管有些差异，但是二者的共性是能够帮助物种持续地存有某种状态。唯有通过直观才能发掘和触及最具始源性的能力。借助直观能力，意

第八章　莫里斯的开放社会论

志天才进入了自然的本真状态中，不断汲取爱的冲动，然后再传递给社会大众。如同生命冲动一般，爱的冲动也是一股强大的创造力。不过柏格森没有花费笔墨辨析二者的异同，一般认为爱的冲动寓于生命冲动之中。上述这种冲动传递过程在社会大众身上的体验就是一种受邀的感觉。具体说来，柏格森将意志天才分为两种，一类是自身极具吸引力，无须自己感召就能受到社会大众的青睐和信任，另一类则是主动出击，在与社会大众积极交往的过程中影响大众。纵然有这种区别，但是在社会大众看来，他们的人格及其所作所为都堪为典范。所以，在意志天才们为导引的开放社会中，法律制度、道德规范越是能够彰显他们的人格，所起到的引导效果就越好。同理，在封闭的社会中则反之。换言之，这些意志天才的灵魂是开放的、自由的，他们的生命冲动所指向的对象并不仅限于人类自身，而是宇宙间的泛泛众物，这显然有别于对亲人、对集体的那种有明确指向性的爱或冲动。唯有此类冲动和人类发生关系时，才能被唤作人类之爱。鉴于它的自由性以及无特定的目的性，它从本质上就是一种在智慧层次之上的情绪。相比之下，如果灵魂缺少上述开放性，那么它的生命冲动就完全出自于本能，是一种缺少智慧的低层次的情绪。譬如，在聆听动人优美的音乐时，社会大众内心深处的某种情绪会被唤起，而后激荡并弥散开来，得到一种净化和升华，在柏格森看来这就是高层次的、超越智慧的情绪。然而，此类情绪怎样能够冲破个体的局限，成为共同体的一种普遍表现呢？他认为由意志天才所创立的宗教团体与此相近，但是并非纯粹的开放社会的表现，或许在现实领域中很难找到完全开放的社会。因为任何现实社会的运行和延续都不得不含有一些封闭的、略带强制性的因素。他还略带悲观地表示，迄今为止人类社会的发展还没有完全摆脱封闭社会的制约，开放社会之路任重而道远。

上述这种对开放社会抱有悲观情绪的论调并没有影响到波普尔。他不像柏格森那样依据有些玄学色彩的生命冲动或爱来探讨开放社会，而是立足人类社会发展历程的具体实际来研究这一问题。他认为，所谓的开放社会是与讲究独断、巫术的封闭社会相对立的一种更令人向往的社会形态。身处此类社会中，因为"人们在一定程度上已经学会了批判地对待禁忌，并在讨论之后凭自己的智性权威来做出决定"①，所以，暴君独裁、集权政治等都没有存续的空间和余地，根本性的暴力革命也不会发生，各种共同体或集体中的成员都置身于一种自由、平等、民主、克制、理性的氛围里。尽管政策的制定和完善仍是由一少部分具有专业知识背景的人士来负责，但是任何社会成员都能够对政策发表自己的独特看法，或是批评，或是肯定，都能展现自己的话语权，社会的完善与进步就在这种连续不断的纠错和修正中实现的。开放社会的代名词就是自己的命运自己主宰，自己的未来自己创造，每个人都享有自由和自主的权利。波普尔还明确建议，出于清除人类种种恶习的需要，使更多的社会大众摆脱巫术、迷信和无知的主宰且真正接触到理性，从而能够更好地享有自由和民主，那么理应努力构建一个开放社会。在这种理性的开放社会里，"在相当长的一段时间内，一切政治问题都是制度问题……而不是个人问题，通往更平等的进步只能靠对权力的制度控制来保证"②。言外之意就是，不能依靠少数天才人物的完美人格，不应将所有的信任基于仅靠自律而无他律约束的品质高尚之人，更不可完全托付给一少部分的精英人士，而应当建立一种能将统治者的权力关进笼子里的制度。他进一步明确表示："任何情感甚至爱都不可以代替由理性所控制的制度的支配作用"③，哪怕是糟糕的统治者，在强有力的良好制度的规约下，他也不敢触及法律的底线，更不会为所欲为地独断专横。不难看出，波普尔对开放社会的构建思路，正好与柏格森背道而驰。他对所谓的意志天才、品行完美的高尚人士持怀疑的态度。

在他看来，一个社会的制度就好比一根杠杆，作恶者或良善者都能通过它来事半功倍地达成目标。所以，制度建设理应是开放社会的民众最为重视的事情，同时，联系社会的具体发展实际，还要及时地

---

① ［英］卡尔·波普尔：《开放社会及其敌人》第1卷，第115页。
② ［英］卡尔·波普尔：《开放社会及其敌人》第2卷，郑一民等译，中国社会科学出版社1999年版，第256页。
③ ［英］卡尔·波普尔：《开放社会及其敌人》第2卷，第360页。

第八章 莫里斯的开放社会论

修正和完善社会制度,"制度好像是要塞,他们必须好好设计"①。自由且民主的开放社会如要成为可能并不断延续下去,完善的制度以及与之相应的高素质的人员是不可缺少的双重要素。相反,"如果没有制度作保障……一切不符合需要的发展就会开始"②。在这里,波普尔没有踏进绝对主义的陷阱,纵然制度很重要,但是并非万能的。他承认再好的制度也有被破坏或侵害的可能性,没有哪种制度能够永远存续下去。他倡导借助自由的批评和及时的修正来维护这种民主制度。诚然,当自由导向绝对时,也容易偏转到自己的反面。所以,有必要适当地约束个人自由,他人的权利就是自己自由的边界,不能出于自私而侵犯他人的合法权益。这种约束在开放社会中是普适于所有人的,没有例外。如果将约束个人自由的做法拓展开来,波普尔还指出,约束和限制的对象也应包括政府权力。在这个问题上,他拓展了近代广为认可的主权不可分的学说,这主要关涉的是"谁应当统治"的问题。他主张,倘若在政治领域范围内探讨"谁应当统治"的问题,那么不管答案指向哪个人、哪个政党或哪个阶层,其权力注定是不受约束的。然而,倘若用"怎样限制和规约统治者作恶"的问题将其取而代之,这样一来,"主权不可分"的观点就被动摇了。原因在于被统治者能够监督和约束统治者手中的各种权利,防止独裁和专断的出现。他分析道:所谓的独裁权力不可分实际上是一种假设,原因在于尽管权力完全被某个暴君所掌握,但他不可能凭一己之力而事事亲力亲为,必须笼络一批同享一定特权的权贵人士,从这种意义上看,暴君的权力已经被划分出去一部分了。由此观之,纵观人类历史,根本就没有绝对的、一点儿都不可分、完全被君主所掌控的主权。所以,合理的做法是让广大被统治者握有监督、举报、批评乃至弹劾的权力,只要统治者侵犯了大众的利益,那就自下而上地罢免其职务,收回其权力。不难看出,波普尔仍然延续了孟德斯鸠、洛克等人的权力可分与相互制衡的思想,差别之处在于波普尔倡导的是社会大众与政府之间的权

---

① [英]卡尔·波普尔:《历史主义贫困论》,何林等译,中国社会科学出版社1998年版,第59页。

② [英]卡尔·波普尔:《开放社会及其敌人》第2卷,第302页。

力划分,而孟德斯鸠和洛克等人倡导的是不同政府机构或部门之间的权力划分。不过,他们的归宿和追求都是相同的,即避免政府权力被滥用,确保民众的自由不受侵犯,从而建立一个更加开放的社会。

受到柏格森与波普尔的启发,在莫里斯看来,开放社会的突出特点就是多样性,宽松的社会氛围没有"一言堂"式的高压感,只要不触及法律底线,容许不同的声音、观点和立场存在。他说:"开放自我的开放社会承认并尊重多样性。它会抛弃一切把它的成员灌进一个共同模子里去的企图。"① 按照他最理想化的设定,开放的社会呈现的是下述的社会场景:每个社会个体都能从中实现真正的自我追求与自我实现。多种多样的艺术、哲学和生活方式璀璨繁盛。它更欣赏个体在交往活动中凸显出来的独特性与多样性,更看重大家在交往活动中互补互利,互惠共赢。整个社会制度走上了一种良性改良和不断完善的道路,通过制度内的自我纠正功能做各方面的微调,从而适应解决新问题、破解新困境的现实需要。它会充分调配一切社会资源来促成人的完满性与多样性,不仅为社会成员提供充沛的物质生活资料保证,而且也确保他们有心满意足的精神享受,总而言之,"它将是一个以人为中心的社会,在这个社会里任何类型的人都不能把他们的自我形式强加于别人身上"②。然而,问题的关键是开放社会的多样性的依据是什么,如果不回答这个问题,那么,莫里斯的上述观点无异于是缺乏充分辩护的独断,其合理性也就经不起考验。莫里斯尝试从三个方面为开放社会的多样性提供论证。

他率先着眼于人的身体与精神面貌,认为人与人之间体格与气质的多样性在一定程度上决定了开放社会应当是多样的。他借用了具有扎实医学知识基础的心理学家——威廉·谢尔顿(William Shelton)博士的研究成果。谢尔顿的相关成果表明,不论是男人还是女人,他们的体格各有差异,而且这种差异还较为繁多。尽管某些共同的特征普遍存在于这两大群体中,但是,一般而言,男人的体格明显地区别于女人的体格,反之亦然,而且此类区别不容忽视,因为内在自我的探

---

① [美]查尔斯·莫里斯:《开放的自我》,第129页。
② [美]查尔斯·莫里斯:《开放的自我》,第129页。

第八章　莫里斯的开放社会论

索、塑造和成长都会受到它们的持续作用。也就是说，即便人们在体格上存在一些非常细微的差别，但是，在日复一日、年复一年的发展中它们会逐步累积并演化为巨大的区别。莫里斯甚至主张，所谓的认识你自己首先应当认识自己的身体，尝试寻找身体上的众多小细节。体格的差异普遍存在但并不意味不能对其做分门别类的高度概括或处理。莫里斯认同谢尔顿的观点，即人们的体型可以笼统地分为三类："内形态型、中形态型和外形态型……内形态型指一种体格上柔和的圆形……中形态型指相当发育的骨骼、肌肉和结缔组织……外形态型指形体的线性脆弱。"① 当然，并非每个人的体格严格地独具其中的一种型式。当我们将 A 的体格视为外形态型、B 的体格划归到中形态型类别中时，仅仅意味着在这两个人身上，外形态或中形态的综合表现更为突出，远胜过其他两种形态的特征。实际上，生活中绝大部分人的体格都是内形态、中形态和外形态混合在一起的某种形态。与体格上的差异相一致，谢尔顿进一步将人们的气质也区分为了三类，即内脏型、躯体型和皮层型。其中，"内脏型的特征在各种不同方面牵涉到人对人和事物构成的可靠环境——如友好的人们、有益的食物、舒适的住处、可以持久的礼节——的依赖。……躯体型的特征在各种不同方面展示出在一种局势中占统治地位的需要（不一定是专权跋扈的需要）。……超脱似乎是表述皮层型的特征的。它是一种离开过度的外部刺激的活动，一种不要求推进世界的活动"②。体格上的差异是上述气质差异的源头所在，以中形态型、内形态型和外形态型为外在表现的体格差异，使得人们对统治、依赖与超脱的需要产生了不同的侧重，需要强度也因此而有所区别。这种影响并不仅限于此，它甚至影响到了人们对不同生活方式的向往与选择。根据这种体格、气质层面的多样性，人们自主地选择了多样的生活方式。譬如，有些人喜欢"任何事情都不过分的"的生活方式、有些人向往"集体活动、集体享受"的生活方式、有些人独爱"积极的、勇敢的、冒险的行动"的生活方式等。应当承认，这些生活方式截然有别，某些甚至是相互冲

---

① ［美］查尔斯·莫里斯：《开放的自我》，第28—29页。
② ［美］查尔斯·莫里斯：《开放的自我》，第30—31页。

突与对立的，每种生活方式都有一大批忠实的追随者和践行者，每种生活方式都赢得了一部分社会成员的赞同，而同时被另一部分成员所批驳。即便是具体到人们选择符合自己欣赏趣味的文学作品、艺术作品、哲学读物或意欲加入的社会共同体时，这种多样性的差别依然存在，而且区别的程度常常令人咋舌。譬如有些人偏爱重金属摇滚乐，而某些人则认为这种音乐就是毫无意义、纯属聒噪、令人难以忍受的噪声，类似的案例，举不胜举。概而言之，开放社会的多样性的依据之一就是人们体格与气质的多样性。

个人自我创造的多样性是体格与气质多样性的延续。莫里斯提醒，"我们必须培养灵活性、多面性，容许我们自己里面的多样性，并且接受这种多样性所造成的紧张状态"①。此处的"我们自己里面"，既指同一交往共同体内部人与人之间的差异，又指自我内部多种不同倾向所造成的张力，尤其是后者，它朝不同面向的努力会引导个人的自我创造走上截然不同的道路。莫里斯发现，人们习惯并热衷于概括，这一方面符合思维经济的认知规律，另一方面便于在差异中寻找共同的规律，更好地普遍适用于更多的人及其实践活动。这种概括的努力也被人们用于思考和进行个人自我创造上。但是，莫里斯告诫我们，过分的概括，特别是忽略必要前提条件的概括是有害的，只会将人们引上谬误之路，这好比脱离特定的条件来辩论容易陷入诡辩一般。人们一直尝试概括出某种或某些种方法来推动个人自我创造，然而，在莫里斯看来，这正是忽略了个体的特殊条件而进行的过分概括，是意图磨平个体的多样性而追求一般性的错误努力。这样的做法已经与"创造"的本义相去甚远了。诸如此类的自我创造有：鼓励每一个男人和女人都做登山运动员，激励大家鼓起勇气征服自我内心中的大山；引导大家纷纷塑造外向且主动交往的性格；鞭策大家持续不断地、不知疲倦地进行实践活动等。他认为我们应当叫停此类自我创造，原因在于对单一生活方式的侧重难以普遍适用于所有人，而且也注定会遭遇现实中的重重阻力。"适用于人的差别的自我创造方法必须是多种多样。我们必须维护不相一致的权利。……如果人的潜力和人的差别

---

① ［美］查尔斯·莫里斯：《开放的自我》，第73页。

第八章 莫里斯的开放社会论

得到尊重,自我创造的方法必然是多种多样的。自我需要感受和享乐,需要感情和支持,需要思考和追求真理,需要依赖和超脱,也需要权力和统治,这些需要的强度则各不相同,并且全都是合法的。固然,我们的主体是自我创造的技巧,但所强调的却是它的多样性。就生活创造而言,我们每个人必须仍然忠于我们的需要和我们的方法。"① 由此可见,自我创造的方法并没有应然的统一范式,它总会因人而异,毕竟每个人在体格、气质方面都有或大或小、或多或少的差别,罔顾这些独特性、多样性而强制推行统一的自我创造的方法是对人的自由意志和自主性的侵犯,非但不会帮助人们实现自我的全面发展,而且还违背了倡导以人为本的开放社会的根本宗旨。莫里斯表示,回顾人类的发展史,人们在社会生活与交往实践中都分别扮演了律师、医生、商人、恶棍、圣人、军人等千差万别的角色。假如将人类文化史比作是一场戏剧的话,它的精彩之处恰恰在于演员的多样性,各式人物都会接连登场,而非是单向度的人的一再重复。时至今日,人们已经看到并意识到了人们内在和外在的形态不一的区别。从某种意义上讲,人们应当完成的一种重要任务就是认识和掌握此类区别。还需注意,"这里所要强调的仅仅是差别这个事实及其重要性。因为它容许我们承认,自我创造是一个程度问题。有些人毕生像河水流过草地一样毫不费力地遵循着本地社会和人们所指示的轮廓线和途径前进。另外一些人的一生却像向前冲击的瀑布那样,打破各种障碍,并且刻画出社会历史山峰的新形式"②。

符号的多样性则进一步强化了开放社会的多样性,也是后者获得有效辩护的重要依据之一。莫里斯认为,我们的生活中充斥着各种各样的符号,闹钟、天气、镜子、牛奶、报纸、便条、动物、鼓励、电影、花朵等都是符号,人们从凭借视觉、听觉、味觉、触觉和嗅觉获得各种各样的符号,也就是说,式样不一、种类不同的符号呈现在我们的生活中并影响着人们的刺激和反应。宽泛地讲,人们交往生活中的符号主要分为三大类,"有些符号主要是报告,它告诉我们指望什

---

① [美] 查尔斯·莫里斯:《开放的自我》,第7页。
② [美] 查尔斯·莫里斯:《开放的自我》,第6页。

下篇 新实用主义的交往哲学

么,要我们做好准备去对付某种事物而不是另一种事物。……但是另一些符号用另一种方式来影响我们的反应:它们使我们用好意或恶感来看待某些事物,是我们有选择的倾向,使我们挑选或拒绝这个东西而不是那个东西。……还有另一种主要的符号,这种符号使我们以一定的行动过程来反应某种东西,这些符号具有命令性质,具有强制语气"①。除了上述种类之分外,莫里斯还主张,符号具有层次的差别。一部分符号与人们使用的交往语言息息相关,一部分符号是名副其实的语言符号,还有一些符号尽管并非语言符号但是其内涵却有赖于语言符号。他将这三种符号的层次称作"前语言符号、语言符号和后语言符号"②。符号自身的上述多样性也进一步演化为符号用法的多样性。在莫里斯看来,社会日常生活、交往实践运用语言的过程实际上就是使用各种符号的过程。符号恰似一种万能的工具,堪称工具的工具。借助此种具有多样性的工具,人们创造了多种多样的说法方式。比如:科学家的说话、艺术家的说话和宗教家的说话等,其中"科学语言是普通语言的专门化,目的在于准确地指出什么事情已经发生,什么事情正在发生,什么事情将要发生。……绘画、小说、诗歌、音乐、舞蹈和戏剧的语言则是有倾向,有偏见,而不是中立的。它可能或冷或热地赞成某种东西,也可能或冷或热地反对某种东西。……宗教以戒律来说话,并且它们的命令随着它们所宣称为好的人格理想的改变而改变"③。由此可见,符号种类、层次以及运用符号说话方面的多样性,也为开放社会的多样性提供了论证依据。

尽管多样性之于开放社会如此重要,但是,莫里斯并没有走向推崇多样性而贬抑统一性的极端,他更强调多样性与统一性在开放社会的有机协调。包罗万象、浩渺无际的宇宙本身既包括多样性,又内涵统一性。仅执一端抬高多样性,或者片面地突出统一性都是不恰当且略显幼稚的做法。单就人类社会中最主要的因素也是最具活力和动能的要素即人而言,众人彼此之间的共同之处与他们的殊异之处一样突

---

① [美]查尔斯·莫里斯:《开放的自我》,第48页。
② [美]查尔斯·莫里斯:《开放的自我》,第50页。
③ [美]查尔斯·莫里斯:《开放的自我》,第51—52页。

第八章 莫里斯的开放社会论

出和众多,一样本质和真实。肯定社会成员、交往对象之间的多样性并不意味着必然反对或漠视人们之间的统一性。倘若进一步追溯其原因,首先在于人们的某些需求是统一的。不管人们居于何地、分属哪个人种、哪个国家、身处哪个历史时期无一例外都需要健康的体魄、新鲜的空气、安全和舒适的住所以及丰盛美味的食物等。为了更好地获取这些相同的需求之物,人们还会相互协助、互帮互助,可以说,人们对于此类事物都有相同的可欲性。除此之外,虽然某种体格形式相对更加突出和明显,但是,一切社会成员、交往主体都兼具外形态型、中形态型和内形态型的体格特征,大家都在一定程度上受到统治、依赖、超脱等内在气质的影响和激励。尽管内在气质的差别不容忽视,但是其内在的相似性、共同点等也是不容否认的事实。有鉴于人们在基本生活需求、外在体格、内在气质方面的诸多共同点,人们在社会理想上也具有了一定的交集和共同点,此时并不意味着统一性宰制或抹杀多样性,而是在接受统一性的既定事实的前提下为人们之间的多样性留有一定的空间和余地。莫里斯还明确指出:"如果这种一致是唯一的共同社会理想,那它看来就会是一种口头上的欺骗。实际上我们可能走得更远。马特拉亚理想是一种人格理想,但本身却不是我们现在所寻求的共同社会理想。但是对这种理想的吸引力和限制加以考虑则有助于使我们着手探索理想。因为它向我们表明,同意是能够怎样包含多样性的。"① 其次,共同的社会性格也是开放社会中统一性得以存在的缘由。每个交往主体都具有独特的性格,这种个人性格的差别和多样性也诠释了社会交往活动中形形色色的独特自我,不过,绝大部分的社会成员共同"分有"了一些性格特征,这是作为多样性存在的个体所具有的一个共同的"基本内核"。在不同的交往共同体中,其成员的这种共同的性格特征也必然呈现出差异,凸显了特定群体或集体的共同价值趋向。用莫里斯的话说,"我们要从弗洛姆那里借用'社会性格'一词来称呼由于参与特定文化因而这个文化中的成员才共同具有的那些性格特征。我们此刻必须试图理解社会性格是怎样产生的——因为我们要寻求我们的社会理想,而社会理想是社会性格的

---

① [美] 查尔斯·莫里斯:《开放的自我》,第102页。

一个主要成分"①。更明确地讲，"（开放社会的）社会性格的唯一特征包含：承认开放自我的开放社会的理想可以用凯仑这句尖锐的话，即'差别的平等权利'来表述。在这个理想中多样性成为一项统一的原则"②。不难看出，在莫里斯的论域中，共同的社会性格以及由此衍生的社会理想就是统一性的必要注脚。

　　在此基础上，莫里斯深入探讨了一个衍生问题，即回顾过往的人类发展史，缘何以多样性为整体诉求的社会理想没有完整地呈现出来，为什么以往任何历史时期的社会理想都没有充分地体现出这种多样性。他的回答是：尽管此前各个历史时期都有智者或思想家诠释个体与社会的多样性，然而，社会现实的土壤过于贫瘠，不能为社会从整体上追求和实现多样性提供足够的养料支撑。那时的人们对自身的认识尚不健全，各方面的相关知识也较为欠缺，所以，只能因陋就简，遵循由简入繁、由易到难的认知与实践思路，先处理那些相对简单、近前的问题，然后再逐步尝试破解更复杂的难题，直至深入触及交往个体与社会整体的多样性问题。换言之，在从前科学技术水平有限，生产力发展水平较为低下的时代，人们的实践或斗争对象是自然环境，努力在与各种恶劣自然条件和环境的拉锯战中赢得主导权，以实现"征服自然"和做自然的主人的理想。此时的人们没有太多的精力估计自身以及社会生活本身。到了近现代，借助科学研究的成果，人类在大自然面前，显得比以往任何历史时期都更加从容、自信，在人与自然的关系中处于更加主动和主导的位置，可以充分借助自然资源和力量来发展自我，社会物质文化和精神文化成果都愈加繁盛。莫里斯表示："丰富自我的理想只有在丰富社会里才能具有广泛的吸引力。只有到了现在，社会条件才开始显得有利于第七种生活方式。只有到了现在，大多数人才能够挑起他们复杂性的全部担子。"③ 莫里斯还着重强调，作为时代精华的哲学同样能够折射出开放社会的这种多样性。随着人们对自我研究的细化与深入，各种与自我相关的哲学理论都将被

---

① ［美］查尔斯·莫里斯：《开放的自我》，第118页。
② ［美］查尔斯·莫里斯：《开放的自我》，第129—130页。
③ ［美］查尔斯·莫里斯：《开放的自我》，第103页。

第八章 莫里斯的开放社会论

纳入将来的哲学体系中,并在其中实现更广泛的综合,即兼顾多样性的统一。那时的哲学不再致力于探索单一的、终极的真理,而是揭显涵盖范围更弘阔的真理。它不会仅追求一个目标,而是更多元、更复杂的目标。"它不会消灭多样性,而是包含多样性。它既会是东方式哲学,也会是西方式哲学。它会同样向内形态型、中形态型和外形态型的人讲话。它的客观性不会是由于放弃我们的自我而是由于扩大我们的自我而得到"①,唯有最广泛的自我才能蕴生最客观的哲学。

综上所述,在莫里斯眼中,当今时代的社会发展蓝图就是开放社会。不过,世界上的许多国家或民族还没有将其视为社会性格的一部分,甚至排斥这种社会理想。鉴于开放社会也有不同的发展阶段,所以,还不敢奢望在全球范围内实现这个美好的愿景。可是,只要社会成员怀揣这个理想,就能萌发摆脱封闭社会的信念和冲动,也就能逐渐向开放社会靠拢。为此,他明确指出,开放自我意图建立并实现的就是开放社会,唯有在这种社会里才能保证最大限度的开放。随着自我开放性的增强,人们的宽容度也会呈正比例上升,能够以更宽容、更温和的态度来看待那些显然有别于自我的人和事。众多的开放自我凝聚在一起营造出开放的社会并追求更开放的共同理想,通过这种途径来保护自身的特殊性。他还呼吁:"创造一种文化而在其中每个人在他的能力限度内有实际上的自由,这是人现在必须替自己规定的任务。……新时代的标志就是人审慎地承担了这项创造人的任务,人已经开始审慎地为所有的人以及少数像它自己那样的人承担创造人的任务,而以前他一直是盲目地进行的。他终于变成自觉的自我创造者和文化创造者。他着手创造的他的自我是某种开放的自我。"② 也就是说,人们亲手创造的文化就是与开放的自我内在相一致的开放的社会,社会中的所有多样性都是建基于这种理想之上。

---

① [美]查尔斯·莫里斯:《开放的自我》,第112页。
② [美]查尔斯·莫里斯:《开放的自我》,第129页。

三　通向开放社会的途径

在莫里斯看来，要想摆脱封闭社会而进入开放社会，归根到底还得依靠开放的自我，而达成开放的自我的唯一途径就是自我创造。人的自我创造的过程就是一个确立自主选择性的过程。唯有深刻意识到自我是"变"与"不变"的统一，交往主体才能高效地完成自我创造。

概括地讲，倘若有碍于交往主体与社会共同体发展、竭力维护不合时宜的旧思想、旧体制，而抵制改良与革新的社会都可称之为封闭的社会。相比之下，倘若能够促进自我创造和自我实现，肯定和推崇社会文化的独特性与多样性，又能将社会成员统一在一起的社会就是开放的社会。莫里斯曾明确地告诫美国人："我们今天面临下面两种社会的选择：要么是一种比人们所梦想过的还要开放的社会，要么是一种比人们所忍受过的还要封闭的社会。"① 要实现开放社会取代封闭的社会，或者建立开放的社会，归根到底还得依靠开放的自我，而达成开放的自我的唯一途径就是自我创造。自我创造是一个系统工程，而迈出的第一步则是重新审视自己，按照苏格拉底的话来说就是"认识你自己"。"因为人是不断重新创造自己的东西，是自我创造者，是把自己作为他的创造材料的工匠"②。换言之，做出正确的自我评价，真正认识到自己是持续开展自我创造活动，进而是实现开放自我的理论起点和现实依据。人是一种能够发挥主观能动性和创造性的存在。在这个形塑自我的过程中，无论是自然层面的生理基础、自然条件，还是社会层面的成长环境、时代境遇等都不同程度地影响到了个人的成长和发展。众所周知，人既是环境的受动者，又是改变环境的施动者。在这种能动性的驱使下，人们一方面可以调整自己的心态、立场、观点、主张以使用外在环境的变化，另一方面也能够将自我意志施加于社会环境，改善社会氛围，净化社会环境，维护社会良性秩序，这

---

① ［美］查尔斯·莫里斯：《开放的自我》，第117页。
② ［美］查尔斯·莫里斯：《开放的自我》，第2页。

第八章 莫里斯的开放社会论

也意味着人可以反作用于自己,在培养自己的过程中发挥一定的积极功用。但是,经由自我创造而实现的自我都是个性鲜明的、属我非它的,每个人所踏出的别样人生路汇聚在一起,就形同一个由诸多历史片段结合而成的宏大历史篇章。在这个历史场景中,每个人都本色出演特立独行的自我,自我的这种多样性就闪耀出历史的多姿多彩。

莫里斯还进一步表示,如同存在主义的哲学主张一样,人们通过一系列的选择赋予自己本质,自我创造也是如此,它也是一条由环环相扣的自我选择铺就的创造和成长之路。在现实生活中,人们选择自己意图成为的人物形象,还要选择自己钟爱的生活方式。自我创造和成长就是在这样的过程中渐渐实现的,选择或者放弃某个事物就是活着的间接映证。当人们身处抉择的间隙时就是所谓的中立,倘若一直固守中立,悬置选择或放弃,那么,自我就走向毁灭。然而,选择就是一把双刃剑,它既能将人引向成功与巅峰,又能使人坠落至失败的深渊。问题是:在人们从事自我创造活动时,自己的选择会受到哪些要素的影响呢?按照莫里斯的剖析,借助当今较为先进的关于人的科学研究成果,大体有四个方面的主要因素。

首先,人的肉体,就是这个鲜活、具体、时刻展现着生命力的肉体。他表示:"自我的出路深刻地、不断地、必然地要受到自我身体的影响,在体格方面最最微小的区别日积月累地持续下去,也可能成为重大的差异,认识我们的身体,认识身体的细节,及其所有形式是高度智慧。"[①] 有鉴于此,他深入分析了人的生活需求与自身的体格、气质之间的对应关系。大体说来,"内形态型指一种体格上柔和的圆形"[②],此种类型的体格表现在气质上就是不紧不慢、气定神闲、偏爱享受、热衷交往,与之对应的需要类型是"依赖",也就是说期待维持现状,需要一个他能依靠的世界。"中形态型是相当发达的骨骼、肌肉和结蒂组织"[③],拥有此类体型的人们更易于展现出富有冒险精神,具有较强的执行能力,拥有强烈的掌控欲望,喜欢主导人和事,

---

① [美]查尔斯·莫里斯:《开放的自我》,第27页。
② [美]查尔斯·莫里斯:《开放的自我》,第28页。
③ [美]查尔斯·莫里斯:《开放的自我》,第28页。

而且富有创造精神等气质。与此相一致的需要类型是"统治",即崇尚征服,希望对他人或他物有更强的主导权,期待展现出优越感。"外形态型是身体的线性脆弱"①,具有此类体型的人们所显露的气质主要概括为情感细腻、敏感脆弱、不喜欢咄咄逼人的强势、时常容易感觉疲惫不堪、不喜喧闹、更乐于自我沉思。与之相对应的需要类型是"超脱",即弱化和隔绝超量的来自外界的刺激,愿意倾听和追随内心的深处的声音,担心会被世界所伤害,所以有意识地与外界保持一定的安全距离。按照莫里斯的分析,交往主体的体格类型并非上述简简单单的几种,还有一些属于"中间型"的体格类型,与之相匹配的气质以及需要体现出适中的特性。莫里斯强调,人的外在气质和基本需要主要是由体格类型所决定的,因此,掌握这些知识对于进一步分析人们在塑造自我形象、选择生活方式等方面的差距具有积极的指导作用。

其次,外在于交往主体的自然环境。它突出表现为不同历史时期,以及地区的差异会对身体素质提出截然有别的衡量要求,进而会衍生出不同地区在所奉行或选择的政治、经济制度方面的差异。在此处,莫里斯认同埃尔斯沃思·亨廷顿(Ellsworth Huntington)的关于自然环境对人的影响的科学研究成果。后者在《文化的主要来源》的代表作中,详细阐述了地球不同区域施加给人的差异性影响。譬如:"在自然条件极其艰苦的地球赤道地区可能削弱中形态型的体力,而对并不要求这样过度活动的内形态型身体或者对能够忍受高热而不能忍受严寒的外形态型身体来说却引起较少困难。"②战争或者经济交往带来的移民运动,或者完全由"物竞天择、适者生存"而促成的自然选择,会使某个特定地区的人们的体格呈现某种突出的优势。这种体格优势在当地社会成员共同性格的养成方面将发挥重要作用,进而左右无数个内在自我走向封闭抑或开放。

再次,文化范式与社会制度。文化是人类从事的各种生产生活实践的总和。每种文化都带有自己的特质,也都会将这种特质传递给本

---

① [美]查尔斯·莫里斯:《开放的自我》,第29页。
② [美]查尔斯·莫里斯:《开放的自我》,第34页。

文化圈中的社会成员或交往主体。而社会制度则是以高效规约人的行为的方式来影响人的自我创造活动。"人的自我不可还原和不可逃避地既是生物的自我又是社会的自我——它是生物—社会自我。"① 莫里斯假设有三个分别由一百人组成的共同体，三者与内形态型、中形态型和外形态型的体格一一对应。即便三者处于自然条件较为相似的地理环境中，每个社会共同体势必会渐渐凸显出与整体体格形态相一致的特性，而且三者之间势必会有差异性，每个社会共同体中的成员在塑造自我的历程中，也会不可避免地受到所在群体的共同社会性格，乃至文化范式与社会制度的影响。

最后，由人们亲手创造的符号也反过来影响人的自我创造。莫里斯认同米德关于符号的认识与解读。一个人对自我的评估、对他人关于自己评价的反思都需要借助复杂的符号系统，其中最主要的就是语言。最初交往主体模仿他人使用语言来表达观点，学习他人使用语言来进行交谈、沟通，而后当他熟练地使用语言时，还能与内在自我进行交流，促成自我创造。一旦交往主体真正驾驭了某种语言，他就由语言符号的使用者转变为创造者，也形同获得了一个实现自我目的的新工具。从前他只是盲目被动地被选择所驱使，现如今，他可以运用语言符号构造新的观念，自主地掌控选择或放弃。"他的自由范围大大地扩大了。他现在所能创造的符号进入他的向前发展的生活之中。借助于符号他就能够引起他的身体和他的自然环境里的变化。借助于语言他甚至能够从事社会的改造，而这个社会由于说法的天赋使他的自我身份成为可能"②，令他的自我创造实现由潜能向现实的转变。

综上所述，莫里斯强调，要想成功地实现自我创造，那么理应以认识自我为起点，正确地把握上述四个主要因素对选择的作用机制。可以显见，自我不仅具有恒定不变的一面，而且还具有变动不居的一面。"个人差别的顽固性意味着，社会必须使它们本身适应个人。人的自我的可塑性则意味着，我们有自由来设计文化的新形式。"③ 唯有

---

① [美] 查尔斯·莫里斯：《开放的自我》，第35页。
② [美] 查尔斯·莫里斯：《开放的自我》，第41页。
③ [美] 查尔斯·莫里斯：《开放的自我》，第43页。

深刻意识到自我是"变"与"不变"的统一，交往主体才能高效地完成自我创造。

依照莫里斯的理解，人的自我创造的过程就是一个确立自主选择性的过程，即选择自己奋斗目标、选择自己的人生道路，当然也包括选择自己钟爱的生活方式。生活方式作为人们开展一切交往活动的大背景，在创造自我过程中作用重大，因此，需要认真看待和审视生活方式的问题。莫里斯认为，回顾和检视历史长河中曾经出现过的极具代表性的生活方式，概括出每种生活方式所追求的目标，这对于开放社会中的人们选择适合自己的生活方式至关重要，也会间接影响到自我创造的进程。经过细致的梳理，他总结出了13种生活方式，分别为讲求凡事适可而止且不过分的阿波罗式、追求超脱于事物和人的释迦牟尼式、宣扬关爱和同情他人的基督式、倡导兼容并蓄孤独与欢乐的酒神式、谋求集体享受与群体活动的穆罕默德式、主张人是再创造者与创造者的普罗米修斯式、推崇多样性但又注重整体的马特拉亚式、偏爱心无挂碍与身心淡然的伊壁鸠鲁式、专注于宁静感受的道教式、聚焦于自我内在沉思的沉思式、侧重于自我约束和控制的斯多葛式、提倡勇敢进取与付诸实践的行动式以及宁愿让自己被他人利用的被利用式。在莫里斯看来，尽管上面的生活方式诞生并流传于不同的国度、前后不一的历史时期，但是，时至今日依然有大量的社会成员忠实地践履着这些生活方式，并在其中实现了自己的人生价值和追求。对莫里斯而言，相较于其他12种生活方式，马特拉亚式的生命力更加绵长、更受欢迎，发展前景也更为明朗和灿烂。它倡导人们在交往活动中不要单纯借助一种生活方式来创造自我，而应该博采众长，充分借鉴各种生活方式的优点，以灵活多样的方式来规划自己的生活，不要教条不变地、顽固地坚持一种生活方式，一旦交往生活中出现了新问题，而且目前的生活方式没有良好的应对之策，那就及时参照其他生活方式来调整行为模式与态度。可以说，任何人都能借助马特拉亚式找到适合自己的生活方式，更好地完成自我创造。显而易见，马特拉亚式生活方式无疑是莫里斯眼中最完美的生活方式，身处这样的社会里，人们不仅可以发展多样性，而且还能兼顾统一性，实现两者的协调一致，这种富有很高自由度的宽容性无疑最有益于人的自我创造和

第八章 莫里斯的开放社会论

实现，此类社会也必然是交往顺畅、朝气蓬勃、成员和睦的"开放社会"。然而，人的自我创造谈何容易，它是一条布满荆棘的艰难转型之路，障碍层出不穷，而且连绵不断，人们只有持之以恒地破除一个又一个障碍，才能成功地迈向"开放的自我"和"开放的社会"。

进而言之，从个人层面来分析，阻碍自我创造的绊脚石大体有下述几个方面：首先，自然因素。例如，各种意外、生老病死、气候条件、土地肥沃程度等。其次，社会因素。譬如，糟糕的人际关系，势不两立的社会关系等。最后，自我设置的障碍。在自我创造和转型过程中，很多人在遇到艰难险阻时，不是第一时间思考解决方案和破局之策，而是选择逃避，不敢也不愿直面现实状况。毋庸置疑，如果是自然层面的一些困难，易于感知，但是自我设置的障碍或来源于社会的困难就需要额外认真对待了。就来源于社会的困难而言，因为交往主体在体格类型上良莠不齐，有些壮硕如牛，有些弱不禁风，这很容易在交往过程中、自我创造过程中诱发恃强凌弱、欺软怕硬等不良现象，重挫弱者积极创造自我的信心和决心。倘若交往主体可以妥当地化解此类现象，那就能迈过这个障碍继续型塑更健康、更全面的自我，否则可能困顿迟滞，更有甚者会造成自闭、自杀等可怕后果。就人们自我设置的障碍来说，溯之源头都是不愿面对现实、意图逃避转型的阵痛而作茧自缚。在这种情况下，唯有勇敢面对，本着对自己负责、对社会共同体负责的原则，重新在自我创造的路途上奋勇向前。应当说，选择一种真的能够促进"开放自我"的生活方式是破除种种困难和障碍的要点所在。在如何选择恰当生活方式的问题上，交往主体还得联系自己先天"物质条件"、自然环境的状态以及具体的社会实际来考量。"你的身体、你的自我和你的社会到目前为止为你规定的方向和限制，也许甚至为你安置的死胡同，都给你提供了材料，而你，生活的创造者，则必须根据这些材料进行工作。"① 再从社会层面来分析，社会成员要恪守"以人为中心"的准则，否则"以人为中心"的社会根本没有实现的可能，更不用谈确保大多数社会成员完成自我创造和实现。确立以人为中心的社会才是开放的社会。微观的开放的自

---

① ［美］查尔斯·莫里斯：《开放的自我》，第82页。

我与宏观的开放的社会都推崇和肯定多样性,它不会支持那些意图将所有社会成员都培养的"千人一面"或"单向度的"人的见解。开放的社会更乐于看到的是不分种族、宗教、地域和群体的人们都能拓展出自己的独特性和多样性,又都能积极融入社会共同体中,人们不会强迫他人接受自己的观点、主张或生活方式。在遇到挫折和打击时,人们不做将头埋在沙土里进行逃避的鸵鸟,而是面对它并克服它。如此这般,人们就会向开放的自我迈进一大步,开放的社会距离实现也就近了一大步。

作为一名美国学者,莫里斯还联系当时美国的社会实际,思考了美国社会如何避免封闭社会的侵袭,以及迈向开放社会的路径。他认为,在当今美国社会,封闭社会得以存身和发展的苗头也逐步现身了,曾经侵袭过其他国家的封闭社会可能也要冲击美国。他呼吁道:"忧虑、挫折、单调、优柔寡断、丧失精神恢复能力等等证明我们并不是没有毛病,而这些东西周期性地威胁着美国人民,现在却有变成大灾难的危险。"① 他甚至略有些危言耸听地写道:"美国处于致命的危险之中"②,原因在于,他发现美国民众也沾染上了封闭社会中普遍存在的担忧和焦虑,而且美国还是当今全球范围内力量最强的国家。在他看来,"力量和忧虑是危险的伙伴。它们可能到社会封闭方面去寻找保护和解救,并且威胁到向开放自我的开放社会进展,而只有这种社会才给予美国以特征和方向。力量和忧虑进行协作而产生出一切占有形式中最最有害的形式。这种全国占有感是我们的致命危险"③。所以,他断言,美国已处在一个危险的十字路口,要么继续向自由迈进,要么遭受挫败而出现文明倒退。所以,此时的抉择慎之又慎,重之又重,要运用自己的所有潜能来面对和克服困难。为此,他说道:"我们自己就是当前好和坏的心理战争中的战士。挫败和自由、封闭和开放这些对立力量从我们自己的忧虑和我们自己的渴望的武库里拿取它们的武器。敌人在我们自己里面,而我们的力量也在我们自己的身

---

① [美]查尔斯·莫里斯:《开放的自我》,第138页。
② [美]查尔斯·莫里斯:《开放的自我》,第144页。
③ [美]查尔斯·莫里斯:《开放的自我》,第144页。

第八章 莫里斯的开放社会论

上。"① 他还深入剖析并指出，缺乏创造性是美国亟须面对的生死攸关的问题，尽管美国国内聚集了来自世界各国的精英人士，但是没有激起或更好地挖掘出他们蕴含的多样性与独特性。对于此，他说："如果我们能够有勇气和独创性用大胆建设我们的个人自我和大胆解决我们的国家问题，来打破我们忧虑的困境的外壳，那我们就能够对世界成为一个在起着作用的开放社会的范例。如果我们支持有利于其他文化开放性的力量，它们就会以它们自己的方式重新把开放性振作起来。"② 在呼吁美国继续创建开放社会的过程中，莫里斯着重阐述了社会机构、社会制度在促进和维护开放社会进程中的不可或缺性。他说道："适合于开放社会的规划在于创立那些支持开放自我的制度，在于只能容许那样的制度。"③ 依他之见，不管哪个社会机构、哪种社会制度，但凡能够促使或激励他人努力去开创一种富有独特性的生活，而且乐于帮助身边的人去追求这样的生活，那么它们就是值得肯定的。相反，如果一切社会机构和社会制度完全致力于将民众隔绝或封闭起来，抹杀或遏制整个社会的开放性，那么它们就是值得批判的。

在论及创建开放社会所依赖的途径和方法时，与那些对"民主"高谈阔论的人士不同，他对民主基本上是避而不谈。他还有意不使用这个语词，理由是这个语词的使用频率如此之高，乃至于已经被滥用了，致使它的内涵以及指称都已模糊了。不管社会民众从事何种交往活动，也无论此类事宜与民主是否与民主强关联，都会一股脑地贴上"民主"的标签。譬如，美国政府开展的国内外行动，纷纷打着民主的旗号。按照他的理解，在如今的日常交往语言中充斥着大量冠冕堂皇的语词，一旦细究起来就会发现它们名不副实。为此，他指出："诉诸像个人主义、社会主义、资本主义、自由主义、共产主义、法西斯主义、民主这样滥用的字眼，对当代世界的实际问题并没有帮助，这些词汇充满着虚假的评价。"④ 倘若人们将开放自我的开放社会等同于民主社会的话，他宁愿使用前一种表达式，而不愿运用"民主"这

---

① [美] 查尔斯·莫里斯：《开放的自我》，第135页。
② [美] 查尔斯·莫里斯：《开放的自我》，第149页。
③ [美] 查尔斯·莫里斯：《开放的自我》，第132页。
④ [美] 查尔斯·莫里斯：《开放的自我》，第135—136页。

个语意不明的语词。形成鲜明对比的是，莫里斯并不抵触"自由"这个语词，而且经常在著述中使用它。譬如，在论及社会规划问题时，他就喊出了"为自由规划"的口号。他主张，社会规划十分重要，不可或缺，倘若以无政府主义的做法来放任社会随意发展，这就形同"抛弃人类要创造人的任务"。他建议人们不要纠缠于是否对社会开展规划，反而应当慎重思考是在为开放的社会还是封闭的社会做规划。他当然赞同为开放社会做规划，认为这种活动就是为自由规划，"为自由规划是和为封闭社会规划正好相反的东西"①，"唯一有效的可以选择的一种办法就是审慎地为开放社会而规划。规划：消除导致社会的封闭的基本挫折和忧虑，防止支配社会的力量，保持和加强开放的自我，得到自由。"②

综上所述，交往主体置身于其中的社会性质至关重要。在封闭的社会中，没有真正意义上的交往和对话，只有在倡导和肯定多样性的开放社会中，人们才能较好地实现自我创造。开放社会不仅能够塑造出健康良好的个人性格，而且还可以选择最适合交往、对话与发展的生活方式，从而真正地走向幸福，拥抱明天。

---

① [美]查尔斯·莫里斯：《开放的自我》，第133页。
② [美]查尔斯·莫里斯：《开放的自我》，第131页。

参考资料

一 中文资料

北京大学哲学系外国哲学史教研室：《西方哲学原著选读》上卷，商务印书馆1981年版。

［英］卡尔·波普尔：《开放社会及其敌人》第1卷，陆衡等译，中国社会科学出版社1999年版。

［英］卡尔·波普尔：《开放社会及其敌人》第2卷，郑一民等译，中国社会科学出版社1999年版。

［英］卡尔·波普尔：《历史主义贫困论》，何林等译，中国社会科学出版社1998年版。

［美］伯恩斯坦：《困扰多元文化主义的幽灵》，《国外理论动态》2013年第3期。

曹剑波：《哲学直觉方法的合理性之争》，《世界哲学》2017年第6期。

陈波、韩林合：《逻辑与语言——分析哲学经典文选》，东方出版社2005年版。

陈亚军：《从分析哲学走向实用主义——普特南哲学研究》，东方出版社2002年版。

陈亚军：《西方哲学病的诊治者——罗蒂反基础主义理论释解》，《厦门大学学报》1997年第2期。

［美］约翰·杜威：《经验与自然》，傅统先译，江苏教育出版社2005

年版。

［美］约翰·杜威：《民主主义与教育》，王承绪译，人民教育出版社1990年版。

［美］约翰·杜威：《确定性的寻求：关于知行关系的研究》，傅统先译，上海人民出版社2004年版。

［美］约翰·杜威：《思想方法论》，邱瑾璋译，世界书局1939年版。

［美］约翰·杜威：《我们怎样思维》，姜文闵译，人民教育出版社2004年版。

［美］保罗·费耶阿本德：《反对方法》，周忠昌译，上海译文出版社2007年版。

［德］尤尔根·哈贝马斯：《后民族结构》，曹卫东译，上海人民出版社2002年版。

［德］尤尔根·哈贝马斯：《在事实与规范之间》，童世骏译，生活·读书·新知三联书店2011年版。

洪谦主编：《西方现代资产阶级哲学论著选辑》，商务印书馆1982年版。

黄玮杰：《语言哲学的激进潜能——当代左派哲学语境下的维特根斯坦》，《哲学研究》2017年第12期。

［德］伽达默尔：《真理与方法》，洪汉鼎译，上海译文出版社1999年版。

［美］查尔斯·基尼翁、［美］大卫·希利：《理查德·罗蒂》，朱新民译，复旦大学出版社2011年版。

［德］恩斯特·卡西尔：《符号·神话·文化》，李小兵译，东方出版社1988年版。

［德］恩斯特·卡西尔：《语言与神话》，于晓等译，生活·读书·新知三联书店1988年版。

［德］康德：《实践理性批判》，韩水法译，商务印书馆1999年版。

［美］托马斯·库恩：《科学革命的结构》，李宝恒等译，上海科学技术出版社1980年版。

［美］詹姆斯·坎贝尔：《理解杜威——自然与协作的智慧》，杨柳新译，北京大学出版社2010年版。

［美］理查德·罗蒂：《后形而上学希望》，张国清译，上海译文出版社2009年版。

［美］理查德·罗蒂：《后哲学文化》，黄勇译，上海译文出版社2009年版。

［美］理查德·罗蒂：《偶然、反讽与团结》，徐文瑞译，商务印书馆2005年版。

［美］理查德·罗蒂：《实用主义哲学》，林南译，上海译文出版社2009年版。

［美］理查德·罗蒂：《文化政治哲学》，张国清译，北京大学出版社2011年版。

［美］理查德·罗蒂：《哲学、文学和政治》，黄宗英等译，上海译文出版社2009年版。

［美］理查德·罗蒂：《哲学和自然之镜》，李幼蒸译，商务印书馆2004年版。

［美］桑德拉·罗森塔尔：《古典实用主义在当代美国哲学中的地位》，《哲学译丛》1989年第5期。

［英］约翰·洛克：《人类理解论》（下册），关文运译，商务印书馆2009年版。

［英］约翰·洛克：《人类理解论》，关文运译，商务印书馆2009年版。

李国山：《洛克的意义理论及其内在困难》，《中州学刊》2006年第11期。

［美］米尔顿·穆尼茨：《当代分析哲学》，吴牟人等译，复旦大学出版社1986年版。

［美］A.P.马蒂尼奇编：《语言哲学》，牟博等译，商务印书馆1998年版。

［美］查尔斯·莫里斯：《开放的自我》，定扬译，上海人民出版社1965年版。

［美］查尔斯·莫里斯：《美国哲学中的实用主义运动》，《世界哲学》2003年第5期。

［美］乔治·米德：《心灵、自我与社会》，赵月琴译，上海译文出版

社 1992 年版。

《马克思恩格斯全集》第 3 卷，人民出版社 1979 年版。

［希腊］欧几里得：《几何原本》，兰纪正等译，陕西科学技术出版社 2003 年版。

［美］希拉里·普特南：《普特南文选》，李真编译，社会科学文献出版社 2009 年版。

彭越：《实用主义思潮的演变——从皮尔士到蒯因》，厦门大学出版社 1992 年版。

［美］海尔曼·J. 萨特康普：《罗蒂和实用主义——哲学家对批评家的回应》，张国清译，商务印书馆 2003 年版。

［瑞］费迪南·德·索绪尔：《普通语言学教程》，高名凯译，岑麒祥等校注，商务印书馆 1980 年版。

《斯大林选集》下卷，人民出版社 1979 年版。

铁省林：《哈贝马斯宗教哲学思想研究》，山东大学出版社 2009 年版。

涂纪亮：《从古典实用主义到新实用主义》，人民出版社 2006 年版。

涂纪亮：《美国哲学史》第三卷，河北教育出版社 2000 年版。

［美］科尼利斯·瓦尔：《皮尔士》，郝长墀译，中华书局 2003 年版。

汪子嵩等：《希腊哲学史》第二卷，人民出版社 1997 年。

王振林、梅涛：《论罗蒂的对话哲学》，《理论探讨》2017 年第 4 期。

［美］威廉·詹姆斯：《彻底的经验主义》，庞景仁译，上海人民出版社 1987 年版。

［美］威廉·詹姆斯：《彻底经验主义论文集》，《哲学研究》编辑部译，上海人民出版社 1964 年。

［美］威廉·詹姆斯：《多元的宇宙》，吴棠译，商务印书馆 2009 年版。

［美］威廉·詹姆斯：《实用主义》，陈羽纶等译，商务印书馆 1979 年版。

［美］威廉·詹姆斯：《心理学原理》，唐钺译，商务印书馆 1965 年版。

《著名哲学家理查德·罗蒂来山西大学访问》，《科学技术与辩证法》2004 年第 5 期。

二 外文资料

Justus Buchler, ed., *Philosophical Writings of Peirce*, New York: Dover-Publications, 1955.

Kenneth A. Bruffee, "Social Construction, Language, and the Authority of Knowledge", *College English*, August 1986.

Richard Bernstein, *Beyond Objectivism and Relativism: Science, Hermeneutics and Praxis*, Philadelphia: University of Pennsylvania Press, 1983.

Robert B. Brandom, ed., *Rorty and His Critics*, Malden: Blackwell Publishers, 2000.

Ernst Cassirer, *An Essay on Man*, New Haven: Yale University Press, 1944.

Joel Charon, *Symbolic Inteactionism: An Introduction, an Interpretation, an Integration*, New Jersey: Prentice Hall, 1989.

Robert S. Corrington, *An introduction to C. S. Peirce*, Washington: Rowman & Littlefield Publishers, Inc., 1993.

John Dewey, *The Later Works (1925–1953)*, Vol. 1, Corbondale and Edwardsville: Southeren Illinois University Press, 1981.

Elin Danielsen, Consequences of Pragmatism for Literary Studies, Ph. D. dissertation, The University of Bergen, 2013.

John Dewey, *Logic: The Theory of Inquiry*, New York: Henry Holt and Company, 1938.

John Dewey, *The Later Works (1925–1953)*, Vol. 14, Corbondaleand Edwardsville: Southeren Illinois University Press, 1981.

John Dewey, *Logic: The Theory of Inquiry*, New York: Saerchinger Press, 2007.

John Dewey, *The Later Works (1925–1953)*, Vol. 7, Corbondale and Edwardsville: Southeren Illinois University Press, 1985.

John Dewey, *The Later Works (1925–1953)*, Vol. 2, Corbondaleand Edwardsville: Southeren Illinois University Press, 1984.

Robert Danisch, The Absence of Rhetorical Theory in Richard Rorty's Linguistic Pragmatism, *Philosophy and Rhetoric*, Feburary 2013.

P. T. Geach and M. Black, *Translations From the Philosophicial Writings of Gottlob Frege*, New York: Basil Blackwell, 1952.

Clifford Geertz, "From the Native's Point of View: On the Nature of Anthropological Understanding", in Paul Rabinow and William Sullivan, eds., *Interpretive Social Science: A Reader*, Berkeley: University of California Press, 1979.

James Hoopes, *Peirce on Signs: Writings on Semiotic by Charles Sanders Peirce*, Chapel Hill: University of North Carolina Press, 1991.

Charles Hartshorne and Paul Weiss, ed., *The Collected Papers of Charles Sanders Peirce*, Vol. 2, Cambridge: Harvard University Press, 1931.

Charles Hartshorne and Paul Weiss, ed., *The Collected Papers of Charles Sanders Peirce*, Vol. 5, Cambridge: Harvard University Press, 1931.

Jürgen Habermas, *Religion in the Public Sphere—in Between Naturalism and Religion*, Cambridge: Polity Press, 2008.

William James, *The Principles of Psychology*, 2Vols, New York: Dover Publications Inc., 1950.

William James, *The Meaning of Truth*, New York: Prometheus, 1997.

William James, *The Varieties of Religious Experience*, Cambridge: Harvard University Press, 1985.

Saul A. Kripke, *Naming and Necessity*, Cambridge: Harvard University Press, 1980.

Thomas Kuhn, *The Structure of Scientific Revolutions*, Chicago: University of Chicago Press, 1970.

Imre Lakatos and Alan Musgrave, *Criticism and the Growth of Knowledge*, Cambridge: Cambridge University Press, 1970.

Lenore Langsdorf and Andrew R. Smith, *Recovering Pragmatism's Voice – The Classical Tradition, Rorty, and the Philosophy of Communication*, NewYork: State University of New York Press, 1995.

David Miller, George Herbert, *Mead: self, language and the world*, Austin: University of Texas Press, 1973.

Davide E McClean, Richard Rorty and Cosmopolitan Hope: A Critical Analysis of Rorty'sIronism and Antifoundationalism and Consideration of Their Uses in Forging Cosmopolitan Sensibilities, Ph. D. dissertation, The New School, 2009.

Eduardo Mendieta, ed. , *Religion and Rationality Essays on Reason, God and Modernity*, Cambridge: Polity Press, 2002.

John Mill, *A System of Logic*, Washington: Library of Alexandria, 2017.

Mead G. H. , *Mind, Self, and Society: From the Standpoint of a Social Behaviorist*, Chicago: The University of Chicago Press, 1934.

Merritt H. Moore ed. , *Movemengts of Thought in the Nineteenth Century*, Chicago: University of Chicago Press, 1936.

Andrew Pessin and Sanford Goldberg, *The Twin Earth Chronicles, Twenty Years of Reflection on Hilary Putnam's "The Meaning of 'Meaning'"*, Armonk: M E Sharpe Inc, 1996.

György Pápay, "A Liberal Who Is Unwilling to Be an Ironist – Rorty's Relation to Habermas", *Pragmatism Today*, Feburary 2011.

Hilary Putnam, Mind, Language and Reality, *Philosophical Papers*, Vol. 2, Cambridge: Cambridge University Press, 1975.

Richard Rorty, "What Can You Expect from Anti – Foundationalist Philosophers?: A Reply to Lynn Baker", *Virginia Law Review*, March 1992.

Richard Rorty, *Consequences of Pragmatism*, Minneapolis: University of Minnesota Press, 1982.

Richard Rorty, *Essays on Heidegger and Others: Philosophical Papers II*, Cambridge: Cambridge University Press, 1991.

Richard Rorty, Habermas, Derrida and the Functions of Philosophy, *RevueInternationale de Philosophie*, April 1995.

Richard Rorty, *Objectivity, Relativism and Truth: Philosophical Papers I*, Cambridge: Cambridge University Press, 1991.

Richard Rorty, *Philosophy and Social Hope*, New York: Penguin Books, 1999.

Richard Rorty, *Philosophy and the Mirror of Nature*, Princeton: Princeton

University Press, 1979.

Richard Rorty, *Truth and Progress: Philosophical Papers III*, Cambridge: Cambridge University Press, 1998.

Laurentiu Staicu, Natural Science and the Evolution of Categorial Discourse, *Philosophy Study*, March 2013.

Stephen Shute, *On Human Rights: The Oxford Amnesty Lectures* 1993, New York: Basic Books, 1994.

Javier Toro, The Philosopher as a Child of His Own Time: Rorty on Irony and Creativity, *European Journal of Pragmatism and American Philosophy*, January 2013.

Christopher J. Voparil and Richard J. Bernstein, *The Rorty Reader*, Hoboken: Wiley-Blackwell, 2010.

Writings of Charles S. Peirce: A Chronological Edition, 5 Vols, Bloomington: Indiana University Press, 1980-1993.